はじめに

　現在は，少子化や核家族化の進展，共働き家庭の増加，地域とのつながりの希薄化，急激な情報化などを背景とし，子どもの育ちや子育てにはさまざまな課題がみられ，しかも多くの課題が関係し合い複雑化しています。たとえば，少子化の影響から，子どもたちは，きょうだいと触れ合ったり，地域のさまざまな年齢層の子どもと遊んだりする機会が減少し，乳幼児と触れ合う経験がほとんどないまま親になる人が増えています。また，子育ての楽しみや喜びを味わう余裕をもつことができず，子育ての負担や困難感を抱え，孤立している親が少なくない状況もみられます。さらに，児童虐待の相談対応件数が毎年増加の一途をたどり，大きな社会問題となっています。

　このようななか，保育所には，子どもの保育だけでなく家庭への支援に対する役割が一層重視されるようになりました。2017年3月，厚生労働大臣告示によって，「保育所保育指針」が改訂され，2018年4月1日から施行されました。その改訂の基本的事項の一つに「保護者・家庭及び地域と連携した子育て支援の必要性」があげられています。また，それに伴い保育士養成課程等の見直しが行われ，「子ども家庭支援の心理学」が教科目として新設されました。この科目を通して，子どもの発達や学びの過程，生涯発達，多様な育ち，保育や子育て支援に関する内容を包括的に理解し，保育者として，より具体的な実践力を習得〔　　　〕が期待されます。

　本書は，大きく二つの内容で構成されてい〔　　　　　〕発達に関する心理学の基本的知識や発達課題などが中〔　　　　　　　〕社会状況における さまざまな課題や子ども・保護〔　　　　　　　　〕います。

　具体的には，第1章から第3章でし〔　　　　〕る胎児期から人生の最終期である老年期までの発達についての〔　　〕知識や発達課題について，発達心理学などの研究データや臨床経験に基づくデータをもとにわかりやすく解説しました。

　次の第4章から第9章では，少子化，情報化，貧困，虐待，大災害など，子育てを取り巻くさまざまな社会状況に伴う家庭や養育上の課題と対応，さまざまな支援や配慮を要する病気や障害などのある子どもの発達や精神保健，保護者，家族に対する理解や支援のあり方について，具体的な事例を参考に執筆しました。

　本書は，保育者を目指す学生はもちろんのこと，保育や，子ども・保護者に関わる現場で勤務する多くの方々に活用していただき，子育て中の保護者が子育ての楽しみや喜びを味わえるよう支援してほしいと願って，上梓しました。

　なお，大学におけるテキストとしての本書の性格上，参考文献については最小限

の掲載に留めたことをここに申し添えます。

　最後に，本書の企画・編集に際して，株式会社 アイ・ケイコーポレーションの森田富子氏，信太ユカリ氏には大変お世話になりました。ここに心から感謝の意を表します。

　　2019年12月

　　　　　　　　　　　　　　　　　　　　　　　　編者を代表して　安藤 朗子

改訂に寄せて

　初版が発行されてほどなく，未曾有の新型コロナウィルスのパンデミックが起こり，令和5年5月に5類になり，4年が経過しようとしています。そして現在，世界情勢から影響を受ける日本においてもさまざまな社会の変化に伴って貧困や経済格差の拡大，家族形態の変化，少子化の進行等多くの問題が生じています。これらの社会の変化は，残念ながら子どもたちにもさまざまな影響を及ぼしています。例えば，コロナ禍により，外出制限や公園等の遊具の使用禁止，集団感染による学級閉鎖など，日常生活上多くの困難や変化がもたらされました。それによって，子どもや保護者に対する支援の必要性や重要性は，さらに高まっていると考えられます。

　そこで，社会状況についての最新の情報をもとに養育上の課題や支援について学んでもらうことができるように，本書の後半部分に掲載されている，主として国の統計資料の更新を行うべく改訂を行いました。

　すべての子どもたちが安心・安全な環境の中で多くの楽しみや喜びを得ることができるよう，本書を子どもや保護者の支援に役立てていただけますことを願っております。

　　2023年12月

　　　　　　　　　　　　　　　　　　　　　　　　　　　　　　安藤 朗子

子ども家庭支援の心理学

編著　安藤朗子／吉澤一弥

著　石井正子／栗原佳代子／白坂香弥／福田きよみ／丸谷充子／森 和代

アイ・ケイ コーポレーション

目　　次

3節　おわりに　　　40

第3章　成人期から老年期における発達

森 和代

1節　成人期

2節　老年期

第4章　家族および家庭の意義と機能

栗原佳代子

1節　家族・家庭の意義と機能

3節　入院や医療的ケアの必要な子どもと家族

第7章　特別な配慮を要する家庭への支援

丸谷充子

1節　貧困家庭

2節　親が疾病や障害を抱える家庭

3節　外国にルーツがある家庭

4節　子ども虐待の疑いのある家庭

5節　関係機関との連携・協働

第8章　障害のある子どもと保護者への支援

石井正子

第9章　子どもの精神保健とその課題

吉澤一弥

胎児期から
学童期前期にかけての発達

概　要

　近年，発達心理学においては，小児医学，脳神経科学，コンピューター・サイエンスなどの科学の飛躍的な進歩により，科学的な技術を組み入れた研究成果が数多く報告されている。特に赤ちゃん研究の進展はめざましく，赤ちゃんは体内にいるときからすでにさまざまな能力をもっていることが明らかになってきている。

　本章では，人生の最初期の胎児期から，新生児期，乳児期，幼児期，学童期前期の発達について，各段階にみられる発達的な特徴，主要な発達理論，それぞれの段階において重要と考えられる発達課題や経験などを取り上げて概説する。

第1章　胎児期から学童期前期にかけての発達

1節　胎児期・新生児期

　　現在では，超音波診断装置による胎児診断は当たり前になっているが，1970年代前半までは子宮内はブラックボックスといわれていた。1970年代後半以降，画像上で胎児の動きが観察できるようになり，産科領域においては，まさに神の領域に踏み込んだかのような驚きと感動を与える進歩であったといわれている。

　　発達心理学においても，超音波診断装置を用いた研究によって，胎児の能力や行動が明らかにされてきた。新生児期についても同様に，赤ちゃんの高い能力を裏づける研究知見がたくさん提示されている。また，胎児期と新生児期の発達の連続性が注目されるようになり，「生まれつき」や「生得的」ではなく，胎児期からすでに新生児期にみられる発達の下地となる学習が始まっているという見方が示されている。

1. 胎児期の発達

（1）　胎児期の身体および運動の発達

　　胎児期は，受精から始まり，受精卵が細胞分裂を繰り返し，身体の各器官が形づくられ出生するまでの時期をいうが，以下の3つの時期に分けられている（図1-1）。

①　卵体期（胚期）

　　受精から受精卵が子宮内壁に着床し胎盤が形成されるまでの2週間あまりの時期を指す。卵体期の終わり頃に胎盤が形成され，胎盤と受精卵との間を結ぶ臍帯を経由して栄養分や酸素の供給，老廃物の排泄が行われる。

②　胎芽期

　　着床後6週間（胎齢8週まで）の時期を指す。

　　胎芽期の終わりには，体長2〜3cm，体重4〜5gに成長する。中枢神経系の形成が最も早く始まり，身体のあらゆる組織や器官の基盤ができるため，器官形成期ともいわれる。この時期に身体器官が形成されるため，放射線や化学物質などの有害物質の影響を受け，奇形発生のリスクが最も高い時期といわれる。心臓の鼓動が規則的なリズムを刻み，身をくねらせて，うごめくような全身運動がみられる。

③　胎児期

　　胎齢9週以降出生までを指す。

　　胎齢22週を過ぎると生存可能となり，子宮外での生育が可能になる。その頃の

体重は400gを超える程度となる。筋肉が脳の指令を受け自発的に動き始め，足を蹴り，腕を曲げ，握りこぶしをつくり，手の指を吸うなど，新生児に共通する多彩な運動パターンが胎齢20週頃に出そろう。自分の運動から発生する自己受容感覚や，子宮の筋肉壁と接触して感じる接触感覚には，胎児の発達をうながす働きがあることが示唆されている。また，胎児の動きのなかで頻繁にみられるジェネラル・ムーブメントとよばれる四肢を含む全身を動かす自発的な運動が注目されている。この運動は，脳神経系の成熟や組織化と連動したもので，動きがぎこちなく単調であるなど，何らかの異常が認められる場合には，さまざまな発達上の障害が予測されるという研究知見が報告されている（小西ら，2013）。

　胎児は身体運動だけでなく，笑い顔，泣き顔，しかめ面などさまざまな表情（顔面筋の運動パターンともいえる）をする。肺は，呼吸運動の準備のように拡張と収縮を始める。心臓の動きも強くなり，聴診器で心音を聴くことができる。胎齢12週までに外性器が形成され，男女の区別が可能になる。母親が胎動を感じるのは，胎齢17～20週である。

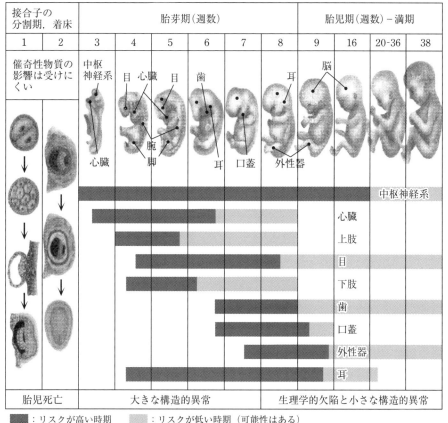

図1-1　胎児期の発達変化と奇形発生のリスク時期

出典：大藪（2013）　元資料：Berk, L. A. 1999 Infants, children and adolescents. Allyn & Bacon

●1節　胎児期・新生児期　　3

（2） 胎児の感覚機能の発達

　　感覚のなかで最初に発達するのは，触覚である。胎齢9週の胎児では，口唇への接触刺激に反応するようになり，胎齢12週になると手のひらへの接触で把握反射が観察される。子宮壁や臍帯，自分の顔に触る動きもみられる。

　　次いで，味覚と嗅覚が発達する。母親の血液成分や羊水の中の味覚や嗅覚物質に対する心拍の変化や胎動などの反応から知ることができる。胎児は甘いものを好むこと，生後まもない赤ちゃんが自分の母親の母乳の匂いを他人の母乳や人工乳の匂いよりも好み，区別をしていることなどが明らかにされている。

　　聴覚は，早産低出生体重児に対する聴性脳幹反応の測定から，胎齢24週頃には機能していると考えられている。胎内での音環境は，体外と異なり周波数の低い音が主体であり，胎児は高音よりも低音によく反応する。また，胎齢38週の胎児は，母親の声を聞くと心拍数を高め，見知らぬ女性の声では心拍数に変化がみられなかったことから，この時期には音声を聞き分けている可能性が指摘されている。

　　視覚は，最も遅れて発達するといわれる。胎齢16週頃からゆっくりとした眼球運動が観察されている。胎齢24週頃から強い光刺激に対して，まぶたを開閉したり，眼球を動かしたりして反応する。

2. 新生児期の発達

　　新生児期とは，生後28日（4週間）未満を指す。

　　赤ちゃんは，妊娠約40週で誕生し，おおよそ身長約50cm，体重約3kgで生まれてくる。出生時の体重や在胎週数によって表1-1，表1-2のような分類がある。

　　新生児期は，出産によって母体内の共生生活から母体外の独立生活への生理的適応が行われる時期といえる。

表1-1　出生体重による新生児の分類

低出生体重児	2500g 未満
極低出生体重児	1500g 未満
超低出生体重児	1000g 未満
巨大児	4000g 以上

表1-2　在胎週数による新生児の分類

超早産児	妊娠22週以上28週未満で出生した児
早産児	妊娠22週以上37週未満で出生した児
正期産児	妊娠37週以上42週未満で出生した児
過期産児	妊娠42週以上で出生した児

（1）　新生児の行動 ―原始反射―

　　新生児の行動の特徴には，外的なある一定の刺激に対して誘発される原始反射がある（表1-3）。たとえば頬に母親の乳首がふれると，そちらに顔を向け，口で加えようとする口唇探索反射（ルーティング反射），乳首が口にふれると乳を吸う吸嚙^{きゅうてつ}反射が代表的である。原始反射は，大脳皮質によらず脳幹から指示された自動的で同じ型の運動であるが，そのなかでも口唇探索反射や吸嚙反射は，生命維持に重要な役割を果たしている。また，モロー反射の経験が頭を自由に動かし定頸へ，手の把握反射の経験が物に手を伸ばして自由につかむ行動へ，足の把握反射の経験が自力で立つ行動へ，緊張性頸反射の経験が寝返る行動へとつながっていくと考えられる。原始反射のほとんどは，胎児期から存在し，生後3，4か月から遅くとも9～12か月頃で消失する。また，これらの反射は比較的一定の経過をとるので，新生児の状態を知るための検査にも使われる。

表1-3　原始反射の例

反　射	誘発方法	反　応
吸嚙反射	人さし指を口の中3～4cmに入れる	リズミカルに吸う
モロー反射	抱きながら，頭を急に数センチ下げる	上肢で抱き着くような大きな動き
手の把握反射	指で手掌を圧迫する	指全体で検査者の指をつかむ
足の把握反射	親指で母趾球を圧迫する	足の指全体が屈曲する
緊張性頸反射	仰向けに寝かせ，頭を左右のどちらかに向ける	向かせた側の腕や足が伸び，反対側の腕や足が曲がる

出典：斎藤（2011）　無藤・子安（編）発達心理学1 p.118をもとに作成

　　しかし，最近の脳科学の技術の進歩により，新生児でも未熟ながらも大人と同じように大脳皮質の同一部位が活動することや口唇探索反射が授乳を経験することにより，生起率が上がることなどの新たな知見により，原始反射の再考が始められている。

（2）　新生児の感覚機能の発達

　　ことばを話さない赤ちゃんの研究は，次の2つの実験方法により大きく進展し，たくさんの成果を生み出している。

①　選好注視法

　　赤ちゃんが自分の興味や関心があるものを見つめるという特性を利用して，2つの刺激を提示し，赤ちゃんがどちらか一方を選択的に注視するかどうか（どれだけ長く見つめるか）を調べる方法である。

②　馴化^{じゅんか}・脱馴化^{だつじゅんか}法

　　赤ちゃんの飽きやすい性質を利用した方法である。1つの刺激を繰り返し提示すると，次第に飽きてくる（馴化現象が生じた）。次に別の刺激を提示し，その刺激への注視時間が長くなれば（脱馴化が生じた），赤ちゃんは2つの刺激を弁別している

ことがわかる。

　その他，脳の電気的活動を直接計測する脳波や脳磁図，脳の血流の変化を計測するポジトロン断層撮影法，近赤外分光法など，赤ちゃんに害を及ぼさない脳機能イメージングといわれる技術の進歩によって，脳の機能やその神経基盤の研究が可能となっている。

　これらの方法により解明されてきた新生児の感覚機能の能力をみていこう。

　触覚については，特に口や手が敏感である。表面がなめらかな，おしゃぶりと，でこぼこしたおしゃぶりを吸わせると，吸い方に違いがみられる。また，手にやわらかい物とざらざらした物を持たせると，やわらかい物は力を込めて握り，ざらざらした物は力をゆるめたまま持ち続ける。これらのことからすでに物の感触の違いに気づき，その違いに応じた対応をしている。

　味覚はよく発達しており，甘味，酸味，塩味，苦味を区別し，顔に異なった表情が表れる。胎児と同様に新生児も甘味を好み，甘みの違いも区別できる。

　嗅覚については，腐った卵のにおいには，いやな表情をし，バナナやバニラのにおいには，ほほえんだりするなど，においを嗅ぎ分ける能力がある。マクファーレン(1975)の実験では，生後1週間の新生児が，お母さんのにおいとほかの人のにおいを区別することを見いだしている。

　視覚については，すでに0.01～0.02程度の視力をもっているが，ぼんやりとしか見えていないようである。30cm前後(ちょうどおっぱいを飲んでいるときの母親の顔と赤ちゃんの顔の距離くらい)の距離に焦点を合わせ，動きを追うことができる。色の知覚は，新生児は灰色と赤，黄，緑の見分けはでき，灰色と青の見分けはできないが，4か月児になると識別できる。また，1950年代より行われたファンツらのパターン視の研究をはじめとして，新生児は色だけよりも図柄があるほうを好み，単純より適度に複雑なものを好み(発達によって好みが異なる)，直線より曲線を好み，人の顔を好むことなどが見いだされている。

　聴覚は，胎児期からよく発達している。生まれたばかりの赤ちゃんでも母語とそれ以外の語を区別したり，母親の声と他者の声を聞き分けることができる。音刺激にほほえんだり，音刺激の強度によって心拍数が変化することも知られている。また，誕生直後から音の来る方を向くという音源定位の能力がみられる。ただし，この能力は2～3か月頃に一旦低下し，4か月頃に再び出現する。これは，脳の高次化による能力の抑制・再現と解釈されている。

　これらの感覚機能の発達に共通する特徴として，新生児は，人のにおい，声，顔など，人という存在，人が発する刺激に注意を向けようとする強い傾向があることを指摘することができる。その傾向は「人志向性」(大藪，2013)，あるいは「人指向性」とよばれている。この「人志向性」は，母親をはじめとする養育者から赤ちゃんへの積極的な関わりを引き出す働きももつと考えられる。赤ちゃんは，誕生時か

らこのような優れた力を備えている。

3. 胎児・新生児の発達へ影響をおよぼす環境要因 ―母親の心身の健康―

　胎児・新生児は，母親と生物学的に密接に結びついているため，母親の心身の健康状態の影響を強く受ける。特に身体の器官形成期である胎芽期は，有害物質などによって影響を受けやすい時期であるが，具体的な要因として，以下のことがあげられる。

（1）　喫煙の影響

　たばこには，200種類以上の有害物質(ニコチン，一酸化炭素，タールなど)が含まれており，胎盤の働きを弱め，一酸化炭素が赤血球と結合し，慢性の酸素欠乏状態に陥り，胎児の身体の成長に悪影響を及ぼす。低出生体重児，流産，呼吸障害との関連が指摘されている。また，出生後の乳幼児突然死症候群(Sudden Infant Death Syndrome；SIDS)による死亡率や口唇口蓋裂や二分脊椎などの先天異常や白血病など小児がんの発症率が高いことなども指摘されている。

　受動喫煙による副流煙の影響も大きいため，家族全員の禁煙が大切である。

（2）　飲酒の影響

　妊娠中のアルコール摂取が原因で誕生した胎児性アルコール症候群には，成長遅滞(知的な発達も含む)，中枢神経障害，特異顔貌(広い間隔の両目，少ないまぶたの開き，薄い上唇)などの特徴がある。

　妊娠の可能性がある場合は，母乳の授乳が完了するまで，アルコールを避けるのがよいとされている。

（3）　薬物の影響

　奇形を発生させやすい物質を「催奇形性物質」という。物質の採取量や母子の遺伝素因によって影響の受け方に違いがある。数多くの薬物に催奇形性があることが知られているが，1960年代前半に使用された睡眠薬サリドマイドは，アザラシ肢症という四肢の形成が障害されて大きな薬害問題となった。その他，抗てんかん薬にもさまざまな身体奇形を含む障害(小頭症，知的な障害など)が生じることが知られている。

　妊娠予定の女性，妊娠中の女性が服薬中である場合には，医師や薬剤師とよく相談することが大切である。

　コカインやヘロインといった麻薬，メチル水銀，鉛，ポリ塩化ビフェニルなども催奇形性物質である。

（4） 物理的要因

　物理的要因として胎児に悪影響を与えるものとして，放射線被ばくがある。放射線は，被ばくの時期や量によって違いがあるが，細胞の DNA を損傷させる。放射線に大量被ばくした妊婦から出生した子どもには，非常に高い割合で小頭症と重度の知的障害が生じるとされているが，低レベルの放射線を浴びても小児がんリスクが高まるといわれている。妊娠予定の女性も含め，妊娠中の女性は，X 線検査の場合には医師への相談が必要である。

（5） 胎内感染症

　妊娠中の母親がウィルスに感染すると，胎盤を通じて胎児に感染し奇形や知的障害等を生じさせる。トキソプラズマ，風疹，サイトメガロウィルスなどによる感染がよく知られている。最近日本では，風疹の発生率が高まり注意が呼びかけられている。先天性風疹症候群には，白内障や緑内障などの眼症状，先天性心疾患，難聴などが生じる。

　母親の感染防止には，夫をはじめとする家族の感染防止も重要である。

（6） 母親の心の健康状態

　胎児期において，母子の関係性の構築に大きな役割を果たすのは，胎動である。母親が胎動を感じるのは妊娠20週前後であるが，その頃から少しずつわが子の存在を意識し，週数が進むにつれて胎動を自分への反応として感じとったりしながら徐々に母子の絆を築き始める。一方で母親が何らかの強いストレスにさらされると，胎児は母親の身体の緊張や血流の変動など微妙な変化を感知し，胎児の心拍数や動きにも変化が表れるなどの報告がある。

　母親にとって出産後は，ホルモン分泌の急激な変化により精神的に不安定になりやすい。出産後1週間頃までに，気分の低下や不安，涙もろさ，不眠などの症状がみられる「マタニティ・ブルーズ」は，比較的多くの産婦（日本では15〜30％）が経験するといわれている。

　一過性で短期間に自然軽快するが，産後うつ病に移行する場合もある。産後うつ病（疑いを含む）の発症率は9％と報告されている（厚生労働省，2013年）。母親が抑うつ状態になると，子どもにふれたり，ほほえみかけたり，声をかけたりするなどの母性行動が乏しくなり，母親は子どもの養育が困難になって，母子関係や子どもの発達に悪影響を及ぼすことが危惧される。

　このように，胎児・新生児にとって母親の身体の健康だけでなく心の健康も非常に重要である。夫や家族をはじめ周囲の人々には，母親の心身両面の健康への配慮が求められる。

2節　乳児期

　乳児期は，児童福祉法や母子保健法などの法令上では1歳未満の子どもを指すが，発達心理学の分野では，1歳6か月ないし2歳までを乳児とする場合が多い。

　乳児期の特徴としては，一人で立って歩くこと，手指を使って自分で食べること，母子をはじめとして身近な養育者とのコミュニケーションの始まりなど，人としての基本的な行動を身につけ，人格形成の基礎が培われる時期といえよう。

1. 身体の成長

　約3,000 gで誕生した新生児は，1年間で身長は1.5倍，体重は3倍にまで成長し，誕生以降身体発育が最も著しい時期である。

　身体発育を支えるのは栄養であり，生後5～6か月は乳汁栄養である。母乳が最適であるが粉乳などを与えることもある。5～6か月頃から離乳食を開始する。はじめは，ドロドロしたものを飲み込むことから始めて，順に，舌でつぶせるかたさのもの，歯ぐきでつぶせるかたさのもの，歯でかみつぶせるかたさのものを与え，12～18か月頃に離乳は完了する。離乳食の進め方には，子どもの発育・発達状況によって違いがあるが，適切なタイミングで進めなければ，幼児期になってよく噛めなかったり，噛まずに飲み込んでしまったりなどの問題がみられる場合がある。

　身長・体重の成長の評価には，母子健康手帳などにある乳幼児の身体発育曲線（パーセンタイル曲線）が有用である。乳児期の身体発育はパーセンタイル曲線に沿うのが望ましいが，体重に関しては，乳児期の発育が急激に変化する時期には急激に上昇する子どももいる一方，比較的短期間で下降する子どももいる。

　急激に下降する場合には，医療機関に受診したほうがよい。体重増加不良の主な原因には，栄養摂取不良があげられるが，不適切な授乳や疾患，ネグレクトが原因の場合もある。身長は，体重よりも低栄養の影響が現れるのが遅いが，疾患やネグレクトに関係する場合があるため，保育者は身長・体重両方の変化をよく確認することが重要である。

　乳児期に気をつけるものに，乳幼児突然死症候群（SIDS）がある。この症候群の原因は不明であるが，予防としてうつぶせ寝をさせないこと，うつぶせ寝にするときは目を離さないようにすること，喫煙の禁止などがあげられる。また，特に乳児期前半までは，赤ちゃんは首がすわらず，脳と頭蓋骨の間に隙間が多いため，激しく揺さぶると脳内出血などを起こして脳や神経に損傷を与える「揺さぶられ症候群」の発生の可能性がある。

　泣き止まない赤ちゃんに，ついイライラして強く揺さぶってしまったりすることがないよう周知が必要である。

2. 運動発達

　　比較的大きな筋群を使う全身の運動を「粗大運動」といい，手先のコントロールが必要とされる細かな運動を「微細運動」という。

　　1～2か月頃は，うつぶせの姿勢にすると，はじめは顔を上げられないが，日がたつにつれて前腕の支持で少し顔を上げるようになる。

　　3～4か月頃に首がすわる。物を持たせると手を開いてつかみ，仰向けにすると両手を顔の前にもっていき，左右の手が合うと，眺めて遊ぶようになる（ハンド・リガード）。

　　5～6か月頃に寝返りをするようになり，おもちゃに手をのばしてつかめるようになる（リーチング，目と手の協応）。

　　7～8か月頃には，ひとりで座ることができるようになり，この頃から手の動きは急速に進歩していく。ほしいものがあると積極的に手をのばして，熊手型でつかむようになる。

　　9～10か月頃には，四つばいやつかまり立ちができ，積木と積木を打ちつけたりする。親指と人差し指の腹で挟むこと（はさみ状把握）ができるようになる。

　　11～12か月頃には，ひとり立ちができ，伝い歩きが上手になる。片手を支えるだけで歩くことができる。また，豆などの小さい物を親指と人差し指の先を対向してつまむことができるようにもなる（ピンセットつまみ）。

　　1歳3か月頃には，ほとんどの子どもが歩く。1歳前半でコップを使って飲み，なぐり書きをし，2，3個の積木を積む。1歳後半でスプーンを使ったり，ぐるぐる丸を描いたり，積木は4～6個積めるようになる。

　　なお，細かなものを上手につまめるようになると，手に持ったものは何でも口に入れるので，養育者や保育者は誤飲に注意する。

　　以上のように，運動発達には，頭部から尾部へ，おおざっぱな運動から細やかな運動へという一定の方向性や順序が認められるが，なかには四つばいをしない子や座った姿勢のまま移動する子（シャフリング・ベビー）もいるなどの個人差がみられる。また，発達の速度にも個人差があり，ある程度の幅をもって発達をみることが大事である。ただし，運動発達には，知的な発達や運動経験の多寡との関連もみられることから，それらの状況を合わせてみていくことが大切である。

3. 認知機能の発達

（1）　ピアジェの認知発達理論

　　子どもの知的能力の発達について大きな功績を残したピアジェは，認知の構造の違いから発達を感覚運動的段階（誕生～2歳），前操作的段階（2～7歳），具体的操作段階（7～12歳），形式的操作段階（12歳以降）の4段階に分けた（表1-4）。乳児期にあたる感覚運動的段階はさらに6つの段階に分けられている。

ピアジェが述べている各段階のおおまかな特徴をみていく。

第1段階（生後0～1か月）

　生まれながらにもっている反射的な行動を通して外界と関わる。たとえば，口にふれた物を吸おうとする行動（吸啜反射）を繰り返すうちに，吸い方についての行為の枠組み（ピアジェは「シェマ」と説明している）を発達させる。たとえば，母親の乳首からお乳を吸うシェマを獲得すると，人工乳首から吸うときには，それまでの吸い方のシェマの修正が必要（シェマの「調節」）となり，新たな吸い方を身につけ（シェマの「同化」），シェマの構造の均衡化が行われる。ピアジェは，この「同化」と「調節」によって，認知や行動が発達していくと考えた。

第2段階（生後1～4か月）

　自分自身の身体活動そのものに関心をもって，自分のからだを使った活動が繰り返される。このようなシェマの活動を第1次循環反応という。たとえば，自分の手を目の前に持ち上げ，手を見ながらその手を握ったり開いたりするなどを繰り返す（ハンド・リガード）。

第3段階（生後4～8か月）

　自分の活動が外界に変化を引き起こすことに関心をもつ。たとえば，ぶら下がった物を引っ張ったら物が動き音が鳴ると，しきりに物を握ったり離したりを繰り返す。このシェマの活動を第2次循環反応という。また，見た物に手を伸ばす協応動作ができるようになる。ただし，物が隠されるなどして視界から消えるとその対象物を探そうとはしない。

第4段階（生後8～12か月）

　第2次循環反応が相互に結びついてくる。たとえば，テーブルクロスの上に置かれた物を手に入れるためにクロスを自分の方に引っ張るといったように，目的と手段の分化がはじまる。物を布で隠して見せるとその布をとりのけて物を探しだせるようになる。ピアジェは，これは「物の永続性」の理解という，見えなくなった物もそこに存在することの理解ができるようになったためであると説明している。

　しかし，その理解には，まだ限界がある。たとえば，目の前で物を隠して見せた後，隠し場所を変えても元の場所を探そうとする。

第5段階（生後12～18か月）

　循環反応を通して，物がもつ新しい特性を探しだそうとする活動を活性化させる。このシェマの活動を第3次循環反応という。たとえば，椅子に座った赤ちゃん

が，ボールを手渡してもすぐに投げ落とし，その行為を繰り返すことがある。これは，落とす高さを変えたり，力加減を変えたりして，ボールのはずみ方の違いを探索しているようである。このような探索行動が随所にみられる。また，目の前で隠した物を移動させると，移動させた場所から物を探しだせるようになる。

第6段階（生後18～24か月）

今ここにない物や活動を，心の中で「表象（イメージ）」として思い浮かべることができるようになる。たとえば，小石をあめ玉とみなしてままごと遊びをするなど，一つのものを別のもので表す「象徴機能」が獲得されはじめ，実物がなくても“見立て”や“ふり”で遊びを楽しむことができるようになる。また，モデルがいなくてもその行為を頭の中で再現し模倣することができる（延滞模倣）。思考にとって重要な転機をむかえる。

(2)　ピアジェ理論への批判

ピアジェ理論は，その偉大な影響を受けて多くの研究がなされてきた（表1-4）。乳児についての研究方法の発展に伴って，物理的概念に関してピアジェ理論とは異なる知見が明らかにされてきている。

たとえば，物の永続性について，ピアジェは8か月を過ぎなければ理解できないとしているが，ベイヤールジョン（1987）は，回転スクリーンを使った馴化・脱馴化法の実験により，知覚的なレベルでは，3か月の赤ちゃんでも隠された物が存在し続けることを理解している可能性を提示している。ピアジェは，赤ちゃんが手を伸ばして布を取り除くという探索行動レベルで実験行っているため，このような時間的なずれが生じていると考えられる。

また，物の支えの直観的理解についてもベイヤールジョンらの研究により，乳児は，物体が落下しないためには支えが必要であることを，物を手で実際に扱ったりした経験がなくても直観的に理解している可能性が示されている。

今後も，ピアジェ理論を基にした研究がなされ，新たな能力の発見やその発達のメカニズムの解明などの進展が期待される。

4. 対人関係の発達の基礎 ―アタッチメントの形成―

(1)　ボウルビィのアタッチメント理論

ボウルビィは，特定の養育者との間に結ばれる愛情や信頼の絆を「アタッチメント（愛着）」とよび，アタッチメントは発達全般の礎となることを指摘した。

アタッチメント理論が提唱された経緯や理論の背景を簡単に紹介しよう。

ボウルビィは，第二次世界大戦前後，施設で生活する乳幼児の多くにみられた運動能力や知能の遅れ，無感動な性格特性，死亡率が高いなどの施設病（ホスピタリ

表1-4　ピアジェの認知発達段階

段　階	年齢の範囲	発達特徴
感覚運動的段階	0〜2歳 （0〜1か月）	生まれながらにもっている反射的な行動を通して外界と関わりをもつ。
	（1〜4か月）	自分の身体活動そのものに関心をもって，その活動が繰り返される（第1次循環反応）。自分の手を見ながら動かすことを繰り返す（ハンド・リガード）。
	（4〜8か月）	自分の活動が外界に変化を引き起こすことに関心をもち，物に働きかける活動を繰り返す（第2次循環反応）。物が視界から消えるとそれを探そうとしない。
	（8〜12か月）	ある目的に対してある手段を試みるような反応がみられる。第2次循環反応が相互に結びつき，隠された物を手に入れるため，覆いかぶされた布をとりのける（「物の永続性」の理解）。しかし，その理解には限界があり，目の前で物を隠して見せた後，隠し場所を変えても元の場所を探そうとする。
	（12〜18か月）	循環反応を通して，物がもつ新しい特性を探しだそうとする活動を活性化させる（第3次循環反応）。また，目の前で隠した物を移動させると，移動させた場所から探しだせるようになる。
	（18〜24か月）	今ここにない物や活動を心のなかで「表象（イメージ）」として思い浮かべることができる。延滞模倣が可能になる。思考にとって重要な転機をむかえる。
前操作的段階 （前概念的段階）	2〜7歳 （2〜4歳）	「表象（イメージ）」が誕生し，それに基づく象徴的な行動がみられる。同時にことばの獲得が急速に進歩する。飲むふりをしたり，積み木を自動車に見立てたり，ごっこ遊びが盛んになる。ただし，この時期の子どものことばや意味を支えるものは，子どもが抱く個々のイメージを中心にした「前概念」（象徴的）思考である。たとえば，ある子どもにとって，犬といえば隣の家の犬であり，犬全体を包括して考えることはできない。
（直観的思考段階）	（4〜7歳）	事物の概念化が進み，分類したり関連づけたりするが，その際の推理や判断は，「直観的」な判断に依存している。分類や状況の理解の仕方が，知覚的に目立った特徴によって左右され，一貫した論理的操作ができない。たとえば，物の数は，見え方によって多くも少なくもなる。物の状態が変化しても，そのものの属性は不変であるという「保存の概念」が成立していない。 ※前操作的段階の思考の特徴は，「自己中心性」といわれる。これは，性格的にわがままということではなく，自分の立場からしか物事を見ることができないという思考特徴をいう。
具体的操作段階	7〜12歳	この段階になると，具体的なことがらがあれば，それに基づきながら頭の中で体系立てて論理的に考えることができるようになる。これを「操作」とよんでいる。そして「保存の概念」ができてくる。また，ある場面を逆に戻して推理判断する「可逆性」も可能になる。しかし，まだ具体的なことがらの操作や処理の段階にとどまっている。
形式的操作段階	12歳以降	この段階では，前段階で具体的な事物を操作して得ていた結果を「命題」の形式にしたうえで，さらに操作すること（二次的操作）が可能である。「命題」というのは，ある一つの事象に限らず，判断が普遍的，客観的な意味内容をもつことである。課題解決に際し，仮説を立てて演繹的に推理することができるようになる。

出典：波多野ら（1969）遠藤ら（2011）をもとに作成

ズム)とよばれた問題を研究した。子どもたちは，十分な栄養を与えられ食の欲求が満たされていてもアタッチメントを発達させず，さまざまな問題が生じていた。その結果，施設病は施設であるから生じるのではなく，養育者との長期分離や喪失が幼い子どもの心身の発達に多大なダメージを与えるためであると結論づけた。ローレンツ(比較行動学)やハーロウ(動物心理学)などの知見も応用し，すべての動物は自己の生命維持のための本能的行動(離巣性鳥類のインプリンティングやアカゲザルの接触慰安行動など)をもっているが，人間の乳児も不安や恐れを低減し安心感を得るために，養育者に近接し，接触を維持する心理や行動の傾向をもっており，その結果確立される養育者との情緒的な絆をアタッチメントとよんだ。

　なお，アタッチメントは，母子を対象に研究されることが多いことから，子どもと母親の間に形成されるものという印象を与えがちであるが，必ずしも母親だけではなく，主たる養育者との間に築かれるものである。

(2)　アタッチメント行動の発達

　乳児が不安や恐れを抱いたときに示す行動をアタッチメント行動という。その行動は生得的なものであり，「定位行動」，「信号行動」，「接近行動」という3つのカテゴリーに分けられる。「定位行動」とは，アタッチメント対象を他の人と区別して，その人物に常に視線を向け，凝視するような行動である。「信号行動」とは，泣き声，発声あるいは微笑反応などで，アタッチメント対象を自分の方に引き寄せようとする行動である。「接近行動」とは，アタッチメント対象に対する後追い行動やしがみつきなど子どもの方からアタッチメント対象に接近しようとする行動である。

　アタッチメント行動は，次のような過程を経て発達していく。

第1段階：「人物の識別を伴わない定位と信号行動」誕生～2～3か月頃

　人物を識別する能力が十分に発達していないため，養育者以外の対象であっても広く定位や信号行動を向ける。行動は主に追視，微笑，発声，喃語，泣きなどで，泣いたときに，人が顔を向けたり声をかけたりするとすぐに泣き止むことも多い。

第2段階：「一人または数人の特定対象に対する定位と信号行動」3～6か月頃

　母親をはじめとする養育者など，一人または数人の識別されたアタッチメント対象に定位や信号行動を示す。

第3段階：「信号および接近行動による特定対象への近接の維持」6か月～3歳頃

　この時期は，いわゆる「人見知り」や「分離不安」が顕在化してくる。アタッチメント対象に近接・接触を維持しようとする行動がみられる。アタッチメント対象を安全基地として探索行動をする。

アタッチメント対象と玩具などの遊び場を行きつ戻りつしながら遊ぶ。

第4段階：「行動目標の修正と協調性の形成」3歳前後以降

　アタッチメント対象と自分の関係に関する表象モデル（内的作業モデル）が機能するようになり，絶えず近接していなくても対象は自分の所に必ず戻ってきてくれる，何かあれば助けてくれるという確信をもてるようになる。また，アタッチメント対象が自分とは異なる意図や感情をもった存在であることにも気がつきはじめ，アタッチメント対象の行動を予測できるようになる。そして，アタッチメント対象への行動目標を柔軟に修正できるようなり，アタッチメント対象との間で協調的な相互交渉をもつことが可能になる。

　この時期には，発声，泣き，後追いといった行動は次第に影を潜め，内在化したアタッチメント対象のイメージ，モデルを心の拠り所，安心感の源泉として，アタッチメント対象以外の人物，仲間と相互に関わり合えるようになっていく。

（3）　アタッチメントのタイプ

　エインスワース（1978）は，アタッチメント行動を客観的に評価するためにストレンジ・シチュエーション法を開発し研究した（表1-5）。

　彼女は，乳児が見知らぬ場面（ストレンジ・シチュエーション）でストレスフルな事態が起こったときに，どのようなアタッチメント行動を起こすかを，母親との分離・再開場面などの行動によって観察した。その結果，表1-5に示したAタイプ（回避型），Bタイプ（安定型），Cタイプ（アンビバレント型）の3つのタイプを見いだした。なお，近年3つのタイプに当てはまらないDタイプ（無秩序・無方向型）が加えられている。エインスワースの研究においては，Aタイプが22％，Bタイプが66％，Cタイプが12％であった。

　エインスワースは，Bタイプが母親と安定したアタッチメントを形成しており，Bタイプの母親は，AやCタイプの母親より乳児のシグナルに対する感度がよく，受容的で，乳児の自律性を認めて協調的にふるまうといった行動をすると指摘した。新たに加えられたDタイプは，通常の子どもたちの約10〜15％にみられたようであるが，抑うつ傾向の高い母親の子どもや被虐待児に多くみられるという指摘がある。

　その後の研究で，アタッチメントのタイプの出現率は国によって異なることが見いだされ，育児文化の違いも指摘されている。しかし，世界8か国で行われた40あまりの研究，約2,000人の乳児を総括した結果によると，エインスワースの結果とほとんど変わらないという報告もある（van IJzendoorn & kroonenberg, 1988）。

表1-5　ストレンジ・シチュエーションにおける各タイプの子どもと母親の特徴

	子どもの特徴	母親の特徴
Aタイプ（回避型）	母親との分離時で泣くことはめったにない。再会場面でも母親を無視するか，抱き上げようとしても，ほとんどしがみつかない。放してもらおうともがくことも多い。母親を安全基地として，実験室内で探索する行動があまり見られず，母親とは関係なく行動することが多い。	他のタイプの母親たちよりも拒否的で，子どもにほほえんだり，身体接触をしたりすることが少ない。子どもが苦痛を示したりするとかえってそれを嫌がり，子どもを遠ざけたりする場合もある。また，子どもの行動を強く統制しようとする態度も多くみられる。
Bタイプ（安定型）	母親との分離前は，母親を安全基地として利用し，活発な探索行動を行うことができる。分離時には，悲しみを示し探索行動も減少する。再会時には明らかな喜びを示し，最も母親との相互交渉をもちたがる。再開後しばらくすると，再び母親を安全基地として遊び始める。	他のタイプの母親たちと比較して，子どもの発するシグナルに対して敏感に，適切に応答し，愛情のこもった身体接触をすることが多い。子どもとの相互交渉は，全般的に受容的で協調的な態度を示している。遊びや身体接触を楽しんでいる様子が随所にみられる。
Cタイプ（アンビバレント型）	母子分離前の場面でも不安の兆候を示す傾向がある。分離場面でも強い悲しみや苦痛を示す。そして，再会場面では，母親と密接な接触を求めるが，それと同時に反抗的な接触や相互交渉も求めるというアンビバレントな態度が特徴である。Bタイプのような再会後，再び探索行動を開始することがなかなかできず，再会によって不安や悲しみがなかなか慰められない。	乳児の泣きやシグナルに対して，タイミングよく適切に応答することが不得手である。遅れて反応をしたり，子どもの要求にそぐわない反応をしたりする。しかし，Aタイプの母親のように乳児との接触を避けることもなく，肯定的な相互交渉をもつことも少なくない。すなわち，乳児にみられる行動同様，母親自身が一貫性のない対応をすることが多い。
Dタイプ（無秩序・無方向型）	顔をそむけた状態で親に近接したり，再会場面では親にしがみついたかと思うとすぐに床に倒れこんだり，近接と回避行動が同時に生じるといった，行動がばらばらで何をしようとしているのか読みとりにくい特徴がみられる。時折，母親の存在におびえているような素振りをみせたり，むしろ初対面の実験者に自然で親しげな態度をとることも少なくない。	このタイプの母親の特徴についての証左は示されていない。しかし，Dタイプには抑うつ傾向が高い母親の子どもや被虐待児が多く認められていることから，母親自身が外傷体験や未解決の心理的な問題を抱えるなど，精神的に不安定であり，非常に不適切な養育を行っている可能性が高いことが推察されている。

出典：遠藤ら（2011）をもとに作成

（4）　アタッチメントのタイプの形成に関連する要因

　アタッチメントのタイプの形成に関連する要因についての研究もなされている。エインスワースが指摘した母親の感受性などの養育環境要因に加え，子どもの気質の要因が指摘されている。気質とは，生まれつきの個人の特性である。気質には研究者によっていくつかの定義や理論があるが，Ａタイプは，一般的に怖がりやすいという気質傾向が相対的に低く，逆にＣタイプは，怖がりやすさが相対的に高い，あるいはいらだちやすさ・ぐずりやすさという気質傾向が高い。Ｂタイプは，怖がりやすさの気質がＡとＣの中間的な特徴を備えているという指摘がある（Kagan，1984，1994）。

　生まれもった気質がアタッチメント形成にどの程度影響を及ぼすかについては，いまだ不明瞭な点が多いといわれる。しかし，気質の研究者であるトマスとチェス（1981）が「気質と環境の適合のよさ（goodness of fit）」の重要性を指摘しているように，親が，子どもの気質特徴をどのように理解し，受けとめ，どのように対応しているかが重要である。たとえば，怖がりやすい子どもについて，親がその特性を受け入れず，改善しようと厳しく統制すると，子どもはいつまでも安心感を得られず，子どもの怖がりは一向に軽減されない。しかし，親が怖がりやすい子どもとして受け入れ，少しでも子どもが安心できるように工夫や配慮をする場合は，子どもの怖がり方に変化が表れる可能性がある。このように，適合のよさ，わるさというものは，子どもの気質によってのみ決まるものではない。親や周囲の大人のとらえ方によって異なってくるのである。

　親の子どもの気質の受けとめ方や養育態度には，親自身の性格や親の精神状態なども関連する。親が安定して穏やかに子どもとの時間を過ごすことができるように，夫婦関係や家庭環境（経済状況など），地域の子育て支援体制など，親子を取り巻く人間関係や社会環境の要因を考慮することも大切である。

（5）　アタッチメントの重要性

　ボウルビィは，乳児期に形成されたアタッチメントは，アタッチメント対象のイメージやモデルが心の拠り所や安心感の源泉として個人のなかに取り込まれ，表象モデル（内的作業モデル）として機能するようになり，生涯にわたってその個人の対人関係やパーソナリティを支える重要な働きをすると仮定した。この仮定の検証を目的に行われた数々の研究は，総じて乳幼児期におけるアッタチメントの個人差が，その後の各発達段階における社会的行動や人格特性などをかなり予測するという結果を得ている（遠藤，2007）。

　また，アタッチメントの重要性は，エリクソン（1950）の心理・社会的発達理論の乳児期の発達課題の重要性とも合致する。エリクソンは，乳児期から老年期までの8つの発達段階について，それぞれの発達課題と危機を心理力動的な関係として

「対」にして示している。乳児期の発達課題は，「基本的信頼」の獲得であり，危機は「不信」である。基本的信頼の獲得は，後の人間関係やアイデンティティの基礎を形成する重要なものであると考えられている。また，アタッチメントは，エリクソンの理論の重要な概念の一つである「相互性」とも深く関係している。「相互性」とは，乳児期に親が子どもの世話をすると子どもは安心し喜び（「基本的信頼」の獲得），その子どもの喜ぶ姿を見て親もまた喜びを感じる（親の発達課題である「生殖性」の達成）といった相互の関係性を意味している。このような親子の「相互性」が，安定したアタッチメントと深く関わると考えられる。

しかし，発達早期に形成されたアタッチメントの質は，その後の発達過程において変化の可能性（可塑性）がないものではなく，それまでとは異質な人間関係を一貫して持続的に経験できるようになると，それまでのアタッチメントをより安定した方向に修正することができることが明らかにされている（遠藤，2011）。したがって，発達初期に形成されたアタッチメントの質が生涯発達を決定づけるととらえるのではなく，人は環境の変化に応じてアタッチメントの質を柔軟に変化させる可能性をもっているととらえる視点も重要といえる。

3節　幼児期・学童期前期

幼児期とは，2歳ぐらいから6歳頃（就学前）の時期を指す。学童期は，小学生時代の6年間を指し，学童期前期とは，その名称どおり小学生時代の前半を指す。

1. 幼児期から学童期前期にかけての発達

幼児期から学童期前期において，子どもは日中の生活の場が幼稚園や保育所から小学校への移行という環境の大きな変化を経験する。

近年，小学校入学後の子どもたちが，「教師の指示に従わない」，「教室の中を立ち歩く」などといった行動を示すことから「小1プロブレム」として問題視されている。近年の子どもたちにとって，幼稚園・保育所から小学校への環境移行の難しさをあらわす現象ととらえられる。

幼児期から学童前期への移行にどのような発達課題や経験が重要であるかを考えることが必要である。

幼児期の発達課題には，起床，食事，着替え，トイレ，入眠などの身辺自立の習得，話しことばの基礎の形成，自己の芽ばえ，などがあげられる。

学童期前期には，遊びを中心とした生活から学習を中心とした学校生活が始まり，まずはその新たな生活や環境に慣れること，決められた時間割や学校の規則に沿って自ら行動できるようになることが求められる。読み・書き・計算に代表される学習そのものが，子どもが日々新たに取り組まなければならない活動となる。

2. 幼児期および学童期前期の発達課題

　ここからは，幼児期及び学童期前期に重要な発達課題のうち，①身辺自立などの習得，②自我の芽ばえと自己の発達，③認知機能の発達，④ことばの発達を取りあげてみていくことにする。

（1）　身辺自立や社会のマナーやルールの習得 ─「しつけ」の重要性─

　幼児期に必要とされる起床，食事，着替え，トイレ，入眠など，いわゆる基本的生活習慣は，毎日の生活のなかで，それぞれの「しつけ」を通して徐々に身につけられていく。

　まず，岡本（2005）による「しつけ」についての示唆に富む指摘を要約して紹介する。

　「しつけ」は，元来着物を「仕付ける」ことと結びついており，着物を縫うとき，あらかじめ形を整えるため仮に縫いつけておくのがしつけである。大切なことは縫い上がるとしつけ糸をはずす，この「はずす」ことが子どもの発達にとってとても重要な意味をもつという指摘である。子どもが自分の身の回りのことを自分でできるように「しつけ」をし，できるようになったら，しつけ糸を「はずす」ように子ども自身に任せることが重要である。着物の仕立てに「しつけ」は欠かせないように，子どもにとっても「しつけ」が重要であることを認識させられる指摘ではないだろうか。

　なお，「しつけ」は，幼児期にとどまらず学童期前期，そしてそれ以降も，年齢段階や発達段階に応じて継続される必要がある。たとえば，学童期前期には，幼児期には難しい時間の管理や社会のモラルやルールなど，それぞれの年齢や発達の段階に必要なしつけを必要とされる時期に行うことが大切である。

　いわゆる「小1プロブレム」の問題は，基本的な生活習慣や社会的なマナーやルールなど，幼児期において完了しておくべきしつけが完了していない状態（しつけがされていない，あるいは，しつけ糸がはずされていない）であることが背景要因の一つとして考えられる。

　ここでは，しつけの基本的な考え方について3点あげておきたい。

①　しつけは親子の信頼関係のうえに成り立つ

　しつける側の養育者としつけられる側の子どもの間に十分なアタッチメントが築かれていることが大切である。子どもは，信頼感や安心感をもてない人のメッセージには心を閉ざし，信頼できる好きな人であれば，叱られようともそれを受けとめようとする。また，子どもは黙っていても信頼できる養育者や先生の考えや行動をよく見て，感じとり，自分のものにしようとする。これは「同一視」，「同一化」とよばれ，幼児期に目立つ特徴である。さらに，子どもがある行動を起こそうとするときに，信頼のおける養育者の表情や声の調子などをうかがって，それを自分の行

動のガイドとする。これを「社会的参照」というが，すでに乳児期の終わり頃から
みられる行動である。

② しつけは子どもの発達に合わせる

　しつけは，養育者のことばを介して行われることが多いが，子どもの年齢や発達
状況に合わせた理解しやすいことばであること，また発達段階に見合ったしつけの
内容であることが大切である。たとえば，自我の芽ばえた3歳児に「だめ，だめ」と
いっているだけでは，なぜだめなのかを子どもは学ぶことができないし，子どもも
納得することができない。

③ しつけは生き方の基本を学ぶこと

　先述の岡本(2005)は，子どもは，しつけのなかで一番好きな親や先生が自分に
課してくる要請と自分の要求との対立に苦しみながら，そのなかで親や先生との共
同生活をどう創り上げていくかに悩み，人間の生き方の基本を学んでいく。それは
「生きる意味」(自己の実現と他者との関与の統合)を求める態度を形成していく営
みであると指摘している。

　幼児期の前半は特に，手先の操作や身のこなしが未熟で時間もかかり，失敗も多
い。また，2歳前後からいわゆる反抗期(第一反抗期)もはじまり，反発やかんしゃ
くを起こすなど，親にとっては手がかかる時期でもある。しかし，日々の生活のな
かで繰り広げられているしつけの一つひとつが，生活技術や知識を身につけるだけ
でなく，自分の要求に折り合いをつけたり，感情をコントロールしたり，自分以外
の人とどう関わるかという，人としての生き方の基本を学ぶことにつながっている
ことを認識することが大切である。

(2) 自我の芽ばえと自己の発達

　人は，生まれて間もない自分の身体との出会いをはじめとして，養育者との関わ
り合いなどを通して他者は自分とは異なる対象であることを認識し，しだいに他者
と自己の境界がはっきりとしてくる。

　1歳代の後半頃から，何でも自分でやりたがったり，自分のやりたいことを制止
されるとかんしゃくを起こしたりするようにもなる。いわゆる反抗期の始まりであ
る。2，3歳頃がピークであるが，この時期の思考は，自分の立場からしか，物事
をとらえられない「自己中心性」が特徴であるので，友だちとの遊び場面では，物
の取り合いなどの衝突が頻発する時期である。しかし，年齢が進むにつれ，しつけ
や友だちとの葛藤場面を経験するなかで，認知能力の発達にも支えられながら，自
己主張したり，自分の欲求や行動を抑制したりする「自己制御」の仕方を学んでい
く。

　自分のことを理解し，自己を発達させていくためには，他者の存在が重要であ
る。自己の理解は，他者の理解とともに，また，他者による評価に影響を受けて発

達していく。たとえば，年少(3，4歳)の子どもに，友だちについて「○○ちゃんはどんな子？」と尋ねると，「すき」や「きらい」で答えることが多いが，年中(4，5歳)になると「けんかが強い」，「よく泣く」，「かわいい」などの友だちがもつ，一つひとつの性質をあげるようになり，小学校入学近くの時期になると「けんかが強いけどわがまま」，「よく泣くけどやさしい」などと友だちの正負の性質をとりあげて説明できるようになる。他者の理解が進み，さらにそれを言語化できるようになっていく過程がうかがえる。同様に，自己の理解も発達とともに客観的に多面的にとらえられるようになる。

　学童期に入ると，対人関係が広がり，特に友だちとの関係がより重要になる。他者の理解が進み，他者と自分とを比較し，自己をより客観的に評価できるようになる。他者から自分がどのようにみられているかなどの他者評価を意識し，他者の期待や価値観を取り入れながら自己を発達させていく。

(3)　認知機能の発達

　ピアジェの認知発達理論については，乳児期の「感覚運動的段階」をすでに説明した(p.10～13参照)。表1-4には，幼児期及び学童期前期に当たる認知発達の概要も示してあるので改めて参照されたい。

　幼児期は，「前操作的段階」とよばれる段階であり，自分の立場からしか，物事をみることができない「自己中心性」が特徴的である。この段階はさらに2つの段階に分けられる。

　幼児期前半(2～4歳)が「前概念的段階」で，子どもが抱く個々のイメージを中心とした思考が特徴的な段階である。また，物には命があるとみなす見方(「アニミズム」)など特有の見方もみられる。

　幼児期後半(4～7歳)は，「直観的思考段階」である。事物の概念化が進み，分類したり関連づけたりするが，その際の推理判断は，直観的な判断に依存しており，知覚的に目立った特徴に左右され，一貫した論理的操作ができない。いわゆる「保存の法則」が成立していない。

　学童期は，「具体的操作段階」に入る。具体的なことがらがあれば，それに基づきながら頭の中で体系立てて論理的に考えることができるようになる。これを「操作」とよぶ。そして，「保存の概念」が成立する。物事を外見的特徴や見かけに左右されず分類して理解したり，順序づけて考えたりすることも可能になる。しかし，まだ具体的なことがらや具体的な経験に沿った内容を操作したり処理したりする段階にとどまっている。学童期前期は，このような具体的操作が始まったばかりの段階といえる。

（4）ことばの発達
① ことばの誕生まで

　乳児は生後1，2か月を過ぎる頃から「クー」，「ウー」といったクーイング（cooing：ハトの鳴き声に似ていることに由来）や「ゴロゴロ」と喉を鳴らすような音声のガーグリング（gurgling：うがいのような音）を発するようになる。6か月頃からは，「ババババ」「バブバブバブ」などの反復喃語（バブリング：babbling）を発し，その後，反復喃語にみられた音節の反復性のない非反復喃語を発するようになる。養育者からも赤ちゃんに対して独特の高音の語りかけ（マザリーズ）が行われ，相互の声のやりとりを通してコミュニケーションの基礎，そしてアタッチメントも育まれていく。

　8〜9か月頃から，子どもは大人の指さした方向を見ることができる（「共同注意」の成立）ようになり，10か月を過ぎる頃からは自らが指さしをするようになる。自分が犬を見つけたき「ア！」と声を出し指さして，「見て！」という思いを伝えたり，ほしいものを指さしたりして，自分の要求や意思を表す。1歳半ぐらいになると「○○はどれ？」と大人が尋ねると指をさして答えるという応答の指さしもするようになる。このように子どもが他者とある対象を共有する関係を「三項関係」といい，ことばのコミュニケーションの基礎と考えられる。三項関係の成立がみられる時期に，初語が出現する。

② ことばの誕生以降

　ことばが出はじめた1歳代は，「一語文」が特徴である。一語でいろいろなことを表現するのである。たとえば「ワンワン」には，「ワンワンがいるよ」，「ワンワン大好き」など，いろいろな意味が込められている。子どもが発した一語に対して，「ワンワンいたね」，「かわいいね」などと子どもの思いを受けとめ，意味づけしながらていねいに繰り返し応答することにより，子どもはことばを伝える喜びを感じ，ことばへの関心を高めていく。また，1歳半から2歳くらいの時期は，物の名前を尋ねる質問が多い時期（命名期）であり，ことばが急激に増える。

　2歳代には，二語文（二つのことばをならべる）の獲得とともに，さらに三語文，動詞，形容詞，副詞などが獲得され，3〜4歳頃には，日常のことばのやりとりがほぼ不自由なくできるようになる。

　4〜5歳になると，他者のことも考慮に入れながら自分の行動を自制することができるようになり，遊びの順番を待ったり物を譲ったりするときに，「貸して」，「どうぞ」などがいえるようになる。さらに，たとえば「おかしがほしいけど，我慢しよう」といった自己調整のための言語も育ってくる。また，遊んで「楽しかった」，転んで「痛かった」といったように，行動の結果をことばにするだけでなく，「お外で遊んでくる」と言って遊びにいくなど，自分の頭で目的やプランを立て，言語化してから行動するということもみられる。

また，子ども同士の会話も可能になり，自分の言ったことの正確さを期すために，言い直し，言い換え，補足をしたり，大人や仲間からの提案や考えを受けとめたりして，相互交渉による問題解決が可能になる。

③　幼児期と学童期前期の発達課題　─一次的ことばと二次的ことば─

　幼児期には，身近な人と話し合うためのことばの能力を育むことが課題である。岡本(1984)は，このようなことばを「一次的ことば」と名づけている。そして，学童期においては，一次的ことばに加えて，「二次的ことば」の習得が必要であると指摘している。二次的ことばとは，特定の個人が不特定多数の他者に対して話すことを意味している。一次的ことばでの会話は，たとえば，幼児がよく知っている相手と一緒に見ている光景や経験などについて話し合うとき，ことばだけでなくその場の状況や互いの共通する体験などによって理解し合うことができる。それに対し，二次的ことばは，たとえば，教室の中でクラスの生徒全員に向かって話しかけたり説明したり，一方向的に多数の他者に向かって話しをしなくてはならない状況において必要となる。岡本は，二次的ことばは一次的ことばの上に重層的に築かれるものであり，幼児期における一次的ことばの習得の重要性を指摘している。

　したがって，幼児期において，おとなは子どものことばに耳を傾け，子どものことばにていねいに応答し，ことばのやりとりを楽しむこと，そしてまた子ども同士の会話も大切にし，十分に一次的ことばの土台をつくることが重要である。それは，学童期の二次的ことばの習得を支える力となると考えられる。

<＜参考文献＞>━━━━━━━━━━━━━━━━━━━━━━━━━━━━━━━━━━

安藤朗子（2001）　乳幼児期・児童期の発達と臨床　庄司順一・西澤哲（編）ソーシャルワーカーのための心理学　有斐閣　p.89-115

Bowlby, J. 1969 Attachment and loss Vol.1 Attachment. 黒田実郎他（訳）（1991）　母子関係の理論（1）新版　Ⅰ愛着行動　岩崎学術出版

Bowlby, J. 1988 A secure base: Parent-child attachment and healthy human development. Basic Books. 二木　武（監訳）（1993）　ボウルビィ　母と子のアタッチメント―心の安全基地　医歯薬出版

遠藤利彦（2007）　アタッチメント理論とその実証研究を俯瞰する　数井みゆき・遠藤利彦（編）アタッチメントと臨床領域　ミネルヴァ書房　p.1-58

遠藤利彦・佐久間路子・徳田治子・野田淳子（2011）　乳幼児のこころ　有斐閣

Erikson, E.H. 1951（revised 1963）　Childhood and Society. New York: W. W. Norton 仁科弥生（訳）（1977, 1980）幼年期と社会1, 2　みすず書房

平山宗弘（編）（2017）　子どもの保健と支援　改4版　日本小児医事出版社

小西行郎・加藤正晴・鍋倉淳一（2013）　今なぜ　発達行動学なのか　胎児期からの行動メカニズム　診断と治療社

無藤隆・子安増生（編）（2011）　発達心理学Ⅰ　東京大学出版会

岡本夏木（2005）　幼児期　岩波書店

大藪泰（1992）　新生児心理学　川島書店

大藪泰（2013）　赤ちゃんの心理学　日本評論社

Piaget, J & Inhelder, B. 1966 La psychologie de L'enfant. Paris: Press Universitaires de France. 波多野完治・須賀哲夫・周郷博（訳）（1969）　新しい児童心理学　白水社

ピアジェ，J. 谷村覚・浜田寿美男訳（1978）　知能の誕生　ミネルヴァ書房

下山晴彦（編集代表）（2014）　心理学辞典 [新版]　誠信書房

庄司順一・奥山眞紀子・久保田まり編著（2008）　アタッチメント　子ども虐待・トラウマ・対象喪失・社会的養護をめぐって　明石書店

新保育士養成講座編纂委員会編（2014）　保育の心理学　改訂2版　社会福祉協議会

Thomas, A. & Chess, S. 1980 The dynamic of psychological development. New York, Brunner/Mazel. 林雅次（監訳）（1981）　子どもの気質と心理発達　星和書店

学童期後期
(思春期)から青年期にかけての発達

概　要

　思春期は，身体は成熟しているのに心理的・社会的には一人前ではないという，動物にはない，ある意味人間らしい時期ともいえる。身体や心，考え方や行動の仕方などが大きく変化する時期でもある。青年期にかけて，周囲の状況を見ながら，他者とは違う自分自身をつくっていくと同時に，親からも心理的な独立をはかり，やがては社会的にも自立していく。

　動物は生殖活動が行えるようになると"おとな"として考えられるが，人間は生殖活動が行えるだけでは，"おとな"になったとは認められない。

　本章では，思春期から青年期にかけての心理について考えてみよう。

第2章　学童期後期（思春期）から青年期にかけての発達

1節　学童期後期（思春期）

　思春期は，身体的な大きな変化，子どもの身体からおとなの身体へと成熟を示す時期で，疾風怒濤の時代ともいわれている。もちろん，突然思春期になるわけではないので，これまでの乳児期・学童期前期を，どのように過ごしてきたかで，思春期の過ごし方が変わってくる。心身の変化に伴って，これまでの何らかの予兆が見られた問題や，奥に潜んでいた問題などが顕在化してくる時期でもある。

　いつから思春期が始まるか，何をもって思春期とするかは難しい。個人差と性差が大きいので，何歳からとはっきり断言できないが，性ホルモンが活発に働くようになる準備期間も入れると，学童期の後期，小学校の高学年から始まっていると考えるのが妥当であろう。

　筆者は，スクールカウンセラーとして，小学生から高校生までの多くの子どもたちに会い，相談員として，思春期の子どもを育てる親に出会ってきた。その時の経験をもとに，いくつかのエピソードも紹介していきたい。これらのエピソードは，わかりやすくするために，いくつかの事例をもとに筆者の創作であることを明記しておく。

1. 身体的な変化

　個人差・性差はあるが，この時期には，身長・体重の伸びがめざましく，近年，前の世代より成長が早期化する現象がみられている（発達加速現象）。

　また，性ホルモンが活発になって，第二次性徴といわれる，子どもの身体からおとなの身体への成熟が大きな特徴である。

　男子では，咽頭軟骨の発達・変声・性毛の発毛・精通・肩幅の広がり・筋肉質ながっちりしたからだつきになるなどがみられ，女子では，乳房の発達・性毛の発毛・丸みをおびた体型への変化・骨盤の発達に伴う腰幅の広がり・初潮を体験するなどがみられ，ただ，身体が大きくなるだけでなく，このように子どもの身体からおとなの身体へと成熟していく時期にあたる。

　この身体の成熟は，急激な身体の変化であり，子どもにとって，これまで味わったことのない未知の世界である。この変化は自分の意志とは関係なく，また，本人の精神的成熟度とも一致していない。身体の大きさとは関係なく，小柄な男子で声

変りが早かったり，大柄な女子の初潮が遅かったりすることもある。男子にも女子にも自分の身体が次第に変化していくことを体験していくことは，これから自分はどうなるのだろうと大きな不安に包まれるであろう。

　小学校高学年の宿泊行事などの入浴時，級友の身体と自分の身体の発達の違いに気づく機会になる。そこで，級友のおとなびた体つきに憧れたり，子どものままの自分を恥ずかしくなったり，反対にもう子どもではなくなった身体にコンプレックスをもつこともある。

　あとで述べるように，他者から自分がどう思われるかが気になる時期なので，変化した自分自身への戸惑いに加えて，そのことを他からどう見えるか，他者がどう思うかも気になり，不安が増大する。

　また，女子の場合は，女子の月経は，腹痛や頭痛など身体の一部だけではなく，全身倦怠感や強い眠気など身体全体と気分が変動するなど精神状態にも影響がある。この痛みや体調への影響は個人差が大きいが，特に敏感な場合は，実際の痛みより気分への影響が大きくなる。その期間，イライラしたり，何も手につかなくなったりしてしまうこともある。また，そのことを周囲がどのように思っているかも気になる。初潮をむかえていないと，水泳の授業を見学する友人をうらやましく思えたり，トイレにポーチを持っていく女子の姿を見た男子が，お菓子を持っていると勘違いして騒いだりと，身体は大人になりつつあっても，行動は，まだまだ子どもの時期でもある。

　このように，身体の変化からくるそれぞれ男性的な印象や女性的な印象は，本人の自己意識にも大きな影響があり，そのことは，次に述べる心理的な変化とも大いに関係してくる。

2. 心理的な変化

　身体の変化を受け入れる準備ができていないことから，不安を招き，思春期心性ともよばれるこの時期の精神的特徴がみられる。自分の身体変化を受け入れられないと，自分の存在を根底から脅かされることになり，自分がどうなっていくのか不安になり，自己不全感に陥りやすくなる。

　思春期心性の特徴としては，刺激に対する敏感さ，感情の変わりやすさ，自己中心性，両価性があげられる。

　外からの刺激には敏感に反応し，瑞々しさを発揮する一方，過敏になりに傷つきやすい。このことは，感情は変わりやすいところにもつながり，刺激に対する反応量と自分自身の統制力がアンバランスなため情緒不安定になりやすい。この時期の瑞々しい感性が素晴らしい芸術作品につながり，人々の心を打つということも少なくない。

　この時期の自己中心性は，幼児期の自分のことを中心に考える自己中心性とは

違って，自分自身に関心を寄せる傾向から自意識過剰になり，他人の視線を強く意識しがちである。自分の容姿や服装など，他人からどう見えるかを気にして，自分なりのこだわりを示すこともある。服装や立ち居ふるまいが，学校生活における学校の規則や社会の常識から逸脱することもある。学校の制服をわざと着くずしたり，自分のこだわりを通したりすることも珍しくない。

反抗的な言動から，おとなにとっては，自分の主張ばかりするので，わがままで自分勝手な姿に見えるが，性格というより，実は強い不安や自信のなさからきており，甘えたい気持ちも含まれている。

他人からの視線には敏感でありながら，自分の心にばかり注意を向ける傾向から，他人の心には無頓着になる傾向もある。そのことが親子関係や，仲間との関係においてトラブルに結びつくこともある。そのことは後述する。

いろいろな面で考えがぶれがちで，両価的になるのも，思春期の大きな特徴である。

自分のことをわかってほしいけれど知られたくない気持ちもあり，ひとりにはなりたくないが孤独を愛する気持ちもある。人から，放っておいてほしい気持ちと助けて欲しい気持ちがあり，甘えたいときには素直になれないことが多い。また，個性的でありたい自分と皆と同じでないと不安になる気持ちがあり，矛盾した気持ちを自分でも持て余してイライラに結びつくこともある。

放っておかれると拒否されたように感じてさびしくなり，かまわれるとうるさく感じる。なかなかわかってもらえないと嘆きつつ，「わかるよ」といわれると，「何も知らないくせに簡単に言わないで」と思う，この両価的なところも，親子関係や仲間との行動に大きな影響がある。

3. 親子関係

思春期の親離れは，乳児期の離乳に対して，心理的な離乳ともよばれている。

心理の変化で述べたように，両価的な面が見られることから，反発を残しながらも，心理的には再び母親を求め，頼りにするところもある。これまでも，甘えたり離れたりを繰り返して自立に向かっていたのが，思春期に再び甘え，ある時は反抗という形で親に向かうプロセスを経て，青年期には心理的離乳をし，自立を果たしていく。

2歳頃のいやいや期とは違って，子ども扱いされることへの反抗であったり，甘えたいという自分自身の矛盾した気持ちや，自信がないことや不安を抱えている，自分自身への不全感を抱えているのである。

また，この時期の反抗期は，第二次反抗期ともよばれる。

親からこの時期の子どもとのことで，学校や友だちのことなど話してくれない，すぐに部屋に行ってしまう，何か聞いても，「べつに」「ふつう」とだけ返ってきて

会話にならない，欲しいものがあるときや，自分が必要なときだけ話しかけてくる，などがよく聞かれる。

　子どもの側からは，自分で考えて何かしようとすると「子どものくせに生意気だ」といわれ，これまでしてきて何もいわれなかったようなことをしても「もう子どもじゃないんだから」といわれ，親のいっていることは矛盾していてよくわからない，などの不満が聞かれる。

　子ども自身の接する世界が広くなってきて，周囲の世界が見えるようになると，親の言うことに疑問をもつようになってくる。同時に，周囲のおとなに対しても疑心暗鬼になりやすい。

　上からただ押さえつける，一方的に親の意見を押しつけるようなおとなとの関係は批判や反抗の対象になる。家庭生活や学校生活において，おとなの指示に従うだけでなく，自分の判断や理想に沿って行動することを求められることも多くなるため，混乱を招くことがある。

　強い正義感や，潔癖から，おとなのしていることが許せないと思ったり，汚いと思ったりすることもある。家庭や学校でひいきや特別扱いに敏感になり，時と場合によっておとなの言っていることが違うと感じると，不信感をもってしまうこともある。

　家庭では，上のきょうだいが特別扱いをされているのを見たり，下のきょうだいが自分より甘やかされていると感じると強く反発する。学校では，一方の話だけを聞いて，自分の話を聞いてもらえなかったり，一方的にわるいと決めつけられたりすると怒りが爆発する。

　思春期の子どもをもつ親は，親自身も中年期に入り，自分自身の仕事や健康上の不安やいら立ちをもつことが多く，不安をもっている同士がぶつかるため，親子げんかが壮絶になるといわれている。ただ，子どもへの養育態度には親の個人差も大きい。反抗は，決して子どもの側だけの問題ではない。相談の場面で，子どもの問

事例1　ひとりで留守番はいやだった

　Aくんの母親が家族旅行に行こうと，民宿に申し込みをしたところ，Aくんは家族と旅行するなんてかっこわるいと言いだし，自分だけ留守番をすると言いはった。母親は，何回もAくんに念を押し，本人が行かないことを確かめ，近くに住む祖父母に頼むなど一人で留守番をする段取りをつけていたところ，当日になって，急に，「自分も行きたい，自分を置いていくのか」と泣き騒ぎ，結局家族と一緒に出かけた。旅先では小さい弟や妹に交じって，何事もなかったかのようにひと一倍大はしゃぎをしていたという。家族と出かけるなんてかっこわるいと思って，つい行かないと言ってみたものの，一人ぼっちにされるのはいやだったようだ。母親は家族で出かけられたのはよかったが，行動が読めないと困惑していた。

題行動についての話になると，親子の関係性や，あるいは両親の夫婦関係，家庭の雰囲気，親自身の成育歴などを含めた家族全体の関係性で見ていく必要があると感じる。

　思春期の子どもと関わるおとなは，この両価性の特徴を頭に入れ，表面的な反抗に対して，すぐに「出ていけ」とか「なら，やめろ」とかいったり，本人が大事にしているものを勝手に取り上げたり，大事にしていることをやめさせたり禁止したりしないことが大切である。なかなか，自分の本当の気持ちを語らないからこそ，反抗の裏側にある，甘えたい気持ちや強い不安などをくみ取ることが重要である。

4. 友人関係

　学童期の前期は，家が近いとか一緒にいると楽しいという理由などで友だちを選ぶことがある。その後は，「一緒」「同じ」ということで仲良くなっていく。中学生の入学当初は，席が近い人と友だちになるため，出席番号が近い友だちと連れ立っているのをよく見かけるが，学校生活が進むにつれ，その後は同じ部活動の生徒同士や同じ趣味の友だちがくっついているのを見かけるようになる。休みの日に一緒に出掛けて，同じようなマスコットを購入し，まるで友だちの証のように通学かばんに下げているのもよく見かける。親には言えないことなどを打ち明け合ったりして親密になっていく。

　不安定な時期を支え合うのは，同性の友人である。

　異性への関心が高まるが，それについても同性の友人と共有することで，互いに発散することができる。しかし，好き嫌いがはっきりしたり，好きだったのが嫌いになったりで，仲間集団同士の葛藤も始まる。同質を好むあまり，異質なものに対して排除する傾向もみられる。少し前は，あれだけ"親友"といっていたのに，別の機会に見かけると，全く別なタイプの友だちと連れ立っているのを見かけることがある。ちょっとしたことをきっかけにくっついたり離れたりしているようだ。

　修学旅行や学外見学などのグループ分けでもめて，収拾がつかなくなることもある。みんながやっているから，というのが圧力になり軽はずみな行動がいじめにつながったり，問題行動などにつながったりすることもある。

　また，入学時の新しいクラスでは，一斉のスタートのためか友だちができやすいが，学年が上がるとそれぞれに親しさに差がついて，2年目・3年目と学校生活には慣れているはずなのに，クラスに馴染みにくく，なかなか友だちができないと悩むこともある。

　学校に出入りしていると，時として，生徒から最敬礼の「こんにちは」と声をかけられて驚くことがある。ふと後ろを見ると，あいさつした生徒たちと，一つか二つしか違わない上級生の姿があった。おとなの私にあいさつしたのではなく"先輩"に挨拶したのだと気づいたのだ。

　　B子さんは部活の先輩から怒られたと愚痴をいいに来た。「先輩っていったって，1歳し
か違わないのに，何であんなにいばるの？」「あいさつの仕方がわるいとか，掃除の仕方
がわるいとかいってきてうるさい。もともと，きちんとしたやり方を教えてくれていない
のに。」と文句たらたらである。家庭でも，年の離れた弟を，みんなが甘やかすのが気に入
らないという。「弟は同じことをしても怒られないのに，どうして私だけ…。」「家に帰る
のが遅くなると，子どものくせに早く帰って来いというくせに，弟のことを言うと，もう
あなたはおとなでしょって，勝手なんだから」と語気強く話していた。ところが1年後，B
子さんも先輩になり後輩ができたが，下級生思いの優しい先輩になっているかと思うと，
「後輩のくせに生意気！」と同じように下級生に厳しい上級生になっていた。

　とはいえ，大好きな先輩や尊敬できる先輩ができ，その先輩に褒められたりする
と部活のやる気が出て，学校生活そのものも楽しくなる。一方，後輩ができて，後
輩から「先輩！」などとよばれると，上級生として下級生の手本になろうなどとい
う気持ちが強くなり，行動面でもしっかりする面もみられる。

　確かにこの時期の友人関係は大切で，友人関係から学ぶことは多く，部活動から
は学年を超えた人間関係も学べる。ただ，子どもによって，スポーツが得意で好き
な子もいるが，絵を描いたり文章を作ったり，科学的なことが好きな子どももい
る。苦手なのに，運動部に所属している生徒をときどき見かける。どうして入部し
たのか尋ねると，親が運動するように勧めたという答えが返ってくる。親が子ども
の健やかな成長を望むのは当たり前だが，その子どもの性格特性や，帰属する集団
の特徴を考慮して見守る必要がある。介入しすぎたり，放任しすぎたりせずに関わ
る姿勢が求められる。

5. その他

　この時期は，自分に意識が向く時期であることから，過度な自己愛をもちやす
い。多感な時期を題材に，文学作品や映画・ドラマ，最近ではアニメに描かれるの
もその理由による。過度な自己愛も，いろいろな人と出会って関わっていくこと
で，自分だけに向いていた関心が他人や社会にも向けられていくにつれ，少しずつ
修正されていく。いろいろな理由で，学校に行けず，家の中に引きこもるような状
況のままでいると，自己の中に埋没してしまうおそれがある。無理やり引っ張り出
すことはしてはいけないが，本人の様子をみて，はたらきかける機会をうかがった
り，保護者が相談することを続けたりしながら，家族も孤立しないようにすること
も重要である（図2-1, 2）。

　また，性ホルモンが活発になり，身体の成熟とともに。性的なものに興味をもつ
ようになるのも自然のことである。性欲は食欲と同じで生命の力を示す人間の欲求

である。しかし，思春期の時期は，コントロールがうまくできないことで暴走することもある。

　性行動の低年齢化には，パソコンが普及して，早い時期からアダルトサイトなどを自室で見られる環境があるからとも思われる。反面，性的なものに興味をもつ自分は不潔だなどと強く嫌悪感をもつと，次の成人期に，他人と親密な関係をもてなくなってしまうこともある。

　生まれながら備わった，身体的特性を受け入れて生きていく時期で，性役割についても考えを深めていく時期ではあるが，最近は，自分の生物学的な性に違和感を感じている人もいる。この時期に，これまで漠然と感じていた自分の性についての違和感が，身体の変化とともに顕在化してくることもある。その場合は正しい知識を学びながら，必要に応じて専門家に相談することも大切である。

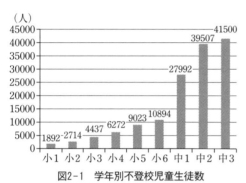

図2-1　学年別不登校児童生徒数

出典：文部科学省公表資料，平成30年度児童生徒の問題行動等生徒指導上の諸問題に関する調査（図2-2も同じ）

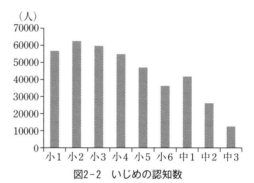

図2-2　いじめの認知数

Column 1　中1ギャップ

　2012年の中央教育審議会初等中等教育分科会で，中学1年生からの不登校の生徒数の増加，いじめ認知件数の増加が話題になり，解決するための一つの手段として，小中連携，一貫教育について話し合われている（図2-1, 2参照）。

　「ギャップ」といわれるほどの変化があるかということには疑問も残る。

　また，小学校の環境と中学校の環境の違いは昔からあることで現代に始まったことではないことを考えると，現代の子どもの側の変化ととらえるべきかもしれない。

　引き起こす原因として考えられている，小学校と中学校の環境の違いについては理解しておく必要がある。中学校では学区が広がり，複数の小学校の卒業生が集まり，友人関係が変わってくる。また，教科担当制になり，小学校のように担任がすべてを把握しているわけではない。また一方で教科学習が難しくなったり，定期試験の勉強の負担が増えたり，高校入試への不安も増大することも挙げられる。

　部活動では先輩後輩の人間関係が存在し，仲間集団で葛藤をもちやすい。

　中学生の不登校は小学生の不登校より多いのは，小学校時代で予兆が見られていた問題，つまり思春期にいたるまでの問題の積み残しや先送りしてきた問題が，表に出てきたと考えられている。

青年期は，思春期の混乱が収まり，社会との接点を意識し始める時期になる。
同様に，親や周囲の大人のことを，社会への橋渡しとして認識するようになる。
学校では高校生の時期にあたる。

1. 現代の高校生

平成29年度高校生の心と体の健康に関する意識調査の報告書から，日本の高校
生の実態を見てみよう。

まず，この1年間にストレスを感じたことがあるかという問いには，「よくある」
と答えたのが3割強で，米国に次いで高い（図2-3）。

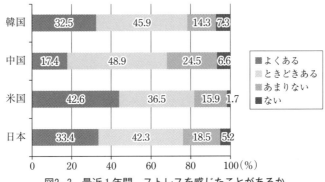

図2-3　最近1年間，ストレスを感じたことがあるか

出典：高校生の心と体の健康に関する意識調査報告書，平成29年度国立青少年教育機構「概要」より（図2-4,5も同じ）

続いて，ストレスの内容について表したのが次の図2-4, 5である。

比較した米国，中国，韓国の4国ともストレスの内容は，「勉強のこと」「進学や
進路のこと」「友だちのこと」が上位を占めていた。

合わせて，日本の高校生のストレスへの対処法について示す。

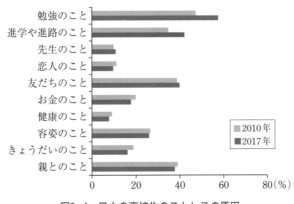

図2-4　日本の高校生のストレスの原因

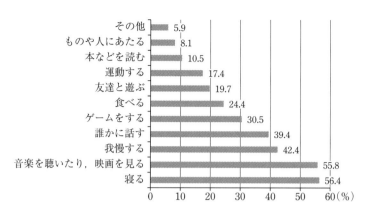

図2-5　ストレスを感じた時にどうするか（日本の高校生）

出典：高校生の心とからだの健康に関する意識調査報告書，平成29年度国立青少年教育機構「概要」より

　　日本の高校生は，「寝る」「音楽を聴いたり，映画をみる」の割合が高く，「寝る」というのを選んだ割合は，4か国の中で一番多かった。

　　自分が，ストレスを感じていいるかどうか，何に感じているのかを自覚することはとても大事なことで，どのようにしたら解消できるのか知ること，いろいろな解消法を試してみて自分に合った対処法を見つけることも，大人になるうえで，とても大事なことである。

2. 自我同一性の確立

　　青年期の一番の課題は自我同一性の確立ということがあげられる。

　　自我同一性とは，アイデンティティを日本語訳で表したものである。

　　子どものときから，自己意識の発達に伴い，自分というイメージをつくっていくなかで，青年期には，「自分とは何か」という課題に，自分は他の誰とも違う存在である，これまでも今もこれからも連続して自分であるという意識，何らかの社会に属しその一員として認められているという意識を統合していくことが，自我同一性の確立と考えられる。

　　子ども時代に反抗期を経験し，道徳心の発達などを経て，家族・学校・地域と行動範囲を広げながら，いろいろな人と関りながら，親とも違う自分を形成し，他者との区別をはかっていく。したがって，その人自身の身体的特性や認知的特性に加えて，家庭環境・社会的なシステムや価値観・帰属する地域の特徴などが自我の形成に影響し，その人は自分の自我として確立していく。

　　自分のことをどのように見ているのかという自己評価でも，自分はかけがえのない存在であると考えられるかについては，自己肯定感ということばで示される。

　　国際比較をすると，日本の若者の自己肯定感が低いことが問題になっている。

　　前述の表で示した，平成29年度高校生の心と体の健康に関する調査では，「私は価値のある人間だと思う」「私は今の自分に満足している」の項目で，2010年と

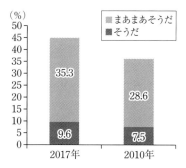

図2-6　私は価値のある人間だと思う

出典：高校生の心と体の健康に関する意識調査
　　　報告書，平成29年度国立青少年教育機構
　　　「概要」より（図2-7〜9も同じ）

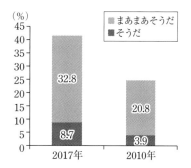

図2-7　私はいまの自分に満足している

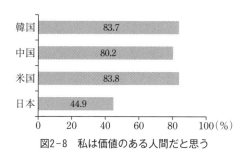

図2-8　私は価値のある人間だと思う

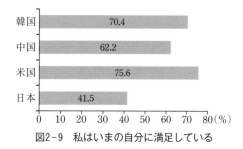

図2-9　私はいまの自分に満足している

2017年で比較すると，「まあまあそうだ」と答えた高校生が，20.8％から32.8％と
わずかに伸びているものの，4か国の高校生の中ではかなり低い数値にとどまって
いる（図2-6〜9）。

　同様の結果が，平成30年内閣府による「我が国と諸外国の若者の意識に関する調
査」でも明らかになっている。

　日本の若者は，諸外国の若者に比べて，自分自身に満足していたり，自分に長所
があると感じていたりするものの割合が最も低かった。ただ，諸外国の若者同様，
自分の考えをはっきり相手に伝えることができたり，うまくいくかわからないこと
にも意欲的に取り組んだりする者ほど，自分自身に満足しているものの割合が高
かった。一方で，日本の若者だけ，自分が役に立たないと強く感じている者ほど，
自分自身に満足している割合が低かった。

3. 自我同一性の混乱・拡散

　健康的な自我であっても，青年期に自我同一性が確立する前に，一時的な混乱に
陥ることもある。これまで述べてきたように，自我同一性は簡単に確立するもので
はない。確立せず，混乱している状態・拡散している状態にも触れておこう。

　自意識が過剰になり，周りから自分がどう思われているかが気になり，自分を見

失っている状態に陥る。

　将来，何になるかということが決められず，また決定を先延ばしにする状況が生まれる。

　あるいは，時間がまだあるにも関わらず必要以上にあせったり，期限が過ぎているのに，あたかも期限などなかったようにふるまったりなど時間的展望が拡散してしまう。

　学童期で培われた，勤勉性が拡散し，何もする気が起こらなかったり，やらなければならないことを先延ばしにして，ゲームをしたり動画を見ていたりする状況である。

　また，適切な対人距離を上手にとれずに，近づきすぎて自分がなくなってしまうような感覚を味わったり，極端な距離をとったりして，かえって孤立してしまうことがある。異性にしがみついて，年齢にふさわしくないつきあいに発展してしまうこともある。

　否定的な対象に同一化してしまうこともある。単なる憧れから，反社会的行動をとってしまったり，社会には混じらない非社会的な行動をとてしまうことがあげられる。

事例3　自分の新しい役割を受け入れる

　勉強もそこそこ，運動も得意で，絵画や習字で代表に選ばれることもあり，中学校時代は，代表というと名前のあがっていたCくんであったが，学力のレベルが同じような高校において，自分から立候補するという経験のなかったCくんは，他の中学校からの積極的な生徒に押され気味になってしまった。中学までは積極的に参加していた学校行事もつまらなくなり，学校生活そのものも楽しくなくなってしまい，あげくの果てには何に対しても無気力のような状態に陥ってしまった。しばらく，ゆっくり過ごしている間に，これまでの自分を振り返ったときに，Cくんは，自分が何もしなくても周りが評価してくれたことに気づいた。代表を何度も経験していたが，主体的に関わっていたとはいえなかった。そのことに気づいてから，代表の役割ではない自分を受け入れることもでき，「それはそれで気楽！」と思えるようになった。

　Cくんのように，自分の新しい役割を受け入れられると前に進めるが，自分のことを理解や評価しない周囲がわるいと他罰的になったり，昔はよかったと振り返るだけで前に進めず，停滞してしまう例も多くみかける。

　青年期には，これまでの自分の役割とは違う役割を経験することもある。理想の自分と自己のギャップが縮まり，自分として心地よくすごせるようになると，自我同一性が確立したといえよう。

事例4 保育士の道を進むことにした

　Ｄさんは，母親のことが大好きで，資格をもって働いている姿にも尊敬していた。

　小さい頃から，母と同じ職業に就きたいと思っていたし，誰かに聞かれるとそう答えていた。高校1年の文系理系の進路を選択するにあたって，母と同じ理系に進むことに決めていたし，母もそれを望んでいると思い込んでいた。

　しかし，理系に苦手な科目があり，これまでの模擬試験の結果からも文系に進んだほうがよいのでは，というアドバイスを進路指導の先生からもらっていた。

　尊敬する母と同じ進路を選ぶことばかり考えていて，本当にそうなのか，母も望んでいるのか，母親とゆっくり話し合ってみることにした。母はＤさんがやりたいことを進路に選んで欲しいといってくれた。改めて考えてみたところ，小さな子どもが好きだったこと，母が仕事で忙しいときも保育園の先生が寄り添ってくれたことなどを思い出し，保育士の道に進むことにした。

　身近にいる人に，強い尊敬の思いを抱くと，ああいう風になりたいと自分の適性や能力を考えずに進路を決めてしまうこともある。反対に，堅苦しさを感じて，わざと否定的な対象に同一化して，進む道を誤ってしまうこともある。

4. 友人関係

　思春期のように，何でも一緒・同じが心地よかった関係ではなく，異質性・個性の違いを認め合えるようになっていく。信頼できる友人との親密な関りが，前述した自分とは何かということを考えていくうえでも必要である。友人関係を通して，情緒的な安定感・安心感を得ることはもちろんだが，友人のふるまいを見て，自分の長所や短所を客観的に見つめられるようになる。

　現代は，相手を傷つけたり，自分が傷つくことに慎重になるあまり，表面的な関係・希薄な関係になる傾向があり，直接面と向かわない，インターネットでのコミュニケーションをとるようになって，より強くなっている。

事例5 一生の友だち

　新学期が始まって1か月ぐらいした頃である。Ｅ君が，親から，中・高の友だちは一生の友だちだと聞いたのだが，自分にはできないと相談にきた。確かに筆者もふり返ってみると，今でもつき合いのある思春期・青年期時代の友人がいる。しかし，実際の中学や高校に通っているときから，この人は一生の友だちになるとわかっていたわけではなく，その後に，いろいろなことがあって今に至っているという気がする。

　友だちは，友だちになることより，友だちでい続ける方が難しい。長くよい関係を続けるためには互いの努力が必要であろう。親も，ことばで「中学・高校のとき

の友だちは一生の友だちだ」と伝えるより，実際に親自身が，自分の中学や高校の同級生と今でも楽しくつき合っている姿を見せることで，自分も今はいろいろあるけれど，何年かしたらこんな風に，ときどき会ってご飯を食べたりお酒を飲んだりして楽しい時間が過ごせるのでは，と考えられるのではないだろうか。

　楽しい時間やうれしい時間を過ごすだけでなく，時には傷ついたりする経験を通して，人間関係とはどういうものかというのを学んでいくのだろう。

5. 親子関係

　青年期になると，甘えを含んだ子どもっぽい反抗はおさまり，親や自分自身のことを客観的に見つめることができる。自分の行動範囲を広げつつ，心理的・物理的に適度な距離を保ちながら，よい関係を築けるようになっている。同性の親への批判をすることで，自分の役割を考えるきっかけになることが多い。

　思春期を過ぎてくると，学校で会う生徒たちから，「最近，父親がつかれている気がする」「母親が朝早く起きて，お弁当を作ってくれるのが申し訳ない」などの親をねぎらうような発言が聞かれるようになる。自分にばかり注意が向いていたのが，周囲にも気を配れるようになってきたことが感じられる。

　親から支えられている，自分は認められているという感覚がないと，親の望むような役割が自分にとれていないのではないかと焦ったり，自分自身に無力感を感じたりして，前述したような自我同一性の混乱を招く。

　反抗期の親の対応と同様に，親が，たとえやる気を起こさせようとして「お前は社会に通用しない」「このままでは，社会の中で生きていけない」など声をかけたことが，呪縛となって自信をなくしてしまうことがある。親も，職場で，精神的・社旗的に自立していない新入社員や人間関係をうまく気づけない若者をみると，わが子がそうならないように，声をかけたくなるのも理解できる。

　身体も大きくなって，親にも辛らつに意見するようになっても，自分については自信がなく，この時期に身近な親からいわれた否定的な言葉に，親が思っている以上に傷つくことがある。一方で，自立できずに，依存が長期化している現象も問題になっている。

　"子どものため"というのが親のアイデンティティになって，親がいつまでの世話をやき続けることになり，親自身に経済的な余裕が生まれ，子どもが急いで自立をしなくてもよい状態になっているのである。

　そう考えると，青年期の自立の問題は，親の生きがいや子離れということについても，併せて考えていかなければならない問題といえよう。

6. 職業選択の準備

　成人期に向けて，職業選択はとても重要であるが，現代の若者は，そもそも仕事

の目的をどのように考えているのだろうか。

　文部科学省は，キャリア教育を「児童生徒一人ひとりのキャリア発達を支援し，それぞれにふさわしいキャリアを形成していくために必要な意欲・態度や能力を育てる教育」と定義している。

　キャリア教育が求められる背景としては，社会のシステムの変化と若者自身の問題がある。

　少子高齢社会の到来し，産業・経済の構造的変化や雇用の多様化・流動化したことで，就職・就業をめぐる環境が大きく変化した。

　若者の問題としては，若者の勤労観，職業観や社会人・職業人としての基礎的・基本的な資質をめぐる課題が指摘され，精神的・社会的自立が遅れ，人間関係をうまく築くことができない，自分で意思決定ができない，自己肯定感をもてない，将来に希望をもつことができない，進路を選ぼうとしないなど，といった子どもたちの生活・意識の変容があげられる。高学歴社会におけるモラトリアム傾向が強くなり，進学も就職もしなかったり，進路意識や目的意識が希薄なまま「とりあえず」進学したりする若者の増加が拍車をかけているといえよう。

　子ども・若者の現状と意識に関する調査(平成29年度)によると，図2-10に示す通り，「収入を得るため」が最も高く，次いで「仕事を通して達成感や生きがいを得

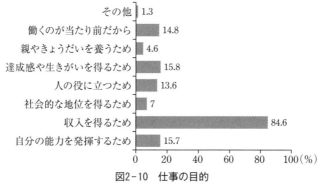

図2-10　仕事の目的

出典：子ども・若者の現状と意識に関する調査，平成29年度を参考に筆者が作成(図2-11も同じ)

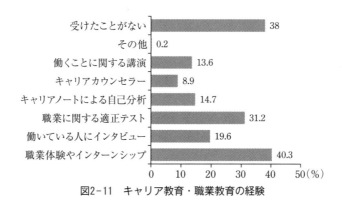

図2-11　キャリア教育・職業教育の経験

るため」「自分の能力を発揮するため」と続いていた。

　では実際には，若者はどのようなキャリア教育・職業教育を受けているのだろうか(図2-11)。

　同様に，子ども・若者の現状と意識に関する調査の結果でみると，「職場体験やインターンシップ」「職業に関する適正テスト」と続くが，「受けたことがない」という回答も4割近かった。

　適正テストやキャリアノートの自己分析などからも自分を知ることができるが，職場体験・インターンシップでは，これから生きていく社会を実際に知ることができ，人とのつながりをも直接社会に実感することができる。

　ある年齢になったからと，突然，自分の適性がわかり，社会に適応できるようになるわけではない。自分自身の能力や興味，自分の価値観を十分に吟味し検討して，納得がいく結論が出るまで考えることがとても大事である。

　職業につき，収入を得られ，経済的に自立することは，まぎれもなく自立ではあるが，自己肯定感を基盤に，自分の適性を自分自身で理解し，社会とつながっていくことは，その人の人格的な成長につながっていくと思われる。

3節　おわりに

　これまでのべてきたように，順調に成長を遂げていても，身体の成熟をきっかけに動揺するのが思春期・青年期である。

　自分らしさと，自分の理想・現実の自分・期待される役割などが一致せず葛藤が生じることはよくある。

　ただし，誰もが経験するような自然な悩みや混乱と，病的な問題であるかの境界線が非常に難しい時期でもある。

　どの年齢でも，心理的な原因からさまざまな身体症状が出て心身症になることがあるが，思春期・青年期は特に，過敏であったり，自分の注意が自分自身に向けられがちであることでより起こりやすい。

　さまざまな原因で，不登校になったりひきこもりの状態になることもあるし，エネルギーが外に向く非行などの問題になることもある。

　他人の視線が気になって他人と関わるのに過度の緊張を示してみたり，自己イメージと実際の自分が統合できず，それが食行動に現れ摂食障害として出てきたり，激しい感情の処理がうまくいかず，自傷行為として出てくることもある。

　一方で，何かにつまづいたり，問題行動が起こったら，自分自身を見つめ直すよい機会ととらえて，危機を乗り越えることができる可能性をもっている時期でもある。

　危機を乗り越える力には，乳幼児期からの大切にされた経験と，思春期・青年期

Column 2 🐸 　　インターネット利用と思春期・青年期

　　内閣府による，平成30年度青少年のインターネット利用環境実態調査によると，中学生の95.1％，高校生の99.9％がインターネットを利用していることがわかった。利用する機器は，スマートフォン・携帯ゲーム機・タブレットが上位を占めている。

　　中学生では，動画視聴＞ゲーム＞コミュニケーションツールだが，高校生になるとコミュニケーションツール＞動画視聴＞音楽視聴の順になる（図2-12）。

　　ネットで，会ったことのない人とつながったり，学校の友人と文字だけのやり取りで誤解が生じたり，動画が拡散されたりと，おとなが自分たちの思春期・青年期では経験してこなかったことが起こっている。ネットによるコミュニケーションの問題につて，おとなも真剣に取り組む必要がある。

　　もう一つの問題は利用時間である。

　　次に平成28年から29年までの，中学生と高校生の平均利用時間と2時間以上利用している割合について図2-13，14示した。

　　利用時間は，中学生と高校生とも前年度より延びている。1日24時間という限られた時間を考えると，長くなればなるほど，生活に必要な時間が削られることになる。まず，睡眠時間が削られ，朝起きにくくなり，時間がないため朝食を食べずに登校するようになるだろう。また，学生らしい学習や趣味を楽しむ時間，家族とのだんらんの時間も減って，毎日の生活が余裕がなくなってしまう。

　　インターネットの長時間の利用は，一日の生活リズム全体に影響を及ぼすことになる。

　　ネットの世界を否定したり，禁止したり，ただ危機を取り上げるだけでは解決にならない。現代は，生活がネットと切り離せないところまできている。

どう共存していくか，慣れないおとなも真剣に考えていかなければならない時期がきている。

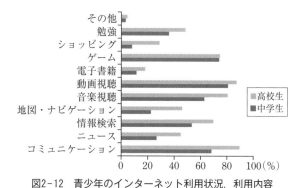

図2-12　青少年のインターネット利用状況，利用内容

出典：平成30年度青少年のインターネット利用環境実態調査，内閣府
（図2-13，14も同じ）

図2-13　青少年のインターネット利用状況，利用時間

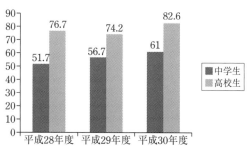

図2-14　中学生と高校生の2時間以上利用の割合

を根気強く温かく見守る周囲の大人の支えが不可欠であろう。

　保育者をこころざす人には，健康な思春期・青年期をむかえるために，乳幼児期にどれだけ安定して過ごせるかが大切であるかを改めて理解してもらいたい。

　そして，目の前の乳幼児期の子どもたちと接しながら，目の前で起こっていることだけでなく，この子どもたちが，将来どのような思春期・青年期を過ごすのだろうかということにも思いを馳せながら子どもたちに関わってもらいたい。

＜参考文献＞ ──────────────────────────────

国立青少年教育振興機構(2017)　高校生の心と体の健康に関する意識調査報告書

文部科学省公表資料(2018)　児童生徒の問題行動等生徒指導上の諸問題に関する調査

内閣府(2017)　子ども・若者の現状と意識に関する調査報告書

内閣府(2019)　青少年のインターネット利用状況環境実態調査

鍛冶美幸(2012)　思春期・青年期のこころとからだ　自分と出会うためのワークブック　岩崎学術出版社

バーバラ M. ニューマン／フィリップ R. ニューマン福富護／伊藤恭子訳(1982)　生涯発達心理学　エリクソンによる人間の一生とその可能性　川島書店

深尾憲二朗(2018)　思春期　—少年・少女の不思議のこころ—　ミネルヴァ書房

水島広子(2012)　思春期の意味に向き合う　成長を支える治療や支援のために　岩崎学術出版社

山中康裕(2002)　ハリーと千尋世代の子どもたち　朝日出版社

成人期から
老年期における発達

概　要

　人生後半は，生まれ育った家庭から自立して新たな生活単位を構成
し，社会の中で大人としての多様な役割を担うことが求められる。
　また人生の終わりが次第に近づくことで，自身の生き方を問い直す
時期といえる。成人期以降の発達過程は，時代的・社会的背景の影響
が大きい。

　本章では，成人期に直面する仕事，結婚，子育てなどのライフイベ
ントに関する問題，および成人期後半の生き方の問い直しについて述
べる。老年期については，サクセスフルエイジング，身体的変化，知
的能力の変化，人間関係，介護，死との向き合い方について述べる。

第3章　成人期から老年期における発達

1節　成人期

　年齢区分としては25歳頃から65歳頃までが成人期とされている。25歳頃から45歳頃までを成人前期(壮年期)，45歳頃から65歳頃までを中年期と区分する場合もある。成人期は，大人としての自己を形成する時期であり，就労，結婚，子育てなど人生における重要なライフイベントに直面して，社会的側面や家族発達の側面で大きな変化を経験する。社会の中核として生産的な生活を送り，さまざまな責任のある役割を担って社会に貢献することが期待される。成人期以降の発達過程は，時代的・社会的背景の影響が大きい。

1. 成人期の発達課題

　エリクソン(2001)による心理社会的発達理論において，成人期の発達段階は，前成人期と成人期に分けられ，前成人期の心理・社会的危機として，「親密対孤立(intimacy vs isolation)」，基本的な強さとしては「愛」が示され，成人期の心理・社会的危機として「生殖性対停滞性(generativity vs self-absorption and stagnation)」，基本的な強さとして「世話」が示されている。

　前成人期には2人が出会い，相互の関心が高まって愛し合い，他者の中に自己を見出して充足と歓喜が得られる。しかし関係の豊かな実りを経験できない場合には孤立感と剥奪感がもたらされる。成人期の生殖性とは，子孫を生み出すこと，生産性，創造性を包括し，新しい存在や新しい制作物，新しい観念を生み出すことを示している。そのような生殖的活動の活性を失うと停滞感がもたらされる。この時期に人は仕事や家族関係を通して世話をする役割に直面する。後続の世代との関わりで成人としての自己が活性化され，自己の精神的世界を広げていく。若い世代から求められて与え，与えることでさらに求められるという相互性のなかで停滞や敗退から抜け出していく。次世代が成人によって成長を促されるだけでなく次世代は成人を成長させる相互性がみられ，成人の成長は，次世代の成長に支えられて可能になると考えられている。

　また，ロジャース(1977)は，子どもの成長に伴う7段階の家族ライフサイクルを提唱し，その発達の危機課題を示した。家族の適応は異なる年代と発達段階が併存し推移する複雑な過程といえる。第1段階は，結婚による家族の成立と第1子の出産

までとしており，危機と課題は親密性を得ること対失敗し理想化ないし幻滅とされている。第2段階は子の出生から末子の入学までとしており，危機と課題は，養育すること対内的な屈折とされている。第3段階は子が小学校に通う家族としており，危機と課題は家族成員の個性化対偽りの相互性による組織化とされている。第4段階は十代の子をもつ家族としており，危機と課題は友愛的であること対孤立化とされている。第5段階は子どもたちが家族から離脱する時期としており，危機と課題は家族内の再編成対束縛するか追放とされている。第6段階は親のつとめを終わるとしており，危機と課題は夫婦関係の再発見対落胆とされている。第7段階も親の務めを終わるとしており，危機と課題は相互の扶助対無用もの意識とされている。自身が生まれ育った家族から情緒的・経済的に自立して新たな態勢に再編成し，子どもをもって親になることにより自分の親との三世代間の再編成に取り組む。成長し分離していく自分の子どもと対峙するプロセスには個人と家族の発達的危機が交差する。しかし，家族をもたない生き方や離婚再婚なども増える傾向にあり，成人期に必ずしも子どもをもつ家族発達のサイクルを体験しない場合もある。

2. 仕　事

（1）　キャリア発達

　　成人期の生活は経済活動としての仕事に多くの労力と時間が割かれる。仕事の選択は人生を左右する重要な課題であるが，発達過程において培われた個人の指向性などさまざまな要因が背景にある。

　　キャリアとは狭義では職業や進路を指し，広義では個人の人生・生き方とその表現法を指す。キャリアの主要発達段階はシャインにより，次のように分類されている（宮城，2002）。ステージ1は成長・空想・探求：キャリアは職業の固定概念で，後の教育訓練に備える（0〜21歳），ステージ2は教育と訓練：仕事の世界に参加し基本的訓練の段階（16〜25歳），ステージ3は初期キャリア：現実の仕事への取組みを学ぶ（17〜30歳），ステージ4は中期キャリア：組織内で明確なアイデンティティを確立し長期のキャリア計画を立てる（25〜45歳），ステージ5は中期キャリアの危機：現状の再認識，目標の再評価，再確認を行い，維持か変更かを決定する（35〜45歳），ステージ6は後期キャリア：管理者の役割を果たすが組織内の自己の重要性の低下を受け入れる（40歳〜定年），ステージ7は衰えと離脱：引退に向けて準備する（40歳〜定年），ステージ8は引退：引退してアイデンティティと自尊感情を維持し，他者への支援をする，とされている。キャリア発達は，組織や個人の資質および意欲などの要因に左右されると考えられている。キャリアの個人ニーズを明確にし，キャリアの方向性を明らかにするためにはキャリア・アンカーを探ることが重要と考えられている。シャインが提唱したキャリア・アンカーとは，個人のキャリアのあり方を導き方向づけるもので，キャリアの諸決定を組織化し，決定する自

己概念であり，才能・能力，動機・欲求，価値・態度などが構成要素とされている。

自分の進むべき方向を見定め，職業をもって社会参加し，達成感を味わって成長していくことは個人に充実感をもたらすが，現実には多くの勤労者が過重な負担を感じ，深刻なストレスにさらされている。個人生活とのバランスを適正に保ち，心身の健康を維持することは成人期の重要な課題といえる。

(2) 勤労者のメンタルヘルス

仕事や職業生活に関することで，強いストレスとなっていると感じる事柄がある勤労者の割合は58.3％を示しており，多くの勤労者が強いストレスにさらされている現状が示されている。主な強いストレスの内容は，「仕事の質・量」が 62.6％と最も多く，次いで「仕事の失敗，責任の発生等」，「対人関係(セクハラ・パワハラを含む。)」であると報告されている。ストレスの負荷によってバランスを崩してうつ病などの精神疾患を発症したり，自殺に追い込まれる勤労者も少なくない。メンタルヘルス不調により連続1か月以上休業した労働者(派遣労働者を除く)の割合は2016年11月からの1年間で0.4％，退職した者の割合は0.3％であることが示されている。厚生労働省が発表した2017年の精神障害の労災認定決定件数は1545件，そのうち自殺(未遂を含む)は208件であり，増加傾向を示している(厚生労働省，2018)。

ストレスの影響については，職業ストレス要因に年齢性別などの個人要因や家族など仕事外のストレス要因や上司のサポートなどの緩衝要因といった関連要因が関与して，急性ストレス反応が生じ，疾病に至る職業性ストレスモデルが提唱されている(図3-1：Hurrell & McLaney，1988)。本人・組織・家族における職業ストレスの影響に対する予防的対応などのための情報提供や提案として，厚生労働省では働く人のメンタルヘルス・ポータルサイト「心の耳(http://kokoro.mhlw.go.jp/)」も開設

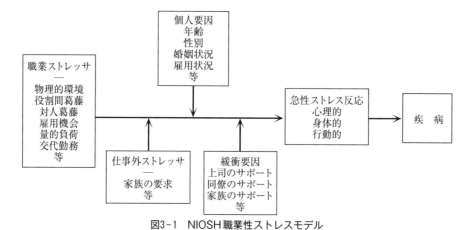

図3-1　NIOSH職業性ストレスモデル

出典：Hurrell & McLaney (1988)より作成

注〕　NIOSH : National Institute of Occupational Safty and Health

されている。労働安全衛生法の一部改正を受け，2015年にはストレスチェック制度が施行されて状況の改善が図られている。過重なストレス負荷に押しつぶされず，成人期に健康で充実した職業生活を送るためには，さまざまな制度や，サポートの積極的な活用が必要といえる。

(3) ワーク・ライフ・バランス

　ワーク・ライフ・バランスという概念は，1990年代以降に欧米諸国で使用されるようになった。仕事と生活が調和し，負担なく両立できれば，勤労者の能力や意欲が向上し，雇用する企業にも利益をもたらすと考えられることから，取り組みが推進されるようになった。日本では，1994年エンゼルプランにより，子育てと仕事の両立支援の取り組みが提示された。その後，男性を含めて包括的に働き方を見直し，多様な働き方の実現が検討されるようになり，2007年には，「ワーク・ライフ・バランス憲章」や「仕事と生活の調和推進のための行動指針」などが策定され，仕事と生活の調和のための施策が本格化した。

　ワーク・ライフ・バランス憲章は，国民一人ひとりがやりがいや充実感を感じながら働き，仕事上の責任を果たすとともに，家庭や地域生活などにおいても，子育て期，中高年期といった人生の各段階に応じて多様な生き方が選択・実現できる，仕事と生活の調和が実現した社会を目指している。就労による経済的自立が可能な社会，健康で豊かな生活のための時間が確保できる社会，多様な働き方・生き方が選択できる社会，という3つの柱で構成されており，それぞれに具体的な数値目標が設定されている。成人期における健康で豊かな生活の構築に向けた社会的な対応が進められている。

(4) 女性のライフコース

　青年期までの生活に大きな男女差は見られない。しかし成人期以降，男性は，職業を太い軸とした生活を展開し，結婚や子育てなどのライフイベントの影響を受けることは多いといえないが，ケア役割期待のプレッシャーが大きい女性のライフスタイルは多様で，就労，結婚，子育てという人生の重要なライフイベントの選択・決定は女性にとって大きな岐路となり，どのようなライフコースを辿るのかによって生活は著しく異なる。また，選択の意思決定に際して，家族など重要な他者の意向を重視することも少なくない。岡本（1994）は，現代女性のライフサイクルの木（図3-2）を示した。女性はどのライフコースを選択しても自分の生き方が問われるストレスや危機が潜在し，光と影がある。岐路に直面して女性へのプレッシャーは大きく，不安やアイデンティティの揺らぎが生じやすいことが示されている。専業主婦の場合は，途切れない家事の負担や社会的に置き去りにされる不安に直面し，仕事継続の場合は，男性との格差や家事・育児・仕事すべてを完璧にこなすスーパー

ウーマン幻想に悩み，シングルの場合は，人生の価値に悩むことなどの負担があげられている。

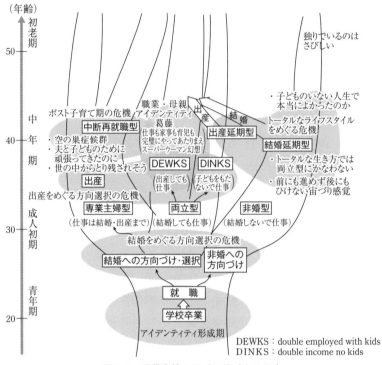

図3-2　現代女性のライフサイクルの木

出典：岡本（1994）

　女性のライフコースの実態は，夫婦共に雇用者の共働き世帯が次第に増加している。1997年以降は共働き世帯数が男性雇用者と無業の妻からなる世帯数を上回り，結婚後も女性が仕事をし続けることが一般的になっていることが示されている（図3-3：内閣府，2018）。

　また未婚者のライフコースの希望や理想に関する調査結果では，5種のライフコース：専業主婦コース（結婚し子どもをもち，結婚あるいは出産の機会に退職してその後は仕事をもたない）；再就職コース（結婚し子どもをもつが，結婚あるいは出産の機会に退職し，子育て後に再び仕事をもつ）；両立コース（結婚し子どもをもつが，仕事も一生続ける）；DINKSコース（結婚するが子どもはもたず，仕事を一生続ける）；非婚就業コース（結婚せず，仕事を一生続ける）のうち，女性の理想ライフコースは　再就職コースが最も多く，専業主婦コースは減少し，両立コースが増加傾向を示している。実際になりそうだと考える予定ライフコースでも，再就職コースが最も多いものの，両立コースおよび非婚就業コースの増加傾向が続いており，専業主婦コースは減少している。未婚男性がパートナーとなる女性に望むコースでも，女性の予定ライフコースとおおむね同様の傾向を示している（国立社会保障・人口問題研究所，2016）。

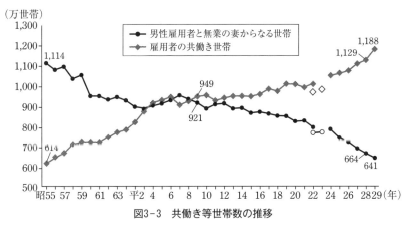

（万世帯）

図3-3　共働き等世帯数の推移

出典：内閣府（2018）

（備考）1. 昭和55年から平成13年までは総務庁「労働力調査特別調査」（各年2月。ただし，昭和55年から57年は各年3月），平成14年以降は総務省「労働力調査（詳細集計）」より作成。「労働力調査特別調査」と「労働力調査（詳細集計）」とでは，調査方法，調査月等が相違することから，時系列比較には注意を要する。
　　　　2.「男性雇用者と無業の妻からなる世帯」とは，夫が非農林業雇用者で，妻が非就業者（非労働力人口及び完全失業者）の世帯
　　　　3.「雇用者の共働き世帯」とは，夫婦共に非農林業雇用者（非正規の職員・従業員を含む）の世帯
　　　　4. 平成22年及び23年の値（白抜き表示）は，岩手県，宮城県及び福島県を除く全国の結果

　このように女性の社会進出は進んでいるが，社会における男女格差は，いまだ大きく，女性の社会的活躍の道筋は厳しい。世界経済フォーラムが発表した「ジェンダー・ギャップ指数　2018」によれば，日本のスコアは，改善がみられるとはいえ世界149か国中110位と大変低く，平均値を大幅に下回っている。この指数は，経済，教育，健康，政治の4分野で構成されており，日本は，教育や健康分野においては比較的平等に近いものの，政治分野における不平等が特に大きいことが示されている。政治分野の不平等の大きさは，女性の声が政治に反映されにくい弊害をもたらす。内閣府男女共同参画局では，女性の参画を拡大する効果的な施策として女性を優遇するポジティブ・アクションを推進している。

3. 結　婚

　配偶者選択は成人期の発達課題の一つとされている。配偶者と出会い，生まれ育った家族から自立して新しい家族を形成するには重大な意思決定を要する。

　日本では，いずれ結婚しようと考える未婚者の割合は多く，18～34歳の男性では85.7％，同女性では　89.3％である。一方，「一生結婚するつもりはない」未婚者は微増傾向にあり，男性12.0％，女性8.0％を示した。異性の交際相手をもたない未婚者も増加し，男性で7割，女性で6割を占めている。平均初婚年齢は夫30.6歳，妻29.1歳，平均交際期間は4.6年で，晩婚化が進んでいる。

　結婚に向けた推進要因，阻害要因の検討では，結婚に利点を感じている未婚男性は，おおむね6割台，女性は7割台である。具体的な利点として，男女とも最も多いのは「自分の子どもや家族をもてる」で，増加傾向がみられる。次に多いのは「精

神的安らぎの場が得られる」であるが，減少傾向が示されている。一方で独身生活に利点があると考える未婚者は男女とも約8割と高い割合を維持している。独身生活の具体的な利点は，男女ともに「行動や生き方が自由」が非常に多く，男女とも約7割を占めた。その他に「金銭的に裕福」，「家族扶養の責任がなく気楽」，「広い友人関係を保ちやすい」が比較的多い。また，結婚意思のある未婚者の約4割は，障害として「結婚資金」をあげており，「職業や仕事上の問題」についても増加している(国立社会保障・人口問題研究所，2016)。未婚者は自分の家族をもち，安らぎの場を得ることを望みながらも，自由が束縛されて，行動や生き方，金銭，友人関係などの制約を受けるわずらわしさを感じて，結婚に踏み切ることを躊躇していることが読みとれる。結婚の意志がある場合，現実的な経済的問題やキャリア問題がハードルであることが示されている。一方で現代は多様性の容認が推進されており，一定の年齢までに結婚をすべきである，結婚は異性との間で成立する契約であるという考え方に対して，個人の意志や指向性を重視し柔軟な姿勢で臨むことも求められている。

　結婚に踏み切ったものの継続が難しく，離婚に至るケースも少なくない。2018年の統計によれば離婚件数は207,000組，離婚率(人口千対)は1.66と推計されている。離婚率は増加傾向にあったが，2002年をピークに減少傾向がみられる(厚生労働省，2019)。離婚には経済的な変化や役割の変化が伴い，適応に多大なエネルギーを要する。特に子どもが居る場合には子どもへの影響の考慮も必要となる。親の離婚時の子どもの年齢は子どもの精神発達と密接に関連しており，思春期に親の離婚を経験した子どもは，影響を受けやすい傾向が示されている。特に離婚前の家庭環境は，離婚に起因する子どもの心理的な問題に大きく関与している。親の離婚を経験した子どもが思春期に，親に対する葛藤をどのように体験するのかが課題となっている(野口，2013)。

4. 子育て

　結婚により子どもが誕生し，家族を形成することは旧来当然の連鎖とされていた。親になることにより対人関係は変化し，対処すべき課題も多様になることから社会的な発達も促進される。子育ては親としての成人の成長ももたらす。しかし近年子どもは親の決断によって「つくる」ものとなり，親にとっての子どもの価値は変化したといわれる。子どもの価値は普遍・絶対のものではなく，社会経済的状況と密接に関連すると考えられる。近年の人口動態的変化 - 人口革命によって，女性の母親役割は縮小し，生きがいは変化している。子どもをもつことは女性の選択の一つとなった。若い世代では子どもを産む理由として，2人の生活は十分楽しんだ，仕事が軌道にのったなど，自分への投資を確保したうえで子どもに投資する配分戦略が示されている(柏木・久永，1999)。

一方で晩婚化が進んでいることからも妊娠・出産時期の調整は容易な課題ではない。不妊を心配したことのある夫婦は3組に1組を超え，子どものいない夫婦では55.2％にのぼる。実際に不妊の検査や治療を受けたことがある（または現在受けている）夫婦は全体で18.2％，子どものいない夫婦では28.2％であり，不妊治療のために多大な精神的・経済的な負担を強いられる場合も多い（国立社会保障・人口問題研究所，2016）。2018年の合計特殊出生率（女性が生涯に産む子どもの推定人数）は1.42で，減少が続いている（厚生労働省，2019）。

　しかし0〜1歳児の母親の74.1％，父親の68.8％が，もっと子どもをもちたいと希望しているという調査結果も見られる。現実的なハードルとして難しい理由は，「子育て・教育の費用」「身体的な負担」「仕事との両立」などがあげられた。子育て推進要因として，夫婦での協力や家庭外のサポートを得て子育てをしている場合には，子どもを増やす予定の比率が高いことが示された。父親の子育て分担率が高い家庭では，父親が，定時で帰りやすいなど仕事と子育てを両立しやすい職場で働いていることが示された（東京大学Cedep・ベネッセ教育総合研究所，2018）。父親の育児参加は父親自身の人生も豊かにする。母親がひとりで背負い込むのではなく，周囲のサポーターやサポート制度を活用することにより，子育ての負担が軽減され，積極的に子育てに向き合うことができるといえる。

　一方で2016年（平成28年）における6歳未満の子どもをもつ夫の家事・育児関連に費やす時間は1日当たり83分であることが示されており，他の先進国と比較して低水準にとどまっている（図3-4）。また，男性の育児休業取得率は，国家公務員が8.2％，民間企業が3.16％などであり，上昇傾向にあるものの未だ低水準である。また保育所等や放課後児童クラブの利用の推移については，平成29年は保育所等

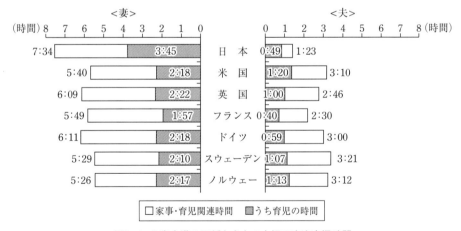

図3-4　6歳未満の子どもをもつ夫婦の家事育児時間

出典：内閣府（2018）

（備考）1. 総務省「社会生活基本調査」（平成28年），Bureau of Labor Statistics of the U.S. "American Time Use Survey" (2016)及びEurostat "How Europeans Spend Their Time Everyday Life of Women and Men" (2004)より作成
　　　2. 日本の値は，「夫婦と子供の世帯」に限定した夫と妻の1日当たりの「家事」，「介護・看護」，「育児」及び「買い物」の合計時間（週全体平均）

の待機児童数は前年に比べ増加し，放課後児童クラブの利用を希望するが利用できない児童数はやや減少した(内閣府，2018)。このようなサポート状況を見ると，母親の子育て負担は依然として大きいことが読みとれる。父親の育児への関与が低く，サポート制度の活用もままならない現状は，母親の育児不安や焦燥を増大させる。乳幼児を持つ母親の育児ストレスとしては，母親子ども，夫を含めた育児サポート・環境，および周囲との調整に関連した7因子があげられている。夫の育児協力，など身近な問題に関するストレス因子以上に，子どもの遊ぶ場所，就労などの社会的環境，子どもに対するコントロール不可能感などのストレス要因が高いことが示されており(村上ら，2005)，子育て支援には多面的な検討が必要といえる。

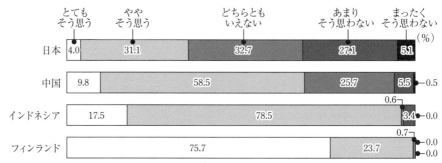
図3-5　自分の子育てについて満足している

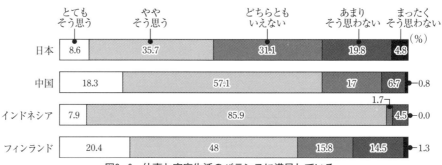
図3-6　仕事と家庭生活のバランスに満足している

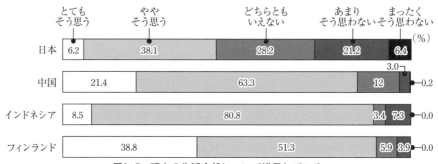
図3-7　現在の生活全般について満足している

出典：(株)ベネッセコーポレーション　幼児期の家庭教育国際調査(2018)

4～6歳の幼児をもつ4か国（日本・中国・インドネシア・フィンランド）の母親への調査によれば，日本の母親は，子育て，家事，仕事，仕事と家庭生活のバランス，生活全体の満足度が，4か国の中で顕著に低い。日本の母親の仕事と家庭生活のバランス満足度について，父親が「食事の後片付け」など，家事に取り組む頻度が高い場合，母親の満足度がより高い結果がみられた（図3-5～7：ベネッセ教育研究所，2018）。

　共働き家庭では職業役割と家族役割には相互作用があると考えられている。有職の母親では，仕事ストレッサー，労働時間の増加によるネガティブ・スピルオーバー（一方の役割における状況や経験が他方の役割における状況や経験にネガティブな影響をおよぼすこと）が多くなると，夫婦間の意見の一致を減少させ，子育てストレスを高めることを介して抑うつ傾向を上昇させるという間接的影響が示されている（小泉ら，2003）。

　また未就学児をもつ共働き夫婦への調査によれば，男性は仕事から家庭へのネガティブなスピルオーバーが1年後の心理的ストレス反応の高さに関連している一方，女性では家庭の量的負担と裁量権が1年後の心理的ストレス反応に関連することが示されている（島田ら，2012）。一方で多重役割を担うことは過労や能率低下のような負の影響だけとは限らず，複数の役割を主体的に担うことが行き詰まりを防ぎ，精神的健康に寄与する報告もみられる。子育てについては家族の問題にとどまらず，地域や社会全体の問題として，個人要因・家庭要因・社会要因・環境要因に内在するニーズや身体的・精神的負担を総合的に検討していく必要がある。

　子育てに支障があり，虐待に至るケースも増加し続けている。平成29年度中に，全国210か所の児童相談所が児童虐待相談として対応した件数は133,778件（速報値）で，過去最多を示し，社会的な問題となっている。（厚生労働省，2018）。子どもが虐待の有害な影響から回復し，健全に発達するためには，子どものケアだけでなく，ストレスの軽減など親のケアも重要と考えられている。ペアレントトレーニングなどが含まれる治療的・教育的ケアも紹介されている。

5. 成人期後半の模索

　成人期の前半には目の前の人生の重大な課題に対応すべく全力で取り組み，役割を担って奮闘するが，後半に向かうと課題は自分なりにクリアし，役割も影が薄くなり，パワーの低下も感じるようになる。人生の終盤にむけた道を進み始めることを自覚するようになると，自分自身のありかたを問い直すようになる。

　ユング（1977）は，一生の変化を太陽の動きとしてとらえた。40歳頃の中年期は太陽が最も高い位置にある時期で，正午を過ぎた中年期から老年期は，それまで上昇，拡張を目指して障害を排除し，さまざまな課題を達成して来た歩みから下降が始まる転換期となり，第二の疾風怒濤期と称される人生の危機とされている。それ

までの価値観や人生観を転換して，生殖などの自然目的から文化目的への移行を目指し，自分の内界を重視するようになり，外向性と内向性を調和させて個性化を目指すようになる。中年期以降の発達は，個人の可能性を実現する高次の自己実現過程と考えられている。

　岡本(1985)は，中年期が，心，体，職業，家族など自己内外の変化を体験し，さまざまな次元で不安定な要素が多い危機期であることに着目した。中年期の対象者への半構成的面接を行い，青年期に獲得されたアイデンティティが再体制化されるプロセスを示した。第1段階は，身体感覚の変化の認識に伴う危機期とされている。内的な変化を認識する気づきの段階で，限界感の認識による焦燥感と抑うつ感を基調とする感情が体験される。第2段階は，自分の再吟味と再方向づけへの模索期とされている。否定的変化への認識がひきがねとなって，自分自身への問い直しが起きる。退職や死が近づくことなど人生の最終段階の意識が強く，不安感やアンビバレントな意識が特徴的とされている。第3段階は軌道修正・軌道転換期とされている。自分への問い直しに対する答え，以後の人生の方向づけを見いだすことが主要な課題となる。第4段階は自我同一性再確定期とされている。軌道修正の結果一応の安定が得られ，内的統合が進む。このように中年期は，乳幼児期，青年期と並んで，ライフサイクルの中で重要な発達的危機期であり，この転換期は，自我同一性の真の確立や成熟に大きな影響をおよぼすことを示唆した。

表3-1　中年期のアイデンティティ再体制化のプロセス

段　階	内　容
Ⅰ	身体感覚の変化の認識
	・体力の衰え体調の変化の認識
	・閉経
	・バイタリティの衰えの認識
Ⅱ	自分の再吟味と再方向づけへの模索
	・自分の半生への問い直し
	・将来への再方向づけの試み
Ⅲ	軌道修正・軌道転換(自分と対象との関係の変化)
	・子どもの独立による親の自立
	・社会との関係，親や友人の死，役割喪失・対象喪失などの変化に対して適応的な関係の再獲得
Ⅳ	自我同一性の再確立

出典：岡本(1985)より作成

2節　老年期

　65歳以降は老年期と区分される。65歳から74歳までを前期高齢者，75歳から84歳までを後期高齢者，85歳以上を晩期高齢者（超高齢者）と区分する場合もある。

　日本は世界にさきがけて高齢社会化が進行しており，2007年以降高齢化率が21％を超える超高齢社会となっている。2018年には65歳以上が総人口に占める割合（高齢化率）が28.1％と世界で最も高い水準を示し，2025年には高齢化率が30％に達すると想定されている（内閣府，2019）。医療の進歩や生活環境の変化に伴い，平均寿命は延長しており，2017年には，男性81.09年，女性87.26年であることが示されている。また，このうち生活に制限のない健康寿命は平均寿命より約10年低く，多くの場合人生の終盤は何らかの援助を必要とする生活を送ることになるが，健康寿命にものびがみられる（内閣府，2019）。老年期は長期化し，人生における比重が高まっている。

　生を受けてこの世に誕生した人間はだれでも例外なく人生を終える時を迎えるが，事故や病気で命を落とすことなく，生活史を積み上げて60歳代の後半まで長らえることは当然ではない。人生の終盤は，生活史の集大成であり，発達上のさまざまな課題がある。

1. 老年期の発達課題

　エリクソン（2001）は第8段階の老年期の支配的対立命題として「統合対絶望」，基本的な強さとして「英知」をあげている。統合は世界（中でも他者）との触れ合いを促進する機能をもち，より良く生きるために生活の細部に注意を払い，日々の活動をこなすためのものと考えられている。英知は，侮辱の対極にあり，死に向き合う中で，生そのものに対する聡明かつ超然とした関心と説明されている。物事の理解には，視覚聴覚などの諸感覚が重要な働きをするが，その情報源の機能の維持は難しく，的確な指針に基づいて，役に立つ重要なものに能力を集中し，懸命に保存することが英知の役割とされている。英知と統合は一生発達し続ける能動的なプロセスと考えられている。

　人生の終わりが視野に入ると，ふり返り，よく生きたとして自分の人生を肯定的に受け入れることができるのか，やり直す時間は残されていないなかで受け入れがたいと絶望するのかに分かれる。第8段階より先の第9段階も想定されており，新たな絶望に直面する危機となる。老年期は，さまざまな喪失体験に出合い，向き合わなくてはならない多くの悲しみに直面する。しかし人生のはじめに得た基本的信頼感に支えられてこれらの失調要素を受け入れられるなら，老年的超越性へと向かうことができると考えられている。老年的超越とは，急ぐことや張りつめていることから自分を解き放ち，物質的・合理的な視点から，より神秘的な視点へと移行

し，満足感が増加することを指す。

　歴史的変化により平均的なライフ・スパンは長期化しており，締め括りの感覚，死への積極的な予期と準備，人生の始まりと終わりとの相互交渉を提供する新たな儀式化(ritualization)が必要であるが，英知，絶望の妥当性は認められると考えられている。

2. サクセスフルエイジング

　サクセスフルエイジングとは，幸せな老後と訳されることが多い。年齢とともに老いて行くことを認識しつつ，これを受け入れて社会生活に適応する豊かな老後を意味している。1950年以降アメリカでこの用語が使われはじめ，検討されている。

　一般的なエイジングより疾病による老化の進行が遅いことがサクセスフルエイジングと捉えられ，そのための対応として，医学，社会学，心理学，自立とコントロール，社会的支援が必要とされている(Rowe & Kahn 1987)。その後，サクセスフルエイジングの条件として，①病気の予防，②高い認知能力と生活機能を維持する，③積極的な社会参加や社会貢献，の3側面の達成が重要であるとされた。

　つまり，人生の最後まで自由で自立した生活を可能とするQOL(生活の質)が重視されている。そのためには個人の要因だけでなく環境要因も重要といえる。個人が，高い身体機能水準をもち，同時に社会における主観的満足度が高く精神的健康度が良好であることが重視されている。

　WHO(2007)では，さらに包括的な視点から，2002年の国際連合高齢者問題世界会議にアクティブエイジングを提唱している。アクティブエイジングは，健康寿命を伸ばして自律性と自立性を維持し，すべての人々が老後に生活の質を上げていけることを目的として，健康，参加，安全の機会を最適化するプロセスとされている。各自のライフコースの身体的，社会的，精神的福祉の可能性を現実化し，自分のニーズ，希望，能力に応じて社会に参加することができるようになり，同時に，援助が必要な時には十分な保護，保障，ケアを受けることができるための個人と社会全体の取り組みといえる。高齢者の生活と意識に関する国際比較調査によれば，生活の総合満足度において日本では満足している割合が30.7％と，欧米3か国と比較して20ポイント以上低いことが示されており，高齢者のQOLの向上は，社会全体で取り組むべき課題といえる。また，ボランティア活動への参加状況の国際比較で，全く参加したことがない割合は，日本が47.6％と最も高く，ボランティア活動に参加しない理由として日本では，時間的・精神的ゆとりや体力の自信の不足があげられている(内閣府，2015)。アクティブエイジングに向けて一歩踏み出して勇気をもって前向きに活動し，長期化した老年期を充実させるためには地域の支援が必要といえる。

3. 老年期の身体的変化

　高齢社会白書(内閣府, 2019)によれば, 体力テストの結果, 2017年の70〜74歳の男子・女子, 75〜79歳の男子・女子の新体力テストの合計点は, 1998年の各得点を上回り, 体力の向上が示されている。近年の健康志向により積極的に運動を行い, 活力のある高齢者が増加しているといえる。

　高齢者の生活と意識に関する国際比較調査によると(内閣府, 2015)現在の健康状況についての結果で, 「健康である」の割合が, 日本は64.8％となっており, 健康について心がけていることについては, 「休養や睡眠を十分とる」や「規則正しい生活を送る」が上位にあげられており, 高齢者の健康志向が読みとれる。

　しかし, 発達の道筋をたどると, 老年期には, 加齢によって各器官を構成する細胞の働きの低下, 生理機能の低下, 水分量の減少などにより, 身体的な変化がみられる。主な外見の変化として, 皮膚(しわやたるみなど), 頭髪(抜け毛や白髪など), 体形(筋肉や骨の損失による体重減少など), 主な運動調節系の変化としてバランス保持反応, 動作スピード・反応時間, 筋力・骨格筋, 骨と関節などの加齢変化が見られる(西村, 2018)。これらの変化により身体能力が減弱し, 日常生活活動量は減少する。複数の慢性疾患の併存などの影響もあることから, 生活機能が障害され, 心身の脆弱性が出現しやすい。身体機能の低下の原因の一つに加齢による低栄養が関連すると考えられている。歯周病や歯の減少などによる咀嚼機能の低下や嚥下機能の低下による摂食量の減少や, 体力の低下などから身体活動量が低下して, 食欲が減退し, 低栄養となる。低栄養のため活動に必要な栄養が摂取できなくなると身体機能が低下し, 活動量が減って食欲が減退しさらに低栄養になるという悪循環に至る(長寿科学振興財団, 2019)。

　フレイルは, 適切な支援によって生活機能の維持向上が可能な状態像とされている。フレイルの状態になると, 疾患の罹患可能性が高まって悪化しやすくなり死亡率が上昇する。このため, 状態に気づき早期に積極的に介入することが必要とされる。フレイルの基準は, 下記5項目とされ, 3項目以上該当するとフレイル, 1または2項目だけの場合にはフレイルの前段階であるプレフレイルと判断される

　①　体重減少：意図しない年間4.5kgまたは5％以上の体重減少
　②　疲れやすい：何をするのも面倒だと週に3〜4日以上感じる。
　③　歩行速度の低下
　④　握力の低下
　⑤　身体活動量の低下

　筋肉量の減少が認められ, さらに筋力低下, 身体機能低下のうち一つ以上当てはまる場合をサルコペニアとよぶ。フレイルやサルコペニアの予防には, 栄養療法と運動療法を併用し, たんぱく質を十分に摂取して筋肉量と筋力を維持すると共にレ

ジスタンス運動を組み合わせることが推奨されている（長寿科学振興財団, 2019）。

4. 加齢による知的能力の変化

　老年期は知的能力が低下する負のイメージで捉えられやすい。しかし機能が一律に下降，衰退するのではないことが報告されている。横断的な検討の結果，記憶，推理，計算など，情報処理能力や推論力，思考の柔軟性といった中枢神経の働きと関連して，主に非言語的知能検査によって測定される側面である流動性知能（動作性知能）は加齢とともに低下する傾向を示すが，言語の知識や運用能力，一般的知識など，教育や社会活動などの経験の結果としての結晶性知能（言語性知能）は，比較的維持されることが示されている（Horn & Cattell, 1966）。また，バルテスら（1992）は，知能の生涯発達モデルとして二重コンポーネントモデルを提案している。第1のコンポーネントは機械的な情報処理操作の速度や正確性，問題解決など生物学的な基盤と関連する知能のメカニクス，第2のコンポーネントは蓄積された知識と応用に関連する知識のプラグマティクスで，文脈に依存し，実用的な問題解決を担う。2つのコンポーネントには機能の低下を補う保証の関係が想定されている。縦断研究によれば，知覚スピードなど知能のメカニクスの側面は，語の流暢性など知能のプラグマティクスの側面に比べて年齢と強く関連し，加齢による低下が示された（Smith & Baltes, 1999）。教育による知識，技能，技術，問題解決能力など社会文化の中で積み上げられた知識と関連するプラグマティクスの側面は老年期においても安定して維持され，成長もする傾向を示すことが報告されている。

5. 老年期の人間関係

　対人関係は人間存在にかかわる根源的で重要な要因といえる。カーンとアントヌイッチ（1980）は，個人の社会関係を図式的に捉え，社会的コンボイ（護衛艦）として説明している。航海するとき，船団を組み船艦は周りを何艘ものコンボイに囲まれ，守られる。このように周囲の人たちの支えの中にあることで人は順調に生活していけると考えられている。コンボイは3層の同心円で構成され，個人との距離が近い最も内側の円には，配偶者や親密な家族成員など生涯を通して安定的な関係をもち役割に依存しない親密な関係を保つ人，二番目の同心円には家族や職場・近所の親しい友人など役割の変化や時間経過にある程度影響される人，最も外側の円には上司・同僚など役割変化の影響を受けやすい人が構成員になると考えられている。コンボイの機能としては，愛情，肯定，援助が含まれ，最も内側の円の存在や構成員の数が幸福感やストレス対処能力を予測するとされている。老年期には退職などにより立場や役割が変化して，外側の層の構成員が散逸したり，親密な関係を保つ重要な他者との死別なども起こり得ることから，ネットワークの見直し，再構築が必要になる。

高齢者にとって，特に家族のサポートは心理的安定や加齢に対する肯定的態度を促進する役割を果たし，人生の受容にも肯定的に作用すると考えられている。高齢者の生活と意識に関する国際比較調査によれば，生きがいを感じるときについては，各国とも「子どもや孫など家族との団らんの時」の割合が最も高いことが示されている（内閣府，2015）。しかし65歳以上の高齢者の子どもとの同居率は平成27（2015）年には39.0％で，子と同居の割合は大幅に減少している。65歳以上の一人暮らし高齢者の増加は男女ともに顕著で，高齢者人口に占める割合は男性13.3％，女性21.1％となっている。

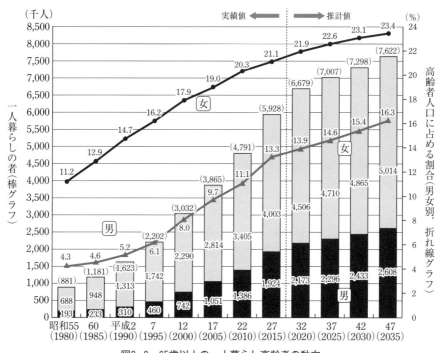

図3-8　65歳以上の一人暮らし高齢者の動向

出典：令和元年版高齢社会白書
https://www8.cao.go.jp/kourei/whitepaper/w-2019/zenbun/01pdf_index.html

資料：平成27年までは総務省「国勢調査」，平成32年以降は国立社会保障・人口問題研究所「日本の世帯数の将来推計（2013（平成25）年1月推計）」，日本の将来推計人口（平成24（2012）年1月推計）」
（注1）「一人暮らし」とは，上記の調査・推計における「単独世帯」または「一般世帯（1人）」のことを指す。
（注2）棒グラフ上の（　）内は65歳以上の一人暮らしの高齢者の男女計
（注3）四捨五入のため合計は必ずしも一致しない。

　別居している子どもとの接触頻度（会う，電話などでの連絡）は，日本，ドイツ及びスウェーデンでは「週に1回以上」（日本30.9％，ドイツ37.7％，スウェーデン48.1％）の割合が最も高く，次いで日本では「月に1〜2回」（26.8％）となっている。子どもや孫とのつき合いでは，各国とも「ときどき会って食事や会話をするのがよい」の割合が最も高くなっている。身近な親族との接点が弱まる傾向にあることが示されている。

　社会との関わりでは，人（同居の家族，ホームヘルパー等を含む）と直接会って話

をする頻度が、「ほとんど毎日」の割合は、スウェーデンで88.1%と最も高く、次いで、日本(86.5%)であった。必要なときに同居の家族以外に頼れる人については、各国とも「別居の家族・親族」(日本66.2%)の割合が最も高くなっている。一方、「頼れる人がいない」の割合は、日本(16.1%)が調査実施国中で最も高い。近所の人たちとのつき合い方は、各国とも「外でちょっと立ち話をする程度」(日本67.3%)が最も高い。相談や世話をし合う親しい友人の有無については、性別にかかわらず友人がいる割合は、日本が73.1%で最も低い。友人は「いずれもいない」割合をみると、日本(25.9%)は、欧米3か国に比べて高い。身近で親密な親族との接点だけでなく、親密度の低い人間関係も弱まり、ネットワーク構造が脆弱化する傾向を読みとることができ、ネットワークから外れて高齢者が孤立しないための対応が必要といえる。

6. 介 護

　活力のある高齢者が増加する一方で老年期には自立した生活が難しく、サポートが必要となることも多い。介護保険制度により要介護または要支援の認定を受けた要介護者等は、増加傾向がみられ、第1号被保険者の18.0%を占めている。特に75歳以上では要支援認定者は8.8%、要介護認定者は23.3%を示し、増加がみられる。介護が必要になった主な原因は、「認知症」が18.7%と最も多く、次いで、「脳血管疾患(脳卒中)」15.1%、「高齢による衰弱」13.8%、「骨折・転倒」12.5%となっている。

　認知症は、正常に発達した言語、思考、判断などの認知機能が障害され、日常生活に支障がもたらされた状態であり、アルツハイマー病などの変性疾患、多発性脳梗塞などの脳血管障害など多様な疾患が含まれる。記憶障害や見当識障害など認知機能の障害による中核症状と、幻覚、抑うつ、興奮、徘徊などの認知症の行動・心理症状(BPSD)とよばれる周辺症状がみられる。周辺症状は個人差が大きい。周辺症状が強い場合日常生活の支障が大きく、介護者のストレス負荷が高まる(奥村、2016)。65歳以上の高齢者の約4人に1人が認知症、またはその予備群といわれる中、認知症の人をはじめ高齢者全体が暮らしやすい社会の整備が課題といえる。生活支援(ソフト面)、生活しやすい環境の整備(ハード面)、就労・社会参加支援および安全確保の観点から、認知症の人を含む高齢者にやさしい地域づくりの推進への取り組みとして、厚生労働省では、認知症施策推進総合戦略(新オレンジプラン)を2015年に公表し(2017年改定)、認知症の人が住み慣れた地域環境で自分らしく暮らし続けるための次にあげる7つの柱を掲げている。

1. 認知症への理解を深めるための普及・啓発の推進
　　キャンペーンや認知症サポーター(認知症を正しく理解し、本人や家族を見守り支援する応援者)の養成、学校教育の推進など。

2. 認知症の容態に応じた適時・適切な医療・介護等の提供

3. 若年性認知症施策の強化

4. 認知症の人の介護者への支援（認知症カフェの設置推進など）

5. 認知症の人を含む高齢者にやさしい地域づくりの推進

6. 認知症の予防法，診断法，治療法，リハビリテーションモデル，介護モデル等の研究開発及びその成果の普及の推進

7. 認知症の人やその家族の視点の重視

認知症高齢者を抱える家族の負担は大きく，介護離職なども多くみられる。

認知症の患者本人の視点に立ち，各機関が連携してコミュニティがつながる社会的支援を推進することは，認知症の人や家族だけのためではなく，地域再生にもつながる。

7. 死と向き合う

高齢期には，身近な人の死を体験する機会が増える。死別に伴う悲嘆の反応は，性格などの個人的要因や個人との関係により異なるが，睡眠障害や食欲不振などの身体症状，悲しみや抑うつなどの情緒的反応，思考の混乱など認知的反応，社会的引きこもりなど行動的反応が含まれる。悲嘆は通常死別後2〜3年続くといわれている。身近な人々のソーシャルサポートが軽減に有効と考えられているが場合によっては専門家のグリーフケアが必要になる（平井，2016）。

人生の終盤にあたり，高齢者は自分自身の死にも向き合うことを余儀なくされる。高齢者の死に対する態度としては，死の恐怖（自分自身の死を予想すると不安になる，など），積極的受容（天国はこの世よりとてもよいところだと思う，など），中立的受容（私は死について心配してもしょうがないと思う，など），回避的受容（この世に期待するものは何もないと思う，など）の4因子が抽出された（針金ら，2009）。死に対しては，ネガティブな態度ばかりではないことが読みとれる。調査結果では年代が高いと回避的受容が高く，現在配偶者がいると回避的受容が低く，主観的健康感が低いと回避的受容が高いことや，過去1年間に死別経験がある場合死の恐怖が高いこと，精神的に健康ではないほど，死の恐怖が高く，回避的受容も高いことが示された。死に直面することや，年代が上がることだけでなく，高齢者自身の健康度もネガティブな態度を強めるといえる。

生命の危機に直面する身体的，心理的，社会的，霊的な問題に対して的確な評価や処置を行い，苦痛を和らげてQOLの改善を目指す緩和ケアを行う施設も次第に増設されており，おだやかに死と向き合う支援が行われている。

＜参考文献＞

Baltes, P.B., *et.al*.（1992）　Wisdom and successful aging. In T. Sonderegger（Ed.）, Nebraska symposium on motivation（Vol.39）. Lincoln, NE: University of Nebraska Press. p. 123-167.

ベネッセ教育総合研究所（2018）幼児期の家庭教育国際調査

https://berd.benesse.jp/jisedai/research/detail1.php?id=5257　（2019年8月5日閲覧）

東京大学 Cedep・ベネッセ教育総合研究所（2018）　乳幼児の生活と育ちに関する調査2017

https://berd.benesse.jp/up_images/research/20180620release.pdf（2019年8月10日閲覧）

エリクソン，E. H., エリクソン，J. M., 村瀬孝雄・近藤邦夫（訳）（2001）ライフサイクル，その完結　みすず書房

針金まゆみ他（2009）　老年期における死に対する態度尺度（DAP）短縮版信頼性ならびに妥当性　厚生の指標56，p.33-38

平井啓（2016）　悲嘆と悲嘆からの回復　佐藤眞一・権藤恭之（編）よくわかる高齢者心理学　ミネルヴァ書房

Horn, J. L., & Cattell, R. B.（1966）　Refinement and test of the theory of fluid and crystallized general intelligence. Journal of Educational Psychology, 57, p.253-270.

Hurrell Jr., J. J., & McLaney, M. A.（1988）　Exposure to Job Stress: A New Psychometric Instrument. Scandinavian Journal of Work Environment & Health, 14, p.27-28.

ユング，C.G., 高橋義孝（訳）（1977）　無意識の心理　人文書院

Kahn, R. L., & Antonucci, T. C（1980）　Convoys over the life course: Attachment roles and social support. In P.B.Baltes, & O. Brim（Eds.）Life-span development and behavior.（Vol.3.）New York, N.Y: Academic Press.

柏木惠子・久永ひさ子（1999）　女性における子どもの価値―今，なぜ子を産むのか　教育心理学研究47，p.170-179

小泉智恵他（2003）　働く母親における仕事から家庭へのネガティブ・スピルオーバーが抑うつ傾向に及ぼす影響　発達心理学研究，14，p.272-283

厚生労働省（2018）　平成29年労働安全衛生調査

厚生労働省（2018）　平成29年度　児童相談所での児童虐待相談対応件数

厚生労働省（2018）　平成30年人口動態統計の年間推計

公益財団法人長寿科学振興財団：健康長寿ネット（2019年7月14日閲覧）

国立社会保障・人口問題研究所（2016）　第15回出生動向基本調査結果の概要

宮城まり子（2002）　キャリアカウンセリング　駿河台出版社

村上京子他（2005）　乳幼児を持つ母親の育児ストレスに関する要因の分析　小児保健研究，64，p.425-431

内閣府（2015）　平成27年度　第8回高齢者の生活と意識に関する国際比較調査結果

内閣府（2018）　平成30年版男女共同参画白書

内閣府（2019）　令和元年版高齢社会白書

西村純一（2018）　成人発達とエイジングの心理学　ナカニシヤ出版

野口康彦（2013）　親の離婚を経験した子どもの心の発達：思春期年代を中心に　法と心理 13，p.8-13

岡本祐子（1985）　中年期の自我同一性に関する研究　教育心理学研究，33，p.295-306

岡本祐子（1994）　現代女性をとりまく状況　岡本祐子・松下美知子（編）女性のためのライフサイクル心理学　p.12-21　福村出版

奥村由美子（2016）　介護者の心理　佐藤眞一・権藤恭之（編）よくわかる高齢者心理学　ミネルヴァ書房

Rodgers, S. L.（1977）　A developmental approach to the life cycle of the family. Social Work, 34. p.301-310.

Rowe, J. W., & Kahn, R. L.（1987）　Human aging: Usual and successful. Science, 237, p.143-149.

島田恭子他（2012）　未就学児を持つ共働き夫婦におけるワーク・ライフ・バランスと精神的健康―1年間の縦断データから―厚生の指標，59，p.10-18

家族
および家庭の意義と機能

概　要

　家族という言葉は誰もが知り，誰しも家族に属している。どの時代，どの文化にも家族は存在するが，家族の形はさまざまであり，一つとして同じ家族はない。かつての日本の大家族も，現代では核家族が主流となり，その意味も役割も大きく変容しつつある。

　本章では，家族の実際，家族はどのような役割を担っているのか，変化する時代に合わせて，変化する家族の役割を考える。個人の発達と同様に，家族にもライフサイクルがある。家族は生まれ，発達し，継承や変化をしていく。その節目には揺らぎがあり，それをうまく乗り越えられない家族は危機に陥る。そのような混乱する家族を理解し，支援する方法を学ぶ。

第4章　家族および家庭の意義と機能

1節　家族・家庭の意義と機能

1. 家族および家庭とは

　　私たちは誰を「家族」と思うだろうか。血縁や結婚で結ばれた関係，養子縁組などの戸籍上の関係，情緒や深い関わりで結ばれた関係，共に生活し生計を同一にする関係もある。それぞれの家庭をみると，一緒に暮らしていても関わりも信頼もない家族，別居し生計も別だが連絡を密にして助け合う家族，血縁関係はないが同居し親密に暮らす人たち，愛情いっぱいに育てているペットと暮らす，などさまざまである。このような状況も「家族」といえるだろう。国勢調査では，家族ではなく世帯を基準とし，世帯とは「住居と生活を共にしている集団，もしくは独立して生活を営む単身者」と定義されている。家族については，明確な定義はなされていない。

　　家庭とは，家族が生活をする場所としてとらえられており，家族と家族が生活をする場所などを含んでいる。

　　まずは家族の分類をしてみよう。

（1）　家族の分類

　　①　社会学的に家族を分類すると，その構成は血縁関係と婚姻関係に基づいている。

核家族：夫婦とその未婚の子ども

直系家族：長男など家系を継ぐ子どもが親と同居。2つ以上の家族が世代的に統合している。拡大家族ともいう。

複合家族：親戚や子どもの配偶者とその子どもたち（おじ・おば，いとこなど）からなり，複数の核家族が世代的，世代内的に統合している。

　　②　生物学的に家族をみると，次のように分類される。

定位家族：生まれ育ってきた家族。両親やきょうだいがいる。

生殖家族：結婚や出産により自分が築いた家族。

　　③　国勢調査や人口動態統計などでは，次のように分類される。

　　その時点で同居している家族を世帯とし，住居と生計を共にする単独世帯，夫婦のみの世帯，夫婦と未婚のみの世帯，ひとり親と未婚の子のみの世帯，三世代世帯，その他の世帯である。（表4-1）。

家族とは，生物学的には遺伝や生物学的繋がり，法的には血縁，結婚や養子縁組などによるもの，社会的には共に生活をする人たち，心理的には情緒的に強い絆で結ばれた関係などで分類がなされている。家族の基本は血縁的繋がり，生活や家計の共同，情緒的な繋がりにあり，多様な関係を含んでいるといえる。

表4-1　世帯構造別，世帯類型別にみた世帯割合の推移

年次(年)	世帯構造						世帯類型			
	単独世帯	夫婦のみの世帯	夫婦と未婚の子のみの世帯	ひとり親と未婚の子のみの世帯	三世代世帯	その他の世帯	高齢者世帯	母子世帯	父子世帯	その他の世帯
	構成割合(単位：%)						構成割合(単位：%)			
1989	20.0	16.0	39.3	5.0	14.2	5.5	7.8	1.4	0.3	90.6
1992	21.8	17.2	37.0	4.8	13.1	6.1	8.9	1.2	0.2	89.7
1995	22.6	18.4	35.3	5.2	12.5	6.1	10.8	1.2	0.2	87.8
1998	23.9	19.7	33.6	5.3	11.5	6.0	12.6	1.1	0.2	86.1
2001	24.1	20.6	32.6	5.7	10.6	6.4	14.6	1.3	0.2	84.0
2004	23.4	21.9	32.7	6.0	9.7	6.3	17.0	1.4	0.2	81.5
2007	25.0	22.1	31.3	6.3	8.4	6.9	18.8	1.5	0.2	79.5
2010	25.5	22.6	30.7	6.5	7.9	6.8	21.0	1.5	0.2	77.4
2013	26.5	23.2	29.7	7.2	6.6	6.7	23.2	1.6	0.2	75.0
2016	26.9	23.7	29.5	7.3	5.9	6.7	26.6	1.4	0.2	71.8
2019	28.8	24.4	28.4	70.0	5.1	6.3	28.7	1.2	0.1	69.9
2021	29.5	24.5	27.5	7.1	4.9	6.5	29.0	1.2	0.1	69.7
2022	32.9	24.5	25.8	6.8	3.8	6.2	31.2	1.0	0.1	67.6

出典：2022年国民生活基礎調査の概況. 厚生労働省ホームページ

注〕　1）1995（平成7）年の数値は，兵庫県を除いたものである。
　　　2）2016（平成28）年の数値は，熊本県を除いたものである。

(2)　家族の小規模化と多様化

　日本の家族の特徴は世帯数は増加しているが，家族の人数は少なくなり多様化している。家族の人数の平均は1953年は5.00人であるが，2018年は2.44人である（図

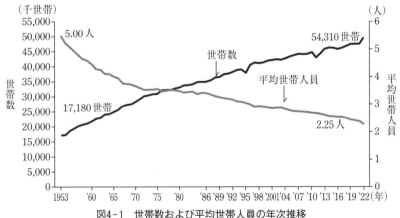

図4-1　世帯数および平均世帯人員の年次推移
出典：2022年国民生活基礎調査の概況. 厚生労働省ホームページのデータより作成

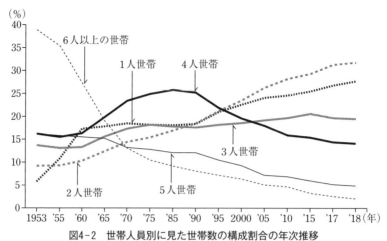

図4-2　世帯人員別に見た世帯数の構成割合の年次推移
出典：平成30年国民生活基礎調査の概況．厚生労働省ホームページのデータより作成

4-1）。家族を人数の推移をみると，単独世帯は1989年は20.0％，2022年には32.9％に増加し，65歳以上の高齢者世帯は1989年は7.8％，2022年には31.2％に増加している。一方，三世代同居は1989年で14.2％，2022年には3.8％に減少している（表4-1）。1人世帯と2人世帯は増加し，4～6人の世帯は減少をしている（図4-2）。かつ

Column 1　　プロンフェンブレナーのシステムとしての環境

　アメリカの発達心理学者ブロンフェンブレナーは子どもの発達について，環境をシステムでとらえ，その影響を受けながら成長すると考えた。子どもを直接取りまく家庭，保育園や幼稚園，学校，地域など（マイクロシステム），それに影響を及ぼす家庭と学校や仲間同士の相互関係（メゾシステム），さらに親の職場仲間や親戚，コミュニティなど子どもに直接関係してはいないが影響を及ぼす外円（エクソシステム），さらにその外側に文化や歴史，価値観や信念（マクロシステム）などがあるとした（図4-3）。

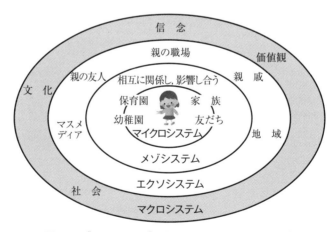

図4-3　ブロンフェンブレナーのシステムとしての環境
出典：ブロンフェンブレナー.U（1996），磯貝芳郎・福富護訳　人間発達の生態学：発達心理学への挑戦　川島書店
より作成

ての直系家族から現代は夫婦家族が中心となり，家族の人数は減少し，多様な構成の家族へと移行している。

2. 家族の機能

（1） 家族の機能

　家族がどのような役割や機能を持っているかをまとめたのが表4-2である。家族の機能は子孫を残す，子どもや老人の物心両面で養護をする，農業や自営など家族皆で働く経済的な生産をする，外の危険から守る，子どもを教育し社会に適応できるように育てる，文化や伝統を継承する，家庭の中で安らぎ楽しむ，親の職業や地位を引き継ぐ，などとされてきた。

表4-2　家族がもつ機能と変化

	内　容	現在の変化
性的機能	性の許容と婚外の性の禁止	同棲，未婚の母，事実婚
生殖機能	子孫を残す	子どもを持たない選択
扶養機能	老人の介護や子どもの世話をする	介護施設，保育園
経済的生産的機能	農業・自営業など，共同単位として経済的生産を行う	会社・工場など外部で経済的生産
保護機能	外敵からメンバーを守る（とりわけ女性，乳幼児，病人）	警察，病院など
教育的機能	子どもを育てるとともに，社会に適応した人格を形成する	幼稚園，学校など
宗教的機能	宗教，文化，伝統の継承する	宗教が軽視される傾向
娯楽的機能	家庭内で娯楽を楽しむ	遊園地，映画など
社会的地位付与機能	親の職業や地位を引き継ぐ	世襲の弱体化

出典：荒木田美香子（2015）　吉松和哉・小泉典章・川野雅資編　精神看護学Ⅰ：精神保健学　第6版 p.142
　　　ヌーヴェルヒロカワを一部改変

（2） 変容する家族とその機能

　家族は家族員に対する役割と社会に対する役割があるとされる。かつて農業や漁業，家業などに従事する人たちは，家族全員で協力し合ってきた。幼い子を育て，高齢者や身体の不自由な人も家庭で世話をされることが多かった。しかし現代では人々は工場や会社勤めなど外で仕事をするようになり，社会的に広範囲な分業が行われるようになった。世帯内の人数も減少し，核家族や単身家族が増加した。大家族なら可能だった機能は現代では十分には果たせなくなり，弱体化した家族の機能は外部からの支援で補われるようになった。たとえば，子育ては保育園，介護は病院や施設などである（表4-2）。

　マードック（2001）は，核家族を社会に存続する最少の親族集団として，①住居を共にする，②夫婦，親子，きょうだいの3種類の関係を含む，③社会の存続に必要な4つの機能（性，経済，生殖，教育）があるとした。

家族の機能として，上別府(2018)は育児機能の重要性をあげている。育児には3つの要素がある。生殖機能(家族は子どもを産むことを期待される)，養育機能(子どもは家族の中で心身を成長させていく)，社会化機能(教育を受け健康で生産的な社会人となるよう，生活習慣や生活の技術を学んでいく)である。

　社会の発展と複雑化に伴い，個人が個としてよりよく生きられるようにするために，家族の機能は不可欠である。社会自体が大きな家族としての役割を果たせるように整備されていくことが期待される。

(3)　文化と家族機能

　家族は社会状況や民族，宗教などから影響を受ける。時代や文化によりその規範は変わり，家族の機能も変化してきた。世界的な視野に立つと，欧米系の文化圏では個人の選択・自立に価値が置かれ，育った家族から巣立ち，夫婦を基本とした親子2世代が家族の基本にある。一方，ラテン系ヨーロッパやアジアの文化圏では3世代を含めた拡大家族を基本とし，忠誠心や責任が尊重され，繋がりを大切にしてきた(田村，1992)。歴史的にみると時代によりその内実は異なり，日本でもさまざまな形態をたどっている。たとえば現代では，生殖機能は結婚以外にも同棲，未婚の母，事実婚などの選択肢がある。家族のさまざまな機能は家庭の中だけでなく，外部が担うことが可能となり，家族に求められる役割が変容している。家族の基本は心的な繋がりと生活の協同と捉えられてきたが，現代の日本では多様なあり方で家族が存在している。

(4)　家族の機能を評価する

　この家族はどんな家族なのかと知ろうとするとき，さまざまな見方が浮かぶ。父親や母親はどんな人か，きょうだいはいるか，祖父母は同居しているのだろうか。仲はよいのか，今は受験でぎすぎすしているけれど本来は仲がよかったのだろうか，母親が入院しているけれど大丈夫なのだろうか。家族を日々の生活での役割や習慣，力関係で捉えることも多い。

　家族を知る視点として，家族の構造，役割，メンバー同士の関係性やコミュニケーション，考え方や信念などがある。問題を抱えている家族ならば，問題を起こしている言動や，その出来事の情況や事情などの文脈，家族の独特なものの見方などもある。家族の機能や評価は時代とともに変化しつつあるので，目的に沿い測定できる調査方法を選択することが重要である。

(5)　主な家族機能の尺度

　家族の機能を評価するときに，一人あるいは複数の家族成員にインタビューを行ったり，質問紙に答えてもらう方法がある。小さな子どもは自分の考えや気持ちを言

表4-3　家族機能の測定尺度

測定尺度	分野
① 家族アプガー尺度： Family　APGER 5項目	適応性 伴侶性 成　長 愛　情 協　調
② フェイシスⅢ：FACES Ⅲ Family Adaptability and Cohesion Evaluation Scale 20項目	適応性 凝集性
③ 家族機能評価尺度：FAD Family Assessment Device 60項目	問題解決 コミュニケーション 役　割 情緒的反応 感情的巻き込まれ 行動統制
12項目	全般的機能状態
④ 家族環境尺度：FES Family Environment Scale 90項目	関係性（凝集性，表出性，葛藤性） システム維持（組織性，統制性） 人間的成長（独立性，達成志向性， 道徳宗教性など）

葉で表現できないので，動物に例えて家族を描いてもらう方法(動物家族画)もある。

　ここでは，家族の機能を評価するときに用いられる代表的な質問紙を紹介する(表4-3)。

① **家族アプガー尺度**：Family APGER，スミルクスタイン(1978)

　家族機能を5項目から測定する。適応性(Adaptation)，伴侶性(Partnership)，成長(Growth)，愛情(Affection)，協調(Resolve)の頭文字を取って，APGER と名づけられている。

② **フェイシスⅢ：FACES Ⅲ** (Family Adaptability and Cohesion Evaluation Scale)，オルソン(1982)

　家族関係は3つの要素から構成され，20項目からなる。「適応性」はストレスや発達的危機に適応し変化するかじとりで，問題解決の役割や融通性などを測定する。「凝集性」は家族のそれぞれを結びつけている絆であり，情緒や関与などを測定する。凝集性が高すぎるとそれぞれの個人化がなされず，低すぎると家族の愛着が薄くなる。

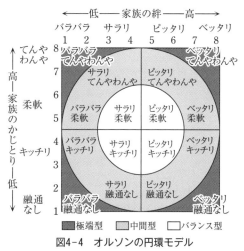

図4-4　オルソンの円環モデル

出典：Olson *et al*., (1983)，立木茂雄(2015)

凝集性はバラバラからベッタリへと至る。一方適応力は，低すぎると変化に対して硬直し融通が利かない。適応力が高すぎると肯定的になりすぎて混乱し，てんやわんやとなる。硬直から柔軟，そして無秩序へ至る。凝集性も適応力も両極端にならず，状況に応じて変化し柔軟に対処できる家族が望ましいとされる（図4-4）。

③　**家族機能評価尺度：FAD**（Family Assessment Device），エプスタイン（1983）

　家族を維持する機能を，問題解決，コミュニケーション，役割，情動的反応，感情的巻き込まれ，行動統制，および全般的機能状態で構成し，60項目からなる。

④　**家族環境尺度：FES**（Family Environment Scale），ムース（1986）

　家族成員を環境として位置づけ，家族の情緒と外界への適応を測定するために，3つの次元と10のサブスケール90項目で構成されている。関係性（凝集性，表出性，葛藤性）は家族が互いに関わり合う程度や，率直に感情を表出したり怒りなどを隠さず出したりする程度を測定する。人間的成長（独立性，達成志向性，知的文化的志向性，活動娯楽志向性，道徳宗教性）は，自立的で自己決定をしたり，学業などが達成志向であったり，政治や文化，娯楽などへの関心や参加，倫理感や宗教性などを測定する。システム維持（組織性，統制性）は，家族の活動の組織的な構造が明確になっているか，家族の規則の程度などを測定する。

2節　親子関係，家族関係の発達とその理解

1. 家族関係の発達 —家族のライフサイクル

（1）　ライフサイクル理論

　異なる文化で育った2人が，共に生涯を生きていく決心をして夫婦（パートナー）になるところから，家族は生まれる。現代ではこのような法律婚以外にも，さまざまな家族の形がある。家族の一生には転居や転職，子どもの誕生や病気，危機や思わぬ幸運もあり，家族はさまざまな事態に対処しいくたびに家族として成長していく。家族がその一生を辿っていく過程を家族のライフサイクルとよぶ。そこには，段階に応じての発達課題があり，そのつど，家族は大きく揺らぐが，それらの変化を受けとめ乗り越えていくことが家族の発達といえる。問題を克服できないと新たにさまざまな問題が発生し，家族の危機となる。家族は生まれ，発達し，継承や変化があり，消滅していく。それらの繰り返しが人間社会全体を継続させていく。

　家族のライフサイクルの主な段階の内容と家族に求められる変化をみてみよう（表4-4）。

①　家からの巣立ち

　職業をもち経済的な自立が始まると，親密な仲間関係が発達していき，仕事上での自己も発達していく。それらは親からの分離であり，仕事へ焦点が移り，自分の

表4-4　家族ライフサイクルの段階

段　階	基本原則	家族に求められる変化
家からの巣立ち	親子の分離を受容する	• 出生家族から自己を分化させる • 親密な仲間関係の発達 • 職業での自己確立と経済的自立
結婚によるつながり	新たなシステムにコミットする	• 夫婦システムの形成 • 互いの家族や友人を含める，より大きな社会システムとの関係の再編成
幼い子どもがいる家族	家族に新たなメンバーを受け入れる	• 子どもを含める夫婦システムを調整 • 親役割の獲得 • 祖父母役割を含む拡大家族や社会システムとの関係を再編成
青年期の子どもがいる家族	子どもが自立を受け入れ，家族の境界を柔軟にする	• 青年のシステム出入りが許容できるよう親子関係を変化させる • 夫婦関係と職業の問題に再度焦点を当てる
中年期の子どもの巣立ちとその後	家族システムへのさまざまな出入りを受け入れる	• 夫婦関係の再交渉。親子関係に成人同士としての関係を発展させる • 祖父母，親戚関係，社会システムとの関係を再編成する • 子育てから解放され新たな関心事や職を探求する • 祖父母の世話や機能低下，死に対処する
後期中年期の家族	世代の役割の移行を受容する	• 身体の衰えに直面し，自分や夫婦としての機能と関心を維持し，家族役割を選択模索する • 経験者の知恵で，若い世代や高齢世代を支援するが過剰に介入しない
人生の終わりを迎える家族	限りある現実，人生の完結や死を受容する	• 配偶者，同胞，仲間の喪失に対処する • 死と遺産の準備をする

出典：マックゴールドリック，カーター(2011)，野末武雄(2013)を一部改変

世界が広がり，自己の確立となっていく。自己の情緒的経済的責任の受容である。父母との関係が対等になっていく。

②　結　婚

互いに異なる文化をもつ2人が大きな変化の中で役割や生活様式を調整し，自分たちのシステムを形成していく。双方の実家や友人知人関係が広がり，調整や調和が行われる。これまでよりもさらに大きな社会的関係へと再編成されていく。子どもをもつことの決心をしていく。

③　幼い子どもがいる家族

子どもをもつことにより子どものための心理的物理的な空間を作り，親としてのあり方を獲得していく。子どもを含めた家族の生活のために時間や仕事を調整する。祖父母は育児支援を行うことにより祖父母役割を獲得する。社会システムとの関係を再調整する。

④　青年期の子どもがいる家族

子どもが成長し，家の内と外を自由に出入りできるよう親子関係を変化させ，子の自立を受け入れ支援する。家族や職業，人生上の課題に焦点が当たりそれを乗り越える。祖父母の生活を配慮するようになる。家族の境界が柔軟になっていく。

⑤　子どもの巣立ち

　子どもが巣立つと夫婦関係が見直され生活習慣も再調整される。成長した子ども
とは，成人同士の関係に発展させていく。子どもが結婚すると配偶者や孫を含めた
拡大家族を編成する。子育てから解放され，再就職や新たな関心事を求め，趣味や
文化活動をする。祖父母の心身の機能低下や死別に対処する。

⑥　後期中年期の家族（老年期）

　夫婦の機能を維持し，生理的な老化に直面する。子ども夫婦が中心的な役割を取
れるように支援する。経験者としての知恵で若い世代を支援するが，過剰な介入は
しない。世代の役割を移行していく。

⑦　人生の終わりを迎える家族

　配偶者やきょうだい，友人の死に直面し，自分の死を意識し準備をする。社会福
祉サービスを受け入れる。ライフ・レビューにより自分の人生を回顧し統合して，
限りある現実を受け入れる。

(2)　多様な家族，多様なライフサイクル

　近年日本は出生率の低下，晩婚化，非婚化が増加傾向にあるが，その背景には，
女性の経済的な自立が影響を及ぼしている。専業主婦世帯は減少傾向に，一方共働
き世帯は増加傾向にある（図4-5）。渡辺（2012）は多様な家族の価値観を次のように
述べている。結婚をしない人たちは，個人の発達課題を達成し，親やきょうだいと
の繋がりを大切にする。結婚しても子どものいない夫婦は，夫婦の絆を大切にし，
個人の発達課題を重視する。離婚し子どもを引き取った家族は，片親の欠如した家

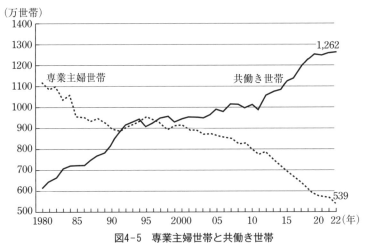

図4-5　専業主婦世帯と共働き世帯

資料出所　総務省統計局「労働力調査特別調査」，総務省統計局「労働力調査（詳細集計）」
注1　「専業主婦世帯」は，夫が非農林業雇用者で妻が非就業者（非労働力人口及び完全失業者）の世帯。
　　　2018年以降は夫が非農林業雇用者で妻が非就業者（非労働力人口及び失業者）の世帯。
注2　「共働き世帯」は，夫婦ともに非農林業雇用者の世帯。
注3　2011年は岩手県，宮城県及び福島県を除く全国の結果。
注4　2018年〜2021年は2020年国勢調査基準のベンチマーク人口に基づく時系列接続用数値。

出典：労働政策研究・研修機構（JILPT）（2023）

族関係を再構築し，子育ての課題をひとり親で担う。さらに性役割(父親，母親のモデル欠如)を補完する。また，再婚した家族は，新しい家族メンバーに適応したり，新しい家族関係(夫婦関係，親子関係，親戚関係)を構築する。

このように，家族のライフサイクルもさまざまとなり，また，家族観や困難も多様となっている。さまざまな家族のあり方や人々の多様性(ダイバーシティ)を社会が尊重し受容し，対応しつつある。

2. 子育ての経験と親としての育ち

(1) 親になること

親子関係は3つの時期がある。子どもが小さく親が育てる時期，子どもは成人し親は壮年となり大人同士の関係となる時期，そして成人の子どもと支援が必要な高齢の親となり関係は逆転依存する時期である。親子の関係は変容していき，楽しさやしあわせだけでなく多くの葛藤やストレスがある。それらを乗り越えていき，互いに成長していく。

柏木らは親になることで，親がどのように変化していくのか，親の成長・発達を次の6つの次元で見いだした。すなわち，柔軟さや自己制御，視野の広がりを身につけ，運命・信仰・伝統を受け入れるようになる，また子育てに対する生きがいや

表4-5　親になることによる成長・発達の次元

柔軟さ	角がとれて丸くなった
	考え方が柔軟になった
	他人に対して寛大になった
	小さなことにくよくよしなくなった
自己制御	他人の迷惑にならないように心がけるようになった
	自分のほしいものなどを我慢できるようになった
	人との和を大事にするようになった
視野の広がり	日本や世界の将来について関心が増した
	環境問題に関心が増した
	児童福祉や教育問題に関心を持つようになった
	一人ひとりがかけがえのない存在だと思うようになった
運命・信仰・伝統の受容	物事を運命だと受け入れるようになった
	運の巡り合わせを考えるようになった
	伝統や文化の大切さを思うようになった
生きがい・存在感	生きている張りが増した
	長生きしなければと思うようになった
	自分がなくてはならない存在だと思うようになった
	より計画的になった
自己の強さ	多少他の人と摩擦があっても，自分の主張は通すようになった
	自分の立場や考えをちゃんと主張しなければと思うようになった
	目的に向かって頑張れるようになった

出典：柏木惠子・若松素子(1994)　「親になる」ことによる人格発達―障害発達的視点から親を研究する試み―発達心理学研究, 5(1)72-83を一部改変

存在感を感じるようになり，自己の強さを獲得する，としている（表4-5）。

　子育ては，親が自分の子どもの頃を振り返り，自分の親との関係を再考させてくれる。親になることは大人の社会の常識とは異なるルール，他者は自分の思うようにはならない，機能性や効率とは遠い世界を身をもって学ぶことでもある。

　やがて子どもが思春期になると，子どもが親から自立していく過程で，子どもは親の価値観や信条に疑問や反抗を示すようになる。日々の子どもとのいさかいのなかで，親は自分の子育てや価値観，人生観を問い直すようになる。親もまた発達をしていく。そして，親も子も，互いに大人として付き合えるようになっていく。やがて中高年になった子どもは年老いた親を気遣うようになる。子どもから拒否される親は苦悩が続き，安心感が得られない。親子の生活や意識は変容しても，親子の愛着関係は終生に渡り続いていく。

(2)　世代間伝達

　文化や風習を家庭が受け継いでいくように，情緒もまた，家庭で受け継がれるとされている。親自身がどのように育てられたかは，親の子育てに反映されることが多くの研究で示されている。

　安定した温かい愛着関係のなかで，その存在を受け入れられ育った子どもは，親からの愛情の確信だけでなく，その後に出会う人たちにもポジティブな期待や信念をもち，自分は他者からも受け入れられると確信していく（Bowlby）。

　しかし，拒否され，暴力を振るわれ，放っておかれる体験を重ねて育った子どもは，自分は愛されるに値しないわるい子なのだと確信していく。その後の他者との関係においても，無力感や混沌，見捨てられ不安などに脅かされる。世界そのものに信頼感がなく，不合理な混乱した愛着を示す傾向にある。根底には怒りもある。このようなつらい養育体験をもつ人が親になったとき，自分が愛されて育てられた経験がないので，攻撃的だった自分の親をモデルにして同じ行動をわが子にとってしまうことがある。虐待を受けて育った子どもが親となり，次にわが子に虐待することを虐待の世代間伝達，または虐待の世代間連鎖という。このような虐待の連鎖には，貧困，未婚，若年，疾患などさまざまな要因も作用している。

　自分の親とこのような不幸な体験を経てきても，世代間伝達の連鎖を断つことができる。現在のパートナーや大事な人たちと安定した信頼関係を築き上げることにより，安定した子育てができることが報告されている。虐待を受けても，他に愛情を注いてくれる人との信頼関係ができていれば，悪循環に陥らないのである。人としての基礎は親子関係にあるが，その後の他者とのよい相互関係において，過去の親との辛い体験を受けとめ，他者への安定した愛着を発達させることができる。虐待体験の影響を本人の力だけで克服することは非常に困難であり，負の連鎖を断ち切るために，医療，心理，福祉など多職種連携による支援の介入研究が進んでいる。

3. 家族をシステムで理解する

（1） 家族システム理論の成り立ち

　家族を理解するために，家族をシステムとして捉える視点が誕生したのは1950年代のアメリカであった。その源流はサイバネティクスと一般システム論である（コラム2参照）。これらの理論が基礎となり，家族システム理論は臨床の場で実践を積み重ねながら，確立されていった。システムでみると機械と生物体では対極をなす特徴があり，ベルタランフィは主なものとして，以下の①〜④をあげた。これらが家族システム理論の視点として活用されていった。

① 直線的因果律と円環的因果律

　非生物は直線的因果律であり，原因があって結果が規定される。一方，生物は円環的因果律であり，原因は結果を生じるが，再び戻ってきて影響をする。たとえば「売り言葉に買い言葉」のように，原因と結果が相互作用をする。

② 閉鎖性と開放性

　非生物は他のシステムと関係をもたない閉鎖的なシステムである。一方，生物は開放的なシステムであり，周囲とエネルギーや情報のやり取りを行う。

③ エントロピーとネゲントロピー

　秩序あるものは，秩序のない方向へ動いていく（風化）。これをエントロピーとよぶ。しかし，それとは逆に，エネルギーや情報を交換して高度な秩序や組織へ発展させようとすることをネゲントロピーとよぶ。

④ 単純性と複雑性

　非生物はどんなに複雑であっても，秩序は単純である。一方，生物体の秩序は複雑である。

Column 2　　家族システム理論の源流

サイバネティクス理論　サイバネティクスは，数理学者ウィナーが1948年に提唱した，機械と生物のいずれにも適用される制御とコミュニケーションの理論である。制御システムは受容器，中央機構，効果器からなり，ホメオスタシスを基本にフィードバックループにより作動する。大砲の玉の弾道に例えられるように，物理現象に偶然性を考慮して統計的に表現する。その考え方は多領域に適用され，また多領域の融合の役割を果たした。
一般システム理論　生物学者ベルタランフィは，システムは互いに影響し合う要素の複合体であるとして，一般システム論を提唱した。対象を環境との作用の関係性から理解をしたのである。
一般生物体システム理論　これらの理論に加え，ミラーは生物学，心理学，社会学的なアプローチを統合した。なかでも生物システムの主な特徴として，階層性（後述）と円環的因果律（後述）をあげ，その視点として構造，機能，発達の3つがあるとした。

（2） 家族システム論

　これらの理論から，家族をシステムとしてとらえる家族システム理論が形成され

ていった。主な考え方に①家族の階層性，②さまざまな境界，③開放性と閉鎖性，④円環的因果律，⑤個人の変化は家族全体への変化，⑥家族全体の和は個人の総和より大きい，などがある。

① 家族システムには階層性がある

　家族は一人ひとりのメンバーからなる。子どもは学校，父親は職場，さらには社会の枠に入る。家族内でも祖父母，夫婦，兄弟などの世代間でくくることもできる。一人ひとりは骨格や器官などから構成される。これらは階層をなしている。

　図4-6で説明すると，人間Cは父母やきょうだい，祖父母が集まり，家族Dとしてまとまる。職場へ行けば係りDなど，子どもは通学すればクラスDとなる。家族が集まれば町会Eに，職場では会社Eに，クラスの集合は学校Eとなる。町会が集まれば都市や国家Fとなり，さらに国々が集まれば，国際的な集団Gとなる。このようにC→D→E→F→Gへと階層性を成している。

　また，一人ひとりの人間Cを見ていくと，

　人には肺や胃，神経Bなどの器官や骨格などがある。肺は細胞システムAから

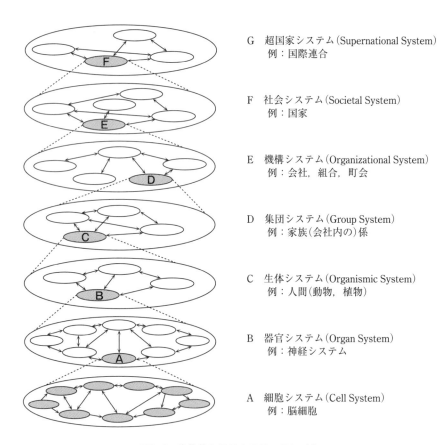

G　超国家システム(Supernational System)
　　例：国際連合

F　社会システム(Societal System)
　　例：国家

E　機構システム(Organizational System)
　　例：会社，組合，町会

D　集団システム(Group System)
　　例：家族(会社内の)係

C　生体システム(Organismic System)
　　例：人間(動物，植物)

B　器官システム(Organ System)
　　例：神経システム

A　細胞システム(Cell System)
　　例：脳細胞

図4-6　生物体システムの7つのレベル

出典：遊佐安一郎(1984)　家族療法入門-システムズ・アプローチの理論と実際　星和書店

なり，これらが集合をしてＡ→Ｂ→Ｃで人間となる。このように人や家族には階層性がある。

② 家族システムにはさまざまな境界がある

　境界とは家族員相互の関わり方を抽象的に表した概念である。家族員をシステムとして理解するとき，家族それぞれの相互作用の仕方である境界の働きは大きい。

明確な境界：世代間でしっかりと仕切られているが支持しながら自主性があり，家族に変化が起きると柔軟に関わり合い，バランスのとれた構造への変化が可能である。健康な家族は明確で柔軟な境界がある。

固い境界：家族それぞれが自主独立し遊離しており，支持や支援は外部に求めることが多い。外部に求められないときは社会支援に繋がりにくく，問題解決が困難となる。

曖昧な境界：家族が互いに干渉して巻き込み合い，絡み合う関係にある。固い境界と対極である。たとえば母親と娘が密着し，娘が困難に出合うと母親は不安でいっぱいになる。

③ 家族には開放的から閉鎖的な境界がある

　家族が開放的であると，外部と絶えず情報などを交換し活性化する。一方，家族が閉鎖的であると，自分達のルールに厳格であったり，孤立したりする。また，家族メンバーの外部への開閉がまちまちであると，理解や対応が一貫せず混乱を招く。たとえば，介護の必要な家族がいる場合，家族が開放的であると人の出入りにより知識や社会資源が容易に得られる。しかし，家族が閉鎖的であると，介護の情報が入りにくく，孤立や疲弊を招きやすい。

Ｃolumn 3 🐸　　家族システムの安定と変化

　家族には変化が起きる。家族はその都度，適応をしていこうとする。適応には2つの過程がある。

第1次変化：形態維持　何かが起きるとそれとは逆の方向へネガティブ・フィードバックが起きて，抑制をしようとする。たとえば，気温が高くなると，エアコンで室温を低くする。思春期の子どもの帰宅がだんだん遅くなると，親が家の帰宅時間を守るように注意をする。このようにしてシステムを維持しようとする。

第2次変化：形態形成　しかし，遅い帰宅が続き，子どもの門限を延長するという規則の変化をよぎなくされる。新たなシステムに変えて，家族は次のステージへ向かう。これが形態形成である。1次変化で対応できないと，第2次変化が起きる。家族システムの安定は第1次変化により維持され，家族システムの変化は第2次変化によりもたらされる。変化に適応していく能力があるほど，健康的な家族とされている。

④　円環的因果律

　家族の出来事は行為が連鎖しており特有のパターンがあるので，原因を特定しにくい。「売り言葉に買い言葉」のように，原因と結果が相互に影響しあい，循環的な関係となる。結果がまた自分に戻ってくるような円環的因果律でもある（図4-7，Column4）。

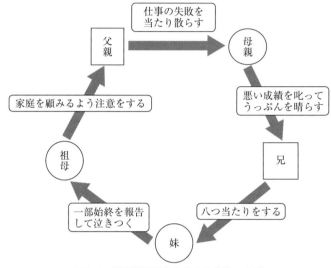

図4-7　円環的因果律からみた家族の光景

⑤　個人の変化は家族全体への変化

　家族の一人に変化があると，家族全体に影響がある。家族全体の変化はまた，個々の人へ変化をもたらす。たとえば兄妹の兄が思春期に入ると手がかからなくなり，母親に寄りつかなくなる。母親は趣味や仕事を増やす。兄は父親に反抗的になり，父親は権威を保とうとするが難しい。妹は両親の注目が自分に移り息苦しいが，兄を頼もしく思え，今までの喧嘩相手というより相談相手となったりする。家族全体が個人の生活を中心に動くようになり，兄は手をかけてもらえない状態に少々期待はずれで寂しい思いを抱くかもしれない。個人の変化は巡りめぐって，また自分へと波及する。

Column 4　　　家族の円環的関係

　家族の出来事は円環的な関係である。巡りめぐって自らへ波及する。仕事に没頭する父親の例でみてみよう。父親は仕事の失敗を母親に当たり散らす。母親は悪い成績をとってきた息子に，知らず知らずのうちに父親のうっ憤を向けるかもしれない。息子は妹に八つ当たりし，妹は祖母に泣きつく。見かねた祖母は父親に，もう少し家庭を顧みるように意見をする。このように思わぬところから自分に返ってくる現象は，家庭では多々見受けられる。家庭で繰り返される悪循環は，どこに非があるかを探しても原因と結果が直線的な因果関係でないことが多い。円環的な因果律の視点で，どこの噛み合わせがわるく，どのように摩擦や亀裂が入っているかを理解していこう。

⑥　家族全体の和は個人の総和より大きい

　家族全体の和は，個々を足し合わせたものでなく，皆の関係やパターンが化学反応のように作用する。全体の和は部分の総和より大きい。たとえば祖母が入院すると，父親の運転で母親は病院に通い，それまで祖母が作っていた夕ご飯を高校生の姉弟は自分たちで用意し，姉は学校帰りに病院に立ち寄るなどする。そのため，家族のコミュニケーションが増し互いの状況を理解し，思いやりや結束力が増すことがある。祖母の退院に合わせて家を安全に整えるために古いものを整理し，思い出を振り返り成長を認識するかもしれない。事態への対応が予期せぬ効果をもたらすことがある。

4.　家族を支援する

（1）　家族療法とは

　保育上の問題や課題では，子ども本人のみならず，親子関係や家族関係，子ども，家族，保育士の相互関係を理解し援助をするのが有効である。家族に問題があるとき，家族に変化をもたらすための介入方法として家族療法がある。家族療法とは，家族を一単位として捉えて家族の問題を理解し，家族システムの歪みに介入して心理的援助を行う。たとえば不登校なら，従来の心理的治療は問題を抱える個人に着目するが，家族療法は家族の相互関係に着目し，その家族の生活を重視しながら治療を行う。不登校は家族のありように起因していると考え，家族全体を扱うのである。

　家族療法は1950年代の米国で誕生した。当時の米国は離婚が増加し，困難を抱える家族に早急に対応する必要があり，教育，心理，社会福祉，医療，宗教家，文化人類学者など多職種が援助を行っていた。家族システム理論が現場で活かされ，多様な理論や技法が生まれ，家族療法は確立されていった。

（2）　さまざまな家族療法

　家族療法にはさまざまな学派があり，さまざまな技法がある。その代表的なものを簡単に紹介する。

①　多世代家族療法（ボーエン）

　夫婦仲がわるく，親が子どもや実家を巻き込む場合，実家との関係をある期間断って，夫婦が自分や実家との関係を理解し，改めて実家との交流を発展させていく療法である。情緒と知性が健康的に統合されバランスのとれた対人関係ができるようにする。親と子どもが密着したままでいると，その子どもは未熟なまま結婚をして配偶者とうまく行かず，同じようにわが子を巻き込んでいく。このような悪循環は数世代に受け継がれるとした。

② 体験的家族療法(サティア, ウィタカー)

　家族が濃厚な感情の語り合いをして深い体験をする治療法である。治療者はまず将来に希望を持てるように, 夫婦の出会い, 結婚, 子どもの誕生などを聞き, 幸福であったことを思い起こさせる。次に家族一人ひとりの怒り, 恨み, 愛情や寂しさなどを聞き, 感情の深いレベルでのコミュニケーションをする。やがて家族は皆の気持ちを受け入れていく(Column 5)。

Column 5 　　サティアの理論

- 感情を重視する. さまざまな理論を取り入れ, 温かさと心遣いのある面接法を創生した
- 夫婦関係は家族関係の軸である。家族への所属感と個性化を, 均衡を取りつつ成しとげる
- 有効なコミュニケーションと成熟した自尊感情は関連する
- 親から子への嫌悪感や非難, 無関心のメッセージは, 子どもの低い自尊心と歪んだコミュニケーションを形成する

---

③ 構造的家族療法(ミニューチン)

　家族を肯定し受け入れながら, 家族の境界や関係, パワーなどを明らかにしていく。問題場面や理想の家族像を実物で演じてもらうなどして視点を変えていき, 家族の情動の悪循環を変えていく。健康的な家族は階層的であり, 明確な境界をもち, 時とともに変化し適応する。ミニューチンの摂食障害の治療法は多くの臨床家に支持され, 家族療法の代表的な治療法とされている(Column 6)。

Column 6 　　ジョイニング

　ミニューチンはセラピストが家族に受け入れてもらえる方法としてジョイニングを提唱した。家族の入室時の様子, 話し始める順番, 家族それぞれの価値観などの観察から始まる。治療者が家族に信頼されて, 一緒に問題に取り組むことで治療は可能となる。ジョイニングは, 新しいグループに入るときにも応用できる技法といえる。

- 支持的なコメントや明確化の質問をする
- 家族のルールの尊重し, 家族の言葉遣いをする
- 一人ひとりを尊重し, 誰の意見も無視せず取り上げる
- 来談意欲の低い家族員や参加していない家族員にも心配りをする

---

④　戦略的家族療法（ヘイリーら）

　家族の問題の原因は探求しない。問題の悪循環を断ち切り，ポジティブな循環にしていく。そのため有効で経済的な『戦略』としていろいろな方法を提案し，10回のセッションで解決しようとした。小さな変化がドミノ倒し的な行動の連鎖を生み，家族を健康的なシステムへと変化させていくのである。

⑤　ナラティブ・アプローチ（ホワイト，エプストン）

　個人の経験は多義的である。人生を対話的な会話により多層的に語ってもらうことが，その人の人生を形づくっていくとした。セラピストは教えてもらうという「無知の姿勢」で聴くと「厚い記述」となり，豊かで可能性に満ちた物語が展開されていく。

⑥　メディカル・ファミリィ・セラピー

　身体と心理と環境（家族）との相互作用という3つの次元から患者を理解して介入する。医師，看護師，心理士などの多職種が連携し，身体面を認識してもらい，病気が家族をどのように変化させているかに焦点を当てる。患者と医療者とのコミュニケーションを促し，家族によるケアを高め，家族のストレスを軽減していく。

　他にもさまざま治療法な発展がしていったが，現在では各派の技法は，かなり近似しつつある。家族との短時間の関わりのなかで，大切なことを聞き逃さず焦点を当て，それらを統合して集団を理解していく家族療法の視点は，家族だけでなく小さな集団にも適用が可能であり，役立てていくことができよう。

＜参考文献＞

Bronfenbrenner, U. (1979) THE ecology of human development：The experiments by nature and design. Harvard University Press. ブロンフェンブレナー. U (1996) 磯貝芳郎，福富譲訳 人間発達の生態学：発達心理学への挑戦 川島書店

Carr, A (2000) Family Therapy：Concepts, Process and practice. John Wiley & Sons.

平木典子・中釜洋子 (2006) 家族の心理―家族への理解を深めるために サイエンス社

上別府圭子 (2018) 家族看護学 医学書院

柏木惠子・若松素子 (1994) 「親になる」ことによる人格発達―障害発達的視点から 親を研究する試み ―発達心理学研究, 5(1) p.72-83

川野雅資 (2015) 『精神看護学 精神保健学』 吉松和哉・小泉典章編 (6版) ヌーヴェルヒロカワ

久保田まり (2010) 児童虐待における世代間連鎖の問題と援助的介入の方略 発達臨床心理学的視点から 季刊社会保障研究45. 4 p.373-384

Mc Goldrick. Carter. Garcia-Preto (2011) 野末武雄 (2013) 日本家族研究・家族療法学会編 (2013) 家族療法テキストブック 金剛出版 p.57

鈴木和子・渡辺裕子 (2012) 家族看護学―理論と実践 第4版 日本看護協会出版会

Olson. D. H., *et al* (1983) Circumplex model of marital and family systems: Theoretical update. Family Process, 22: p.69-83

立木茂雄 (2015) 家族システムの理論的・実証的研究 改訂増補版 萌書房 p.32

Tamura. T., Lau, A. (1992) Connectedness versus separateness; Applicability of family therapy to Japanese Families. Family Prosess. 31(4) p.319-340

遊佐安一郎 (1984) 家族療法入門―システムズ・アプローチの理論と実際 星和書店 p.32

White M (1997) Narratives of the therapists'lives. Dulwih Centre Publiations. ホワイト，M. 小森康永監訳 (2004) セラピストの人生という物語 金子書房

子育てを
取り巻く社会の状況

概　要

　少子化の急速な進展，家族構成の変化，地域コミュニティーの弱体
化など，子育てをめぐる環境は大きく変化している。さらに，イン
ターネットの普及により情報化も急速に進み，子ども同士の関係や親
子関係にも多大な影響を及ぼしている。このような急速な社会の変化
の中で，正しい養育モデルをもてずに，孤独感を募らせたり，不安に
襲われたりする保護者が増加している。

　子どもの育ちを保護者とともに担う保育者として，どのような支援
が今必要とされているのであろうか。本章では，子育てを巡る現状を
データから読み解くことを通して，適切な支援について考えていく。

第5章　子育てを取り巻く社会の状況

1節　少子化社会と子育て

1. 少子化の現状

　日本の少子化は，世界に類をみない速度で，急速に進んでいる。その現状を出生数と出生率からみてみよう。戦後，出生数が一時的に急増する「ベビーブーム」とよばれる時期が2回あった（図5-1）。1回目の第1次ベビーブーム期は，戦後の混乱がおさまってきた1947〜1949年頃で，この時期の一年間の出生数は約270万人であった。第1次ベビーブーム時に生まれた子どもたちが親となる1971〜1974年には，第2次ベビーブーム期を迎え，この時期には一年間におよそ210万人の子どもが生まれた。その後，出生数は毎年減少を続け，1984年には150万人を，2016年以降100万人を割り込み，2022年は77.1万人で過去最低を記録した。第1次ベビーブーム期と比較すると，一年間に生まれる子どもの数は，三分の一にまで減少している。

　少子化を示すもう一つの指標として，合計特殊出生率がある。合計特殊出生率とは，15〜49歳までの女性がその年の年齢別の出生率に従って子どもを産んだとし

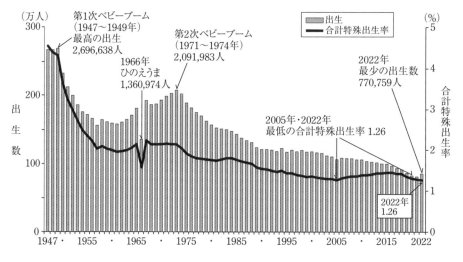

図5-1　出生数，および合計特殊出生率の年次推移

出典：厚生労働省「人口動態統計」（2022）より作成

た場合の一生の間に産む子どもの数をいう。合計特殊出生率が約2.0（正確には死亡率を考慮にいれ人口置換水準は2.07（2018年）となる）であると，一組の夫婦がもつ子どもの数は約2人となるため，人口増減はない。

　合計特殊出生率は，第1次ベビーブーム期では4.3，つまり一組の夫婦に対し4人以上の子どもがいたが，1950年以降急速に低下し，1989年には1.57を記録した。この数値は，特殊要因（ひのえうま）により過去最低であった1966年の1.58を下回ったため，「1.57ショック」とよばれ，少子化は社会問題として関心を大きく集めるようになった。その後現在に至るまでさまざまな少子化対策の取り組みが行われているが，依然少子化は進み，2022年の合計特殊出生率は，1.26であった。

　国立社会保障・人口問題研究所（2017）によると，このまま少子化が進むと，1億2623万人（2019年8月現在）であった日本の総人口は，2053年には1億人を割り，2065年は8808万人を下回ると推計されている。

　少子化は，人口減少を引き起こすだけでなく，人口構成比にも影響を与える。年少人口（0〜14歳），生産年齢人口（15〜64歳），高齢者人口（65歳以上）の三区分から人口構成をとらえてみると，2018年は，年少人口は12.2％，生産人口は59.7％，高齢者人口は28.1％であった。高齢者人口の割合が7％を超えると「高齢化社会」，14％を超えると「高齢社会」，21％を超えると「超高齢社会」と定義されるが，日本は，1970年に「高齢化社会」に突入し，2007年には，「超高齢社会」に突入した。2065年には，非生産年齢人口が半分となると推定されている（前掲書）。

　人口の激減，人口構成の高齢者を含めた非生産年齢人口の割合の増加は，生活，産業基盤の脆弱化や，これまでの人口構成を前提とした社会保障制度の破たん，地域社会の機能維持が困難になるなど，社会，経済の根幹を揺るがしかねない危機的な問題としてとらえられている。少子化対策を講じ始めた当初は，第3次ベビーブームが到来するのではないかと楽観視する見方もあったが，一向に改善しない少

Column 1 　　子ども・子育て支援新制度とは

　　子ども・子育て新制度は，「我が国の急速な少子化の進行並びに家庭及び地域を取り巻く環境の変化に鑑み，児童福祉法その他の子どもに関する法律による施策と相まって，子ども・子育て支援給付その他の子ども及び子どもを養育しているものに必要な支援を行い，もって一人ひとりの子どもが健やかに成長することができる社会の実現に寄与することができることを目的とするものとすること。」（子ども・子育て支援法）とし，子ども・子育て関連3法が2012年に成立，2015年4月に本格施行された。2019年2月には，さらなる支援策として「子育てのための施設等利用給付」が創設され，2019年10月1日から施行された。認可保育所，一部の幼稚園，認定こども園に通う3〜5歳児は，世帯収入に関わらず保育料は無料となる。0〜2歳児については，住民税非課税世帯は保育料が無料となり，国の指導基準を満たす認可外保育園に対しても，一定の条件の元，保育料の補助を行う。子育て世帯の経済的な軽減負担を図るために創設された。一定の効果が期待されているが，保育士の担い手不足や，保育の質の向上など，喫緊の課題が残されている。

子化傾向に危機感をもち，2013年には，「少子化危機突破のための緊急対策」が少子化社会対策会議で決定された。

そこでは，少子化危機ともいうべき現状を認識し，少子化対策をこれまでとは異なる新たなステージへ高めること，具体的には，「子ども・子育て新制度」の成立（Column 1）や「仕事と生活の調和（ワーク・ライフ・バランス）憲章」の策定など，これまで行ってきた少子化対策に加え，「結婚・妊娠・出産・育児の切れ目ない支援」を対策の柱とすることを打ち出した。

2. 少子化の要因

なぜ少子化が加速したのであろうか。その要因の一つとして考えらえているのが，未婚化，晩婚化の進行である。これまでの少子化対策は，既婚カップルが子どもを産み，育てやすい社会となることを目指していた。このような観点の子育て支援施策は，継続して必要な対策であるが，近年，そもそも既婚カップルが少なくなってきているのではないか，つまり，未婚化の進行が，出生数減少の背景に存在しているのではないかと考えられるようになった。少子化社会対策白書（2019）によると，男性未婚率は20代後半で72.7%，30代前半で47.1%と，30代前半で半数近い男性が結婚していないことが明らかになった。女性未婚率は，20代後半で64.3%，30代前半で23.9%となっており，男性より未婚率は低いものの，未婚化は明らかに進行している。「50歳時未婚率（生涯未婚率）」も上昇し，2015年データによると，男性で23.4%，女性で14.1%であり，2040年には，男性の10人の内およそ3人，女性10人のうちおよそ2人が生涯未婚であると予想されている（図5-2）。

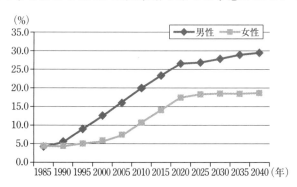

図5-2 50歳時未婚割合の推移
出典：国立社会保障・人口問題研究所「日本の世帯数の将来推計」（2018年1月推計））より作成

未婚化は，結婚を希望しない未婚者の割合が増加したという理由だけでは説明がつかない。結婚を希望する独身者の割合は，男女とも8割から9割と高い比率を示しているからだ。就労形態の変化や貧困率の増加，ライフスタイルの多様化，個人の価値観の変化などが複雑に絡み合って，未婚化が進んだと考えられているが，特に大きな問題となっているのが，経済的問題である。

未婚者に対して「どのような状況になれば結婚すると思うか（複数回答）」を尋ねたところ，「経済的に余裕ができること」が最も高い回答率で42.4％であった。また，就労形態別に，配偶者の有無を調べた調査（総務省統計局，2015）によると，24歳から35歳の独身男性では，非典型雇用者（パート・アルバイト，労働者派遣事業者の派遣社員，契約社員，嘱託など）に配偶者がいる割合は，正社員の場合の半分以下であった。

　非正規雇用者は，1990年代以降1990年の20.2％から2014年には37.4％と2倍近くに増加し，15〜24歳の若年層で特に増えている。非正規雇用形態は，多様で柔軟な働き方が可能となるというメリットもあるが，低賃金，不安定な雇用，社会保障の適用率が低いなど深刻な問題が生じており，未婚者が，結婚に踏み切れない要因となっている。

　未婚化は，恋愛観や結婚観の変化の影響も受けている。結婚を希望しない理由として，一人の方が気楽だから，結婚生活そのものが面倒または大変そうだからとあげる人が多く（国立社会保障・人口問題研究所　2015），「面倒，大変そう」といった思いを乗り越えるだけの魅力やメリットを結婚に見いだせなくなってきていることが伺える。

　天野（2019）は，未婚化と未婚者の同居率の高さが関係しているのではないかと指摘している。近年，親と同居する未婚成人が増加しているが，同居は，家事労働やコスト軽減といった経済的メリットや，心の安定といった精神的メリットをもたらし，「大変そう」な結婚に踏み切るだけの意義を見出せないのではないかと分析している。また，気を使う異性の付き合いよりも居心地のよい同性とのつき合いを好む（原田，2013）若者や，同性友人とのつき合いも含め，他者とのコミュニケーション全体に自信がない（髙坂，2018）といった特性をもつ若者たちが，恋愛を回避している可能性も示唆されている。

　ここまで，少子化を未婚化という現象からみてきたが，結婚した一組の夫婦は生涯平均して何人の子どもを産み育てているのであろうか。やはり減少しているのだろうか。

　第15回出生動向調査（2015）によると，完結出生児数（最終的な出生子ども数の平均値）は，1.94と過去最低となった（図5-3）。また，子ども2人世帯が，54.1％と半数を超え最も多いが，子ども一人世帯は増加し（1977年11.09％→2015年18.6％），3人の世帯は減少している（1977年23.8％→2015年17.8％）。少子化ほど激しい低下率ではないが，生涯に産む子どもの数は低下傾向にあり，少産化も進んでいる。

　未婚者が理想とする子どもの数（理想子ども数）は，1987年以降，徐々に低下し，2015年の調査では，2.32人，予定している子どもの数（予定子ども数）は2.01人で，ともに過去最低となっている。予定子ども数が，理想子ども数に達しない理由として，「子育てや教育にお金がかかりすぎるから」の選択率が最も高く56.3％となっ

ている。とくに妻の年齢が35歳未満の若い層では8割前後の選択率となっており，未婚化問題と同様，経済的な問題が少産傾向に影響を与えていることがわかる。

　次いで「高年齢で産むのはいやだから」(39.8%)，「これ以上欲しいけれどもできないから」(23.5%)と続く。晩婚化，晩産化に加え，身体的な理由も，理想の数の子どもをもたない背景にあることが伺える。今後，リプロダクティブヘルス / ライツ(性と生殖に関する健康と権利)教育(野村ら，2019)の重要性も高まると考えられる。一人ひとりが多様なライフコースの中からライフコースを主体的に選択することができることは，経済的な安定だけでなく，個人の精神的な安定や豊かな生活につながる。結婚，妊娠，出産を希望した場合のソーシャルサポートシステムの一層充実が喫緊の課題である。

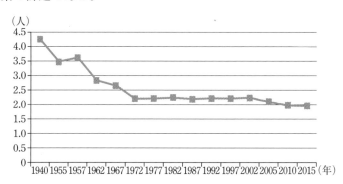

図5-3　完結出生児数の推移

出典：国立社会保障・人口問題研究所，第15回出生動向基本調査報告書(2017)より作成(図5-4も同じ)

　一方，選択率が低下する傾向がみられた項目は，「これ以上，育児の心理的，肉体的負担に耐えられないから」「夫の家事・育児への協力が得られないから」，「子どもがのびのび育つ社会環境ではないから」などの項目であり，子育てを取り巻く環境のいくつかは，若干ではあるが改善の兆しがみられる。

3. ライフコースと子育て

　1950年代半ばから1970年代初頭にかけ，実質経済成長率が年平均10%をこえるいわゆる「高度経済成長」をむかえた。この時期，サラリーマンの夫と専業主婦に子ども2名が典型的家族であるとされ，この家族構成をもつ世帯は「標準世帯」とよばれた。実際には，「標準世帯」は最も多かった1970年代でも全世帯の4割に満たなかったのだが，あるべき家族のモデルとみなされ(小笠原，2014)，社会保障制度の給付，負担の際のモデルケースともされた。

　高度経済成長期に子育てをしていた1950年生まれ女性の平均的なライフコース(女性)は，「18歳で学業を終え，数年勤務し，25歳で結婚，26歳で第一子，29歳で第二子が誕生し，51歳で第二子が大学を卒業したところで子育てを終え，その後，専業主婦，または，パートタイムなどに就労し，60歳で定年，老後をむかえる」と

なっている。1950年生まれの女性は，単身者は5.8％，夫婦世帯は7.5％，親と子どもの世帯が86.7％となっている。つまり，1950年生まれの女性の内9割近くがほぼ同じライフコースを歩んでいた。

　ところが，2000年生まれのライフコース（推定）は，単身者が30％，夫婦のみ世帯が12.6％，親と子ども世帯が57.4％となり，ライフコースを平均として描くことは困難になった。この傾向は，1990年以降現れ，標準的といわれるライフコースは消失し，就職，結婚，出産など，主だったライフイベントも，選択しないという選択が十分に「ありえること」として想定できるようになった。このように，「人生設計に関する規範が弱体化し，多様なパターンが出現する」（小笠原，2014）ようになった現在，未婚者は，どのようなライフコースを想定しているのであろうか。

　結婚・家族形成に関する意識調査（2015）によると，「夫は外で働き，妻は家庭を守るべきだ」を支持する人は，男性21.2％，女性16.3％であった。「子どもが小さいうちは母親が面倒をみるべきだ」は，男性39.4％，女性51.7％で女性の方が多く支持していた。

　また，出生動向基本調査（2015）では，未婚女性に対し二種の質問「女性理想ライフコースとは」，「女性予定のライフコースとは（実際にどのようなライフコースになりそうか）」を用意し，未婚男性に対しては「男性の妻に望むライフコースとは」を尋ねている。選択肢として，次の5つのコースが用意されている。

専業主婦コース：結婚し，子どもをもち，結婚あるいは出産の機会に退職し，その後は仕事をもたない。

再就職コース：結婚し，子どもをもち，結婚あるいは出産の機会に退職し，子育て後に再び仕事をもつ。

両立コース：結婚し，子どもをもつが，仕事も一生続ける。

DINKSコース：結婚するが子どもはもたず，仕事を一生続ける。

非婚就業コース：結婚せず，仕事を一生続ける。

　1987年調査からの変化をみてみると，専業主婦コース選択率が低下し，両立コースの選択率高くなっていることがわかる。また，図5-4からは，どの質問に対

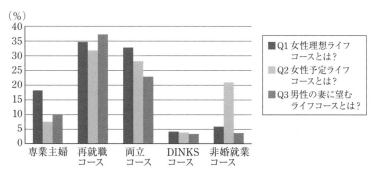

図5-4　ライフコースの選択

しても，再就職コースの選択率が最も高かいことがわかる。また，専業主婦については，男性が女性に「専業主婦を選択してほしい」と望む率よりも，女性自身が「専業主婦が理想である」と答えた割合が高かった。さらに，専業主婦を理想としながらも，実際には，専業主婦になれないと考えている女性がいることがわかった。非婚就業コースについては，理想ではないが，実際には，非婚就業コースをとることになるだろう予想する女性が20％を超えていることが明らかとなった。中井（2000）は，恋愛観や結婚観の多様化がライフコース選択の多様化をもたらしていると指摘しているが，男性と女性で理想の姿に差があったり，理想通りにはいかない厳しい現実と折り合いをつけながらライフコースを選択していることが明らかになった。

4. 就業と子育て

　15歳未満の子どもがいる母親に対し，就業意志の有無をたずねたとろ，86.0％が何れかの時点での就業を希望していた。3～5歳の子ども（末子）をもつ妻の17.8％がすぐにでも働きたいと回答しており，仕事をしたいと考える最大の理由は経済的理由であった。女性（25～44歳）の就業率は，2000年以降上昇しており，2018年には，76.5％となっている。また，専業主婦世帯数と共働き世帯数は，1997年で逆転し，67％の世帯が共働き世帯となっている。

　「夫は外で働き妻は家庭を守るべきだ，子どもは小さいうちは母親が面倒をみるべきだ」という伝統的な性別役割意識をもつ一方で，経済的理由で，共働きを選択する既婚女性もおり，女性の就労が増えているなか，仕事と育児の両立に悩む女性も増加している。

　第一子の妊娠・出産を契機とした離職率は，1985～1989年が37.3％であったのに対し，2010～2014年は33.9％と減少していることがわかる（図5-5）。離職の理由としては，「子育てをしながら仕事を続けるのは大変だったから」の選択率が最も高かった（52.3％）。

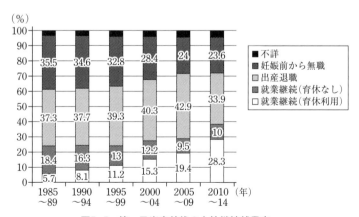

図5-5　第一子出産前後の女性継続就業率

出典：国立社会保障・人口問題研究所「第15回出生動向基本調査（夫婦調査）」（2016）より作成

また，依然として家事・育児の負担は女性に隔たっており，父親の家事・育児関連時間は先進諸外国中で最低水準となっている（図5-6）。佐々木（2018）は，育児時間がどの程度とれるかは，労働時間の長さと関連していると指摘しているが，日本の労働時間は諸外国と比べ長時間となっている。

　「仕事と生活の調和（ワーク・ライフ・バランス）憲章」の策定で，政府は週労働時間60時間以上である割合を，2020年度までに5％にするという数値目標を掲げて

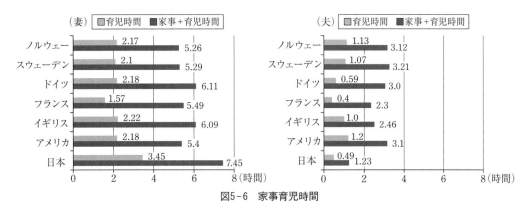

図5-6　家事育児時間

出典：内閣府「平成28年社会生活基本調査」および内閣府男女共同参画局（平成29年10月資料）より作成

Column 2　　書籍紹介

　藤田結子　2017「**ワンオペ育児わかってほしい休めない日常**」毎日新聞出版

　ワンオペ（ワンオペレーション：一人作業）育児という言葉は，2014年ごろから使われるようになった。常勤職に就く母親，シングルマザー，専業主婦などさまざまな状況におかれている母親たちの「ワンオペ育児はつらい」という悲痛な声がこの本では描かれている。

　「夫の帰宅は毎日夜12時。週末も出勤。たまに家にいても疲れ切り寝てるだけ。そのうえ，夫は転勤が多いため，住んでいる地域に親戚や知り合いがいない。また転勤すると思うとがんばって知り合いをつくる気持ちにもなれない。誰からも助言も励ましもなく1日中，赤ちゃんと向き合う生活に孤独と不安を感じている」といった事例からは，子育て支援のさまざまな取り組みが行われているにもかかわらず，母親が孤立奮闘する厳しい状況が続いているという実態がみてとれる。

Column 3　　育児も仕事も頑張る父親たち

　小笠原（2009）は，保育園に子どもを通わせている父親を対象に家事分担について聞き取り調査を行った。最初に家族史や職業史を述べてもらい，そのあと，育児を分担しているか，育児のために仕事を調整しているか，その理由や調整方法などについて話してもらった。その結果，①仕事を中心に生活を組み立て，出来る範囲で家事や育児を行う性別役割分業パターン，②できるだけ労働量を減らさず育児責任もできるだけ果たそうとするパターン，③可能な範囲で仕事の量を減らし，育児に時間と労力を割りふるパターンの三種を見い出した。主に②に属する父親たちは，余暇の時間や寝る時間を削って，仕事と育児を両立していた。育児に喜びを見い出しつつも，仕事にも育児にもがんばることを大きな負担と感じていることが明らかになった。

いる。2018年，6.9％まで低下したが，子育て世代である30代，40代に限ってみると，依然10％を超えており，単なる意識改革だけでは，男性の家事・育児関係時間の増加を望むのは困難であることがわかった。過労死防止対策の推進や，支援テレワークやフレックスタイムなどの多様な働き方を可能とする環境整備の促進し，各家庭の実情に合わせたきめ細やかな支援が必要である。

Column 4 　　　イクメンプロジェクトとは　─育てる男が家族を変える。社会が動く─

　「イクメンとは，子育てを楽しみ，自分自身も成長する男性のこと。または，将来そんな人生を送ろうと考えている男性のこと。イクメンがもっと多くなれば，妻である女性の生き方が，子どもたちの可能性が，家族の在り方がもっと大きく変わっていくはず。」

　このようなことばを掲げ，男性の育児参加や育児休業取得の促進等を目的に，2010年6月17日，厚生労働省　雇用均等・児童家庭局により立ち上げられたプロジェクトである。「イクメンスピーチ甲子園」を開催したり，「イクメン企業アワード賞」といった育児支援にすぐれた企業に対して「イクメン推進企業」として表彰するなど，さまざまなイベントも企画している。

2節　情報化社会と子育て

1. 情報化社会とは

　ICT（Infomation and Communication Technology）の急速な発展は，産業界だけでなく，個人のライフスタイルにも大きな変化をもたらした。特に，2000年代後半から，スマートフォンやタブレット端末が急速に普及し，いつでもどこでもインターネットに接続できるようになり，世界中の情報を瞬時に得ることができる，遠隔地にいる人とも音声以外のリアルタイムの交信が可能になるなど，社会生活全般の利便性が非常に高くなった。さらには教育や，医療といった分野でも有効に利用されるようになってきており，文科省は学校のICT活用の工程表を発表（2019年8月）

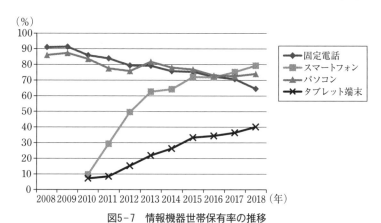

図5-7　情報機器世帯保有率の推移

出典：総務省「情報通信白書」（2019）より作成

し，2025年までに，児童生徒が一人一台，パソコンやタブレットを利用できる環境を整備するとしている。われわれは，まさにインターネット，ブロードバンド，モバイル通信など情報通信ネットワークとは切り離すことができない情報化社会に生きている。まずは，その実態を捉えてみよう。

① 情報化の実態

　総務省「情報通信白書(令和1年版)」によると，インターネット利用率は，2001年には50％を超え，中学生以上から40代までの世代に限定すると，2008年に90％以上の高い水準となり，ほぼ飽和状態に達している。

　情報通信機器の世帯保有率の推移をみてみると，スマートフォンが急速に伸び，2017年に固定電話，パソコンと逆転，2018年には79.2％と情報通信機器の中で最も高い保有率となった(図5-7)。インターネット利用端末としても，スマートフォン(59.5％)が最も多くなり，パソコン(48.2％)より11.3ポイント上回っている。

　利用時間も長時間化し，10代，20代では，平日2時間以上，休日は，約3時間半近くインターネットを利用している。利用目的は，どの年齢層も「電子メールの送受信」の利用が多いが，利用率が上昇しているのは，「ソーシャルネットワークサービス」の利用で80歳以上を除く各年齢層で上昇している。また，オンラインゲームの利用は，10代と20代で利用率が高く，特に10代では，60％近くが利用している(総務省，2019)。

② 子どもの生活への影響

　インターネットが生活に深く浸透するようになったことで，子どもの生活にはどのような影響があるのであろうか。2018年8月，厚生労働省が「ネット依存が疑われる中学生，高校生が，2013年から5年間で約40万人増え，93万に上ると推計される」という調査結果を発表し，保護者，教育の専門家などを震撼させた。

　ネット依存という概念は，1990年代前半にアメリカで提唱された概念である(Young, 1996)。インターネット依存傾向が強まると，薬物依存症患者や，アルコール依存症上患者に類似した，過度の使用欲求や，インターネットにつながることができないと苦痛に感じるようになるといった禁断症状が生じる。鶴田ら(2014)は，ネット依存を「インターネットばかりに気が向いてしまったり，インターネットに自分の気持ちが左右されるなど精神的に依存してしまい，それによってインターネットを利用する時間を自分自身でコントロールできないほどインターネットに没頭し，それが極端に長い時間の利用に繋がり，心身の健康状態や日常生活に悪影響を及ぼす状態」と定義している。

　インターネット普及期には，インターネットは個人のソーシャルネットワークを弱体化するといわれてきた。しかし，近年，インターネットの高速化，大容量化でインターネット利用がより円滑になってきた。さらに，料金の低廉化も進み，音声・文字に加え，動画や，写真などのビジュアルコンテンツも，即座に気楽に共有

することが可能となった。このような技術革新を背景に，インターネット利用によるコミュニケーションチャネルが増え，ソーシャルネットワークを強化するツールとしても，一定の役割を果たすようになってきている。いつでも，どこでもできるという利便性は，同時に，いつでもどこでもつながっていたい，あるいは，つながっていなければならないという強迫的な思考に陥ってしまう危険性がある。

③ インターネット依存の問題

　インターネットに対する依存度を測る尺度として，よく使われているのが，YOUNG「ネット依存傾向測定項目」である。インターネットの利用が日常に与える影響の度合いをみるための項目で，8項目(簡易版)と20項目の二種ある。簡易版では，8項目中5項目以上あてはまれば「依存傾向」を示すとされる。

ネット依存測定項目(簡易版)

- ネットを利用していないときも，ネットのことを考えている(没入)。
- より多くの時間，ネットをしないと満足できない(耐性・麻痺)。
- ネットの利用時間をコントロールしようとしても，うまくいかない(制御不能)。
- ネット利用を控えようとすると，落ち着かなくなったり，いらいらしたりする(禁断症状)。
- もともと予定していたよりも長時間ネットを利用してしまう(過剰使用)。
- ネットのせいで，家族・友人との関係が損なわれたり，仕事や勉強などがおろそかになりそうになっている(生活上のトラブル)。
- ネットを利用している時間や熱中している度合いについて，家族や友人に嘘をついたことがある(隠微)。
- 現実から逃避したり，落ち込んだ気分を盛り上げるためにネットを利用している(現実回避)。

　前述した厚生労働省による中高生に対する調査において，ヤングネット依存測定項目中，あてはまると答えた割合が最も高かったのは「過剰使用」であった。次いで，「禁断症状」と続く。インターネットの使い過ぎが原因で生じたトラブルについての質問に対して，「成績低下」と「授業中の居眠り」の回答が多かったが，「友人のトラブル」との回答も高く，特に女子中学生の間で大きな問題となっていた。

　大野(2016)は，逃避型インターネット依存モデルを提示し，「現実生活における悩みやストレスから逃避する目的でウェブサービスを利用することが，潜在的なインターネット依存傾向を高め，日常生活に実害を生じさせる大きな要因となる」ことを明らかにした。インターネット依存問題は，多くの心理・社会的な要因が複雑に関与している可能性がある。個人的なアプローチが有効な場合もあるが，SNSやオンラインゲームの中には，「情報」を共有したり，協働で作業をしたりすることが多く，一人だけ抜けることができないため「止めることができない」といった声も聞かれる。インターネットの適切な利用を促すためには，仲間や，所属集団，

あるいは，社会全体で問題や課題を共有していくという視点が不可欠であろう。坂元(2015)は，所属する集団レベルで情報モラルを共有することの有効性を指摘し，「子ども同士でルールづくりを行わせることや，学校や行政が情報モラル教育にさらに取り組むことが重要である」と述べている。

2. 情報化社会と幼児の生活

　インターネットの利用は幼児にまで広がっている。子どもたちの日常活動内容をみてみることにしよう(図5-8)。「外で遊んだり，お散歩をしたりする。」「おもちゃ(電子メディアを除く)で遊ぶ」「絵本や本，図鑑を読む」「お絵かきをする」の4項目は，園での生活を含んでいるが，園生活を含めたトータルな生活からみると，子どもたちは比較的バランスよく多様な活動をしていることがわかる。

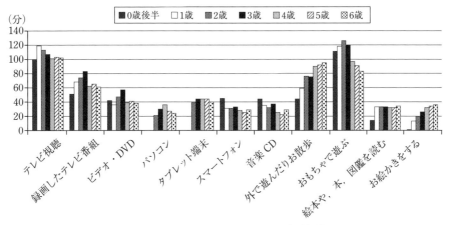

図5-8　幼児の平日の活動ごとの時間(年齢別)

出典：ベネッセ教育総合研究所「第2回乳幼児の親子のメディア活用調査報告書」(2017)より作成

　さらに0歳から1歳半までの子どもを対象にしたメディアと遊びについての調査(ベネッセ教育総合研究所，2017)では，子どもたちの，スマートフォンの利用は，6か月から9か月の低年齢児で15分が7.1％，30分以上が2.4％，10か月から1歳1か月の中年齢児で15分が8.7％，30分以上が4.6％，1歳2か月から1歳5か月までの高年齢児で15分が12.5％，30分以上が4.2％であった。他の活動と比べ，長時間であるとはいえないが，きわめて早い時期からスマートフォンを使い始めていることがわかった。また，橋元ら(2019)によると，0歳児の34.9％，1歳児の63.0％がスマートフォンに接触しているということがわかった。今やスマートフォンは，「乳児から普通に触れることができる」となってきている。

　0歳から9歳までの子どもたちに対する調査(内閣府，2018)では，スマートフォンの平均使用時間は，1時間を超えていたという調査結果もある(図5-9)。主な利用目的は動画視聴で，次いで，ゲームアプリ，知育アプリの使用頻度も高かった。その他，カメラ機能もよくつかわれ，親が撮った自分の写真や動画を見るのが好き

な子どもが多い(橋元ら, 2019)。

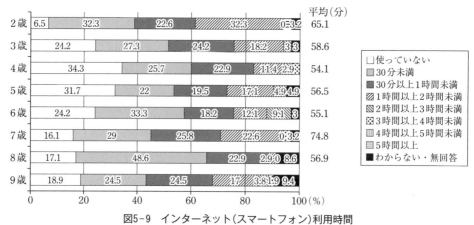

図5-9　インターネット(スマートフォン)利用時間

出典：内閣府「低年齢層の子どものインターネット利用環境実態調査報告書」(2017)より作成

　乳児が実際にスマートフォンを利用している場面をみると，器用に使いこなしていることがわかった。東京大学共同調査(2018)によると，「スワイプ，ピンチアウト，ピンチイン」をおこなってスマートフォンを操作している子どもは，0歳で10％，1歳で42％，2歳で57.3％であり，動画を見ているとき，画面にタッチして別の動画へ飛ぶ操作をする子どもたちは，0歳で6％，1歳で32.1％，2歳で63.1％となっている。非常に興味深いことだが，紙の読み物を，「スワイプ・ピンチアウト・ピンチイン」しようとする子どもが一定数3歳児で12.4％いた。紙媒体と同時に，と

<hr>

事例1　子どもの遊びについての母親たちの思い

　母親たちは，外遊びの重要性は知っているものの，実際には外遊びをさせるのは難しいと考える母親が多い。

　4歳女児の母「外遊びが大切だと保育園の先生もいっているが，遊ぶ場所がないし，土日はたまった家事をやるだけで終わってしまい外に連れていけない。」

　7歳男児の母「外遊びはきらいだという。からだを動かすのがだるいといい，スマートフォンの動画やゲームに夢中。父親も食事中でさえスマートフォンを手放さずに見ている。そのような父親の姿を見ているのだから，子どもに何をいっても無駄と最近あきらめている。」

　10歳男児の母「外で遊ぶように伝えると，公園のベンチで友だちとゲームで遊んでいる。お母さんの帰宅が遅い友だちの家に上がり込むこともあるようで，すごく心配だ。」

　11歳男児の母「ネットゲームに最近熱中している。夫はそのうち飽きるだろうといっているが，ネット依存の報道を聞くと心配になる。夫ともこの件についてよく言い合いになる。パソコンなどなければいいのにと思う。」

　このような母親たちの声を聞くと，幼児期に，幼稚園や保育園などで，からだを使った遊びの楽しさを十分に体験することがますます重要になってきていることがわかる。

きには，それより早くタッチスクリーンと「出合う」子どもたちが出てきている。操作性が容易で，自分の操作のフィードバックがすぐに返ってくるタッチスクリーンは，小さな子どもたちにとって非常に魅力的な「おもちゃ」であると思われる。

3. 保護者のメディア利用

　就学前の子ども（第一子）と暮らしている母親に対して「情報機器やインターネットを利用することでどのような効果を期待しているか」を尋ねたところ（橋元，2018）「子守代わり（静かにさせる，あやす，など）」が最も高く47.4%，「ネットからさまざまな情報を得ることができる」43.8%，「英語など語学能力の向上」29.6%と続く。「特にメリットはない」という回答も14.1%となっている。

　保護者のメディア利用率・使用時間を2013年と2019年で比較した調査（ベネッセ総合研究所，2017）によると，スマートフォンの使用時間が非常に長くなっていた。使用中群（1時間〜3時間）の比率が，22.7%から46.2%と2倍程度増加し，使用低群（1時間未満）が，68.3%から38.9%に低下した。

　ママ友や園との連絡手段は，2013年度と比べ，通話，メールが減少し，インスタントメッセンジャー（LINEなど）の利用率が増加していた。園との連絡方法については，育児アプリや写真撮影サイト，園ブログ，園のSNSなど多様化しているが，いずれの年齢の母親たちも「使っていない」が8割前後であった。教育の情報化が進められているが，就学前教育においては，ICTを積極的に取り入れていないことも，使用頻度が少ない理由の一つと考えられる。今後，変化する可能性があるだろう。

　先に，中高生のネット依存についてみてきたが，保護者については，どうだろうか。母親のメディアへの親和性（例　インターネットで情報を取り入れるのが好きである）と依存性（インターネットに時間を忘れて没頭する）を尋ねた結果が図5-10

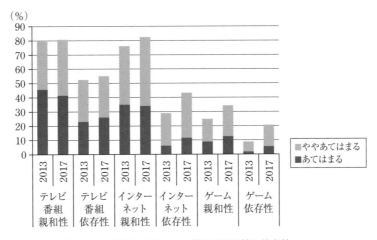

図5-10　母親のメディアに対する親和性と依存性

出典：ベネッセ教育総合研究所「第2回乳幼児のメディア活用調査報告書」（2017）より作成

である。

　全体として，親和性と依存性には相関があり，インターネット，ゲームアプリやソフトへの依存性が徐々に高まっているのが目につく。橋元ら(2108)は，乳幼児のインターネット依存傾向は，スマートフォンを利用している就学前児の約10％の子どもにみられ，乳幼児のスマホ依存の傾向は，母親のスマホ依存の傾向とは関連があり，母親のスマホ依存傾向度が高ければ，その子どもの依存傾向度も高いことを示している。一方，73.6％の母親が，「子どもの前では，長時間見ない，子どもに刺激的な内容を避けるなどマナーに気をつけている」と回答しているが，2013年と比較すると，回答率が低下している。また，家族で適切な話し合いの場を設けているとする回答も，若干であるが減少の傾向がみられた。どのような場や人をルールの参考にするかを尋ねたところ，配偶者の意見が最も多く(50.1％)，幼稚園教諭や保育士の意見を参考にするとの回答は，5.0％に過ぎず，2013年の調査よりも減少している。

　岡村(2017)は，IT 機器を母親へのサポート，つまり育児資源の一部として位置づけ調査を行った。その結果，「母親はIT 機器を子育てに利用することで，育児の負担を軽減し，育児によって生じる時間や行動の制限を緩和」させており，一人で育児を担っている母親にとっては，いわば「疑似的なベビーシッター」のような存在だと述べている。このような考え方は，「スマホに子守をさせないで！」(日本小児科医会・日本産婦人科医会　2013)「あそびは子どもの主食です〜スマホを置いてふれあい遊びを〜」(日本小児科医会・日本医師会)といったキャンペーンに対して異を唱えるものとなっている。

Column 5　🐸　　外遊びが大事なのはわかってはいるけれど

　　株式会社ボーネルンドは，「生後6か月から4歳の子どもを長子にもつ全国の母親1030人」に対して，子どもの遊びに関するインターネット調査を実施した(2016)。その結果，ほとんどの母親が外遊びの重要性を認識しながらも，その機会をもてずに，自宅／室内で長時間遊んでいる日常が浮かび上がってきた。治安や安全面への不安，遊び仲間がいない，遊び場所がそもそもない，といった課題が明らかになったが，子どもが安心して遊べる場所を，子育て中の家族の身近に整備していくことも，重要な育児支援である。

　ただし，岡村(2017)も，IT 機器の子育て利用は直接的には母親の生活充実感には影響を及ぼさない，長時間の使用はネガティブな影響を及ぼすとし，子育てへの適切な使い方を十分に学ぶことの必要性に言及している。

4. メディアとルール

　スマートフォンが家庭生活に浸透してきた2015年，日本小児連絡協議会は，ICT環境は，利点と問題点をもった両刃の剣であり，「インターネット上のいじめや犯

罪の加害者や被害者になったり，ネット依存に起因したさまざまな心身の健康障害が生じたり，人間としての健やかな成長発達が妨げられるなど，見過ごすことができない多様で深刻な問題」が明らかになってきたとし，「子どもとICT（スマートフォン・タブレット端末など）の問題についての提言」を発表した。以下にその内容を示す。

①　保護者は不適切なICT利用が子どもの健やかな成長発達や心身に悪影響を及ぼし得ることを認識し，責任をもってスマホやタブレット端末を管理しましょう。

②　学校では，子どもや保護者に対する情報モラル教育を推進しましょう。

③　子どもに係る医療関係者や保育関係者は，不適切なICT利用に伴う健康障害発生の可能性を意識して業務を行い，その可能性があれば適切な助言を行いましょう。

④　ICTの開発・普及に携わる事業者は，不適切なICT利用が子どもの心身の健康や健やかな成長発達に悪影響を及ぼしうることを利用者に伝えると共に，その対策を講じましょう。

⑤　研究者は不適切なICT利用に起因する子どもの健康障害や成長発達障害に関する研究を積極的に行い，その成果を家庭や教育医療現場に還元します。

　ここでは，大項目のみを掲載したが，提言には具体的な行動も記載されている。ICTを適切に活用していくためには，技術革新が猛スピードで進み，社会も刻々と変化していることを大人が十分に理解し，情報リテラシーを子どもたちと共に更新していき，共有していくという努力が必要である。

　汐見（2017）は，ベネッセによる調査結果（2017）を踏まえ，「映像やゲームが楽しめる身近なメディアに，子どもが興味をもつのはごく自然なこと」であり，「可能性と課題を丁寧に吟味しながら，活用の仕方を家庭が模索することが重要である」と述べている。技術革新は，想像をはるかに超えて進んでいる。そして，子どもたちは，大人よりも素早く容易に新しいメディアを使いこなしているかにみえる。だからこそ，「可能性と課題を丁寧に吟味し続ける」ことがわれわれ大人に課せられている大きな課題である。

　ICT技術は，教育の場での活用も進んでいる。文部科学省は，2018年9月に遠隔教育の推進に向けた施策方針を発表した。「学校教育において遠隔システムを効果的活用した教育活動を一層取り入れて行くことにより，児童生徒が多様な意見に増え，多様な体験を積む機会を増やすなど，教育の質のさらなる向上につなげることが可能になる。ICTの強みの一つとして，距離に関わりなく相互に情報の発信・受信のやりとりができる（双方向性を有する）ことがあげられ，遠隔教育はこの強みを生かすものとして，継続して推進すべきである」とし，長期入院する児童生徒の教育を保障するため，タブレット端末などを活用し，院内と入院前に所属していたクラスとをつなぐといった試みが始まっている（Column 6参照）。

　朝日新聞　2018年11月「いま子どもたちは」という連載に「病児教育に ICT」シリーズが掲載された。第1回では，病院に入院している子どもの分身ロボット(Orihime)を教室におき，そのロボットを病院の院内学級からタブレットを用いて遠隔操作し，教室の子どもたちとやりとりをする姿が描かれていた。ロボットは，21.5cm の人型で，マイクとスピーカー，カメラを内蔵し，周りの映像と音声を送信し，病室からも教室の子どもたちの姿や声が聞こえ，双方向的なやり取りができる。入院している子どもたちは，「友達になれそうな子が見つかり，病院での生活楽しいものとなった」と述べている。また，2019年3月には，「『うわっ』院内学級に歓声，VR 技術で動物園を再現」という記事が掲載された。動物園の飼育員が授業し，園で飼育しているゾウ，虎などの映像を用意し，子どもたちは専用ゴーグルをつけ，臨場感のある映像を楽しんだ。闘病中の子どもたちにとって，ICT 機器は，病室と外の世界をつなげるツールとして重要な役割を担っている。

5. Society 5.0 の社会における子育て

　子育て家庭を取り巻く社会的状況は，ここまで見てきたように今までにないほどの速度で急激に変化している。情報化社会の先は，サイバー空間とフィジカル(現実)空間を融合させたシステムにより，経済発展と社会課題の解決を両立する人間中心の社会(Society 5.0)を迎えるという。Society 1.0(狩猟)，Society 2.0(農業)，Society 3.0(工業)，Society 4.0(情報)に続く次の社会である。たとえば，電気ポットがインターネットに接続され，離れて暮らす家族に使用状況を知らせたり，冷蔵庫のなかの情報がデータとしてクラウド上に蓄積され，外出先から冷蔵庫に残っている物を確認できるといった IoT 化も進んでいる。

　また，ICT の革新により，時間や場所を有効に活用した柔軟な働き方が可能になると期待されている。テレワークとよばれる遠隔勤務形態により，通勤時間を節約でき，子どもとの時間を増やすことができるかもしれない。

　ベネッセ教育総合研究所(2016)によると，この20年間で，子どもが，幼稚園や保育所等保育施設で過ごす時間が，30分から1時間伸びたという。また，降園後の平日のあそび相手は，母親との回答が20%増加している。外遊びをする時間がなくなってきたのだろうか。

　遊びから，子どもはさまざまなことを学んでいる。たとえば，子どもたちが大好きな鬼ごっこは，走力や持久力がつくだけでなく，鬼から逃げるためには身体を巧みに動かすため，バランス感覚や巧緻性も育つ。鬼を決めたり，新たなルールを決めるときには，コミュニケーション力や，協働する力も必要であろう。転んでときの痛みといった身体感覚も，子どもたちの育ちにとり重要である。一つの遊びに，これだけの多くの要素が組み込まれている。インターネット上の遊びは，確かに魅力的ではあるが，今のところ，このように多くの要素が組み込まれているものはない。

3節　おわりに

　この章では，少子化，情報化といった観点から，子どもを取り巻く社会の状況を見てきた。データからは，われわれは，今まで経験したことがない新たな社会に突入していることが読みとれる。少子高齢化は，労働力不足や産業構造の弱体化，さらには，人口減少による地方自治体の行政機能の維持が困難になるといった多くの課題に直結する。一方，ICT 化は，今後さらに技術が進むと現在人間がしている労働の約半分が，AI やロボットに置き換わり，労働力不足を補うことにつながるともいわれている。しかし，それらの技術革新がもたらす負の側面について，われわれは，まだ十分に吟味できていない。遠隔操作や自動コントロールといった技術が，人を殺傷するために使用されたらどうなるのか。このような問題はまだ想像できるが，VR の体験が，人のコミュニケーションや，感覚運動機能にどのような影響を与えるかといった問いに対する答えは，まだ見つけることができない。解答がないままに，技術革新はどんどん進んでいる。このような時代の子育てに何が必要なのか。

　日本の幼児教育の父と言われる倉橋は，子育てについて次のように述べている。「自ら育つものを育たせようとする心。それが育ての心である。世にこんな楽しい心があろうか。それは明るい世界である。温かい世界である。育つものと育てる者とが，互いの結びつきにおいて相楽しんでいる心である。」(倉橋, 1936)

　おそらく，どのような時代や社会にあっても，保護者や養育者が子どもと「互いの結びつきにおいて相楽しんでいる育ての心」に包まれる中で，子どもは健やかに育つのであろう。子育て家庭を支援する立場である保育者は，保護者や養育者が置かれている状況を，現代社会の状況を踏まえ共感的に理解することで支援し，さらに，未来を見据え，不確定な未来を生きる子どもたちをどのように育てていくとよいのかを，保護者，養育者と共に考え続ける姿勢が不可欠となる。

＜参考文献＞

天野馨南子(2019)　データで読み解く生涯独身社会　宝島書店

ベネッセ教育総合研究所(2017)　乳幼児の親子のメディア活用調査報告書

藤田結子(2017)　ワンオペ育児　わかってほしい休めない日常　毎日出版社

橋元良明・久保隅綾・大野志郎(2019)　育児とICT —乳幼児のスマホ依存，育児中のデジタル機器利用，育児ストレス　東京大学大学院情報学環情報研究　調査研究編　35　p.53-103

小平さち子(2019)　子どもとメディアをめぐる研究に関する一考察〜2000年以降の研究動向を中心に〜　放送研究と調査　FEBRUARY

国立社会保障・人口問題研究所(2017)　現代日本の結婚と出産—第15回出生動向基本調査報告書　調査研究報告資料　第35号

近藤正一(2011)　モバイル社会を生きる子どもたち—「ケータイ」世代の教育と子育て　時事通信社

内閣府(2017)　低年齢層の子どものインターネット利用環境実態調査

中井美樹(2000)　若者の性役割観の構造とライフコース観と結婚観　立命館産業社会論集　第36巻第3号　p.117-126

野村恭子・刈田香苗他(2019)　日本衛生学会における少子化対策提言に向けて：日本衛生学会少子化対策ワーキンググループによるとりまとめ　日本衛生学会雑誌　74巻　p.1-5

小笠原祐子(2014)　ライフコースの社会学的再考—ライフサイクル視点再導入の検討　日本大学経済学部編　研究紀要　一般教育・外国語・保健体育　75　p.139-153

坂元章(2015)　最新の情報モラルに関する問題—必要とされていること—　第61回小児保健学会学術集会　p.83-85

佐々木さつみ(2012)　子育て期にみる女性のライフコース選択の困難　クリエイツかもがわ

総務省(2019)　情報通信白書

鶴田敏郎・山本裕子・野島栄一郎(2014)　高校生向けインターネット依存症装的尺度の開発　日本教育工学学会論文誌　37(4)　p.491-504

前田正子(2018)　無子高齢化　出生数ゼロの恐怖　岩波書店

森田朗(監修)，国立社会保障人口問題研究所(編集)(2017)　日本の人口動向とこれからの社会：人口潮流が変える日本と世界　東京大学出版会

村上芽(2019)　少子化する世界　日経プレミアシリーズ　日本経済新聞出版社

支援を
必要とするさまざまな家庭

概　要

　子育てを取り巻く社会状況はめまぐるしく変化し，各家庭において多様な課題を抱えている。保育者は，日々の保育活動のなかでさまざまな支援を要する家庭に出合う。

　本章では，わが国において長年取り組まれているが改善がみられない育児不安を抱えて孤立している保護者の問題，そして，近年その割合が増加している小さく生まれた子どもや入院児や医療的ケアが必要な子どもと保護者，家族について取り上げ，それらの子どもや保護者，家族にどのような支援が求められているかについて考えてみよう。

6

第6章　支援を必要とするさまざまな家庭

1節　育児不安をもつ保護者

1. 育児不安とは

　　育児不安ということばは，学術的な定義がなされておらず，あいまいな概念として多義的に用いられ，研究者によって違いがみられる。

　　一般的には，育児に対する戸惑いや混乱，子どもの育ちや将来，育児のやり方などに対する漠然とした不安や自信のなさと捉えられる。特に初めての育児に不安はつきものであり，誰もが不安をもって当然ともいえる。牧野(1982)は，一時的あるいは瞬時的に生じる疑問や心配ではなく，持続し蓄積された不安の状態であるとしている。

2. 育児不安の現状と研究の紹介

（1）　育児不安の現状

　　わが国では，2001年度より当時の厚生省により開始された国民運動計画「健やか親子21(第1次)」の4本柱の一つに「子どもの心の安らかな発達の促進と育児不安の軽減」が掲げられた。すなわち育児不安の軽減は，当時の母子の健康水準を向上させるために取り組むべき課題となっていた。それは，2000年に日本小児保健協会によって実施された幼児健康度調査(対象は1歳以上7歳未満児の保護者)の結果によく示されている。その結果とは，約3割の母親が「育児に自信がもてない」と回答している。「子育てに困難を感じる」母親の割合についても自信のなさと同様の結果であった。

　　「健やか21(第1次)」の開始から13年経った2013年，「健やか親子21(第1次)」の最終評価の育児不安に関連する指標をみると，「子育てに自信がもてない母親」，「ゆったりとした気分で子どもと過ごせる時間がある母親」，「育児について相談相手のいる母親」の割合は「変わらない」という評価であり，「育児に参加する父親」，「子どもと一緒に遊ぶ父親」の割合は目標に達していないが改善したという結果であった。すなわち，父親が積極的に育児参加するケースが増えているが，母親の育児不安は軽減されていない状況が明らかとなった。

　　そこで，2015年より10年計画の「健やか親子21(第2次)」が開始され，引き続き

育児不安の軽減に向けて，全国のすべての市町村において育児不安の親のグループ活動を支援する体制を整備するなどの指標が設定されている。

(2) 育児不安研究

　育児不安ということばが使われるようになったのは，1970年代後半からのようであるが，育児不安に関する研究は，1990年代以降盛んに行われるようになった（上野ら，2010）。

　育児不安研究の対象は母親が中心であったが，育児に積極的に関わる父親が増加するにつれて，父親の育児不安研究も行われるようになってきた（安藤ら，2012）。

　川井ら（1997）の母親の育児不安に関する研究によると，育児不安の心性（心の状態）は，「育児困難感」であることが示されている。「育児困難感」には，2つのタイプがあり，一つは，「育児に自信がもてない」「子どものことでどうしていいかわからない」などの内容が含まれる，育児への「自信のなさ，心配，困惑，母親としての不適格感」と名づけられたタイプである。もう一つは，「子どもに八つ当たりしては反省して落ち込む」「子どもは何で叱られているのかわからないのに叱ってしまう」などの内容が含まれる，子どもへの「ネガティブな感情，攻撃，衝動性」と名づけられたタイプである。後者のタイプの育児不安が高じると虐待へのハイリスク要因となることが指摘されている。

(3) 育児不安の発生関連要因

　育児不安の軽減を図るためには，育児不安を生じさせる要因を解明することが必要である。

　前掲の川井らの研究によると，育児不安の心性である育児困難感の関連要因には，夫・父親の役割の問題や母親の抑うつ傾向，家庭機能の問題，子どもの気質（Difficult Baby）などがあげられている。夫・父親の役割については，家事や育児などへの実際的な協力も大切であるが，母親の育児の大変さをねぎらったり，話を聞いたりなどの精神的な支えとなっているかどうかが重要であると指摘されている。母親に抑うつ傾向などの精神的な不調，祖父母など家族との関係に問題がみられる場合にも困難感が高まる。子どもの気質については，子どもの気質が育てにくい（Difficult Baby＝よく泣いてなだめにくい，新しいものになじみにくいなど）場合，そのような子どもをもつ母親は，自分の子育てに問題があるのではないかと考え，育児に自信を失いがちになることが指摘されている。

　原田（2019）は，育児不安・困難感を抱く母親が増加してきた背景要因として，親になるまでに小さな子どもの世話をしたり，あやしたりという体験が急速に失われ，親になるための準備の機会が失われていることと，都市化，核家族化，地域社会の崩壊により子育てが孤立していることをあげている。

また，現代社会では，男女共同参画社会を目指した施策が進められているが，世の中には，男性のみならず女性も含めて，子育て期にある母親は仕事よりも子どもを優先し，自分で子育てをすべきであるという意識が依然として強く存在している。積極的に育児をする父親が増えてきたとはいえ，厚生労働省の調査によると男性の育児休業取得率は，5.14％（2017年度）にとどまっている。しかし，3歳未満の子どもをもつ20～40歳代の男性正社員のうち，育児休業を利用したかったが利用できなかった人の割合は3割にものぼり，実際の育児休業取得率（5.14％）との乖離が生じている。なお，育児休業を利用しなかった理由として，業務が繁忙で職場の人出が不足していた，育児休業を取得しにくい雰囲気だった，など職場の要因が理由の上位に多くあがっている。共働き女性の家事の負担は，夫と比べて圧倒的に大きく，常勤で働いている母親の就労時間は，長時間化しているともいわれている。

　これらの状況は，人々の意識においても，職場環境の整備においても，母親と父親が共に協力し合って子育てができる社会状況にないことを示している。1日24時間という限られた時間のなかで，育児・家事・仕事をこなさなければならない母親たちが，「育児も仕事も十分にできない」というジレンマを抱えるのは当然といえる。

事例1　育児困難感をもつ母親

　3歳の男の子をもつ母親が子どものチックを主訴としてある相談所に来談したケースである。3歳というのに目の下にくまがあり顔色がわるく生気がない子どもであり，母親は，子どもが生まれてからずっと強い育児困難感を抱いており，相談に訪れたときは心身共に疲れ果てていた。子どもは，乳児期に夜泣きが多く，長時間連続して寝てくれない，病気にかかりやすいなど，大変手のかかる育てにくい子であったようである。そのうえ母親は，家事の手抜きができない，きちょうめんな人であった。さらに，“子どもは天真爛漫で活発である”と母親自身が抱いていたイメージとはかけ離れていて，とても繊細で怖がりで内向的なわが子の特徴を受け入れがたいようであった。身近に子育てについて相談したり手伝ってもらえる人がいないため，専業主婦である母親は，子どものしつけは自分の責任という意識を強くもち，ひとりでがんばってきたという状態であった。

支援のポイント

　相談では，まずは母親自身のこれまでの苦労をねぎらい，心配や不安などをよく聴き受けとめることが大切である。また，子どもの生来の気質特徴について理解をうながし，母親が子どものよい面に目を向けることができるよう，母親と共に子どもの成長・発達を見守り，喜び合えるような支援が必要である。

---

3. 育児不安をもつ保護者への支援

　これまで述べてきたように，育児不安やその背景要因は，人それぞれ個別のものである一方，日本の子育て文化や価値観と関わる社会全体に共通するものでもあるといえる。したがって，個別への対応と社会問題への対応の両面からの支援が必要

である。まず，個別への対応は，孤立した親たちがひとりで悩み苦しまなくてすむように相談の機会・場をより多くの親がもてることが必要である。子どもや親と接する機会のある母子保健，保育や教育，福祉などの関係者一人ひとりが，親と信頼関係を結び，親が心配や不安を訴えることができる相談しやすい状況を整えていくことが必要である。

社会問題への対応については，育児や家事は母親だけの役割や責任ではないという認識をさらに広めていかなくてはならない。そのためには，父親が育児や家事に参加しやすいようにさらに労働条件を改善し，子どもが小さいうちは子育てを中心にしたい親には，育児休業制度や労働時間の短縮などを安心して利用できる労働環境に変えていくことが必要である。これらの対策は，「健やか親子21」など国レベルでも取り組まれているものの，全国的にはいまだ徹底されているとはいえい。

子どもは，親の責任のもとで十分な愛情を受けて育てられることが大切であるが，その子どもと親を地域の人々で支援していくことが必要である。そのためには，社会と接点をもちにくい乳幼児をもつ親が必要な社会的援助（たとえば，一時保育や育児サークルなど）を上手に利用できるように啓発を行っていく必要がある。

近年，親としての準備性の不足している親，孤立して子育てをしている親の支援

Column 1 🐸　　カナダの親支援プログラム NP（Nobody's Perfect）の紹介

Nobody's Perfect（ノーバディーズ・パーフェクト：以下NP）は，1980年代はじめにカナダ保健省と西部4州の保健部局により開発した「地域を基盤とした親教育のための参加者中心型のプログラム」である。日本には，2002年に紹介され，現在3つの団体でファシリテーター養成，実践，普及などがなされている。

NPの基本的な考え方は，次の4つの信念（NP Beliefs）に表れている。

親は自分の子どもを愛し，よい親になりたいと願っている。また，子どもが健康で幸福であってほしいと願っている。

はじめから一人前の親などいない。親は誰でも情報とサポートを必要としている。たがいにサポートしあうグループの一員となることで，参加者は自分の長所に気づいたり，自分に何が必要かを理解することができる。

親のニーズを満たすことは，その親が自分の子どもの要求しているものを満たせるようになるための大きなステップとなる。

どの親も実際的でお金のかからない前向きな考え方や方法を求めている。

NPは10人前後のグループで，1回2時間，週1回で6〜10回連続で行うワークショップで，親が自分の長所に気づき，健康で幸福な子どもを育てるための前向きな方法を見いだせるよう手助けすることを目的としている。子どもには一時保育をつけて行われている。ワークショップの企画や進行は，研修を受けたファシリテーターが行う。参加者のニーズに基づいて各回のテーマが設定される。進め方で大切にされていることは，(1)体験から学ぶ，(2)参加者の価値観の尊重である。参加者同士が話し合う中で，自分の価値観と向き合い，肯定したり，見直したりする機会が提供される。

参加者からは，同じ悩みをもつ人とゆっくり話ができてよかった，自分ひとりでは解決できないことを他の人の意見を聞いて解決できたなどの感想が聞かれ，不安やストレスの軽減に効果が認められている。
　　　　　　　　　　　　　　　　　　　　　　NP-Japan HP（http://np-j.kids.coocan.jp/）より

に対し，地域を基盤として親同士が集い話し合う中で，自分の価値観と向き合い，自分たちの子育てを肯定したり見直したりしながら，自らの解決策を見つけるワークショップが全国各地で推進されている（Column 1参照）。

　母親や父親が不安や困難感を抱いたときに，自分の利用しやすい支援の方法を選択し，また利用したいときに利用できるように，方法や場所，時間の選択肢が増えていくことが期待される。

2節　小さく生まれた子どもと保護者

1. 低出生体重児の出生率の増加

　日本では，出生率の低下が深刻な社会問題となっている。しかし一方で，出生体重が2,500g未満の低出生体重児，さらにその中の1,500g未満の極低出生体重児，1,000g未満の超低出生体重児の出生率は，1980年代から増加し，ここ10年は，ほぼ横ばい状態を保っている（図6-1）。2019年出生児をみると，出生体重2,500g未満の割合が9.4％，1,500g未満が0.8％，1000g未満が0.3％である。

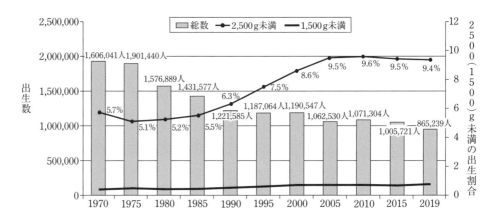

図6-1　低出生体重児の出生数の推移
出典：厚生労働省「人口動態統計」(2021)より作成

　低出生体重児は，出産予定日よりも早い出産や胎内での発育がわるい場合に生じ，原因はさまざまであるが，妊娠前や妊娠中の喫煙，妊娠中の過度な栄養摂取の制限，習慣的飲酒などの影響が指摘されている。

　極低出生体重児や超低出生体重児の出生率の増加には，医療技術の進歩によって救命率が高くなったこと，不妊治療による多胎の増加などの要因があげられる。

　日本の新生児死亡率は諸外国と比べて低く，世界に誇れる医療水準である。2018年10月に，日本において男児としては世界最小の258gの超低出生体重児が生まれ，生後6か月で元気に退院している。

極(超)低出生体重で生まれた子どもたちは，出生後すぐに新生児集中治療室（Neonatal Intensive Care Unit；NICU）に入院する。入院期間はさまざまであるが，在胎週数が短く，出生体重が小さいほど入院期間が長くなる傾向にある。NICUで治療を受け，状態が安定したら回復治療室（Growing Care Unit；GCU）に移って引き続きケアを受けることがほとんどで，中には半年近くの長期入院をする子どももいる。

　このような状況の中，保育所に入所する小さく生まれた子どもたちも増えている。安藤ら（2002）の全国的な調査によると，保育所入所している極低出生体重児の保育所定員数に対する割合は，調査当時の極低出生体重児の出生率とほとんど同じ割合であり，入所している極低出生体重児の約半数近くが乳児期に入所していた。

　このことから，極低出生体重で生まれた子どもたちが乳児期から保育所に入所することは多くみられ，保育者は，小さく生まれた子どもたちの発達や保護者の不安や心配などを理解し，支援を行うことが求められている。

2. 小さく生まれた子どもの発達の特徴

　ここでは，小さく生まれた子どものうち，極(超)低出生体重児の発達上の特徴をみていく。

（1）　身体発育

　小さく生まれた子どもの身体発達はゆっくりで，感染症への抵抗力が少なく，体力が弱い傾向がみられる。

　一般に出生体重が小さいほど身体発育は，ゆっくりであるが，遺伝要因，胎児期の状態，出生後の栄養，合併症など多くの要因の影響を受ける。

　あくまでも一般児との比較で考えると，乳児期前半の発達は遅れが目立つが，2～3歳にかけて大きく伸び，5歳頃までに一般児の平均値に収束していくといわれる。

　しかし，なかには妊娠中に発育不全がある場合には出生後も成長不全の認められることがある。一般に感染症などの病気にかかりやすく，体力の弱い子どもが多いといえる。また，脳性麻痺などの神経学的合併症の頻度が高いといわれる。食事についても，離乳食が進まない，少食，偏食などの問題をもっている子どもが少なくない。

（2）　運動発達，精神発達

　運動発達や精神発達はゆっくりで，発達のアンバランスがみられる場合がある。

　極低出生体重児のほとんどが早産（妊娠37週未満での出産）であるため，正期産（妊娠37週以上42週未満の出産）の標準的な発達状況と照らし合わせる際に，3歳ぐらいまでは修正年齢（出産予定日を生まれた日として計算した年齢）で発達経過をみ

ることが多く，発達速度はゆっくりであることが特徴的である。

　ことばの発達の遅れ（特に表出面）や手先の操作が不器用などの問題がみられることがある。また幼児期前半は，一時もじっとしていないなどの多動が目立つ子どもが多い印象がある。また，発達障害の発症率が一般児よりも高いという報告もあり，関わりの難しさがあり，特別なケアを要する子どもがいる。

　ただし，成長とともに発達のアンバランスさは改善されたり，逆により明瞭となったりと変化がみられるので，長期的に慎重にフォローアップしていく必要がある。

3. 保護者の不安や心配

　保護者は，発達についての不安や心配，そして育てにくさを感じることがある。特に，保育所や幼稚園など集団生活が始まったり，正期産のきょうだいがいたりする場合など，他の子どもと比べる機会が増えるとその程度が強まる。また，母親は，思いがけない早産や子どもが小さく生まれたことに対して，失望感や自責の感情などをもつことも少なくない。なかには双胎の一人を死産し，きょうだいの無事の誕生を十分に喜ぶことができないなど，さまざまな状況を抱えている保護者がいる。

　子どもがNICUを退院し子どもとの家庭生活が始まってからも育児に対する意欲がもてなかったり，自信がもてなかったりして，子どもとの相互交渉を楽しむゆとりのない保護者もいる。

　このような場合には，愛着形成がスムースに進まないなど親子関係に何らかの影

事例 2　小さく生まれた子どもに対して抱く母親たちのさまざまな思い

　　小さく生まれた子どもをもつ母親には，下記のようなさまざまな感情や考えを抱き，なかには長い間そのことに苦しみ続けている人たちがいる。
- 思いがけない早産に対して
「楽しみにしていた妊娠生活が経験できなかった」
「妊娠をやり直したい」
「こんな早くに生まれてきて，本当に自分の子どもなの？」
「なぜこんな目に合わなくてはならないの」
　　＊妊娠に対する失望感や喪失感，怒りや不信感など。
- 子どもが小さく生まれたことに対して
「こんなに小さくて無事に育つのだろうか」
「こうなってしまったのは，自分が何かわるいことをしたためではないか」
　　＊子どもの成長発達についての不安や疑問，自責の感情など。
- NICUに入院中の赤ちゃんに対して
「自分は何もしてあげられない」
「担当の看護師さんが一番のお母さんで，自分はその次」
　　＊親としての無力感や自信のなさなど。

響が起こる可能性がある。また，育児不安や育児の困難感（育てにくさ）が高まることで，子どもへのいらだちや嫌悪感が生じることもある。それが高じると子どもへのネグレクトや虐待につながる可能性も考えられる。

4. 小さく生まれた子どもと保護者への支援

（1） 子どもの発達に対する支援

極低出生体重児の保育所生活に関する調査（安藤ら，2002）によると，運動発達，食事面，健康面，言語発達など多くの生活場面や発達領域に対して個別の関わりが必要とされ，それらの個別の関わりにより発達が促進され，そのような関わりが大切であることが指摘されている（Column 2参照）。

ただし，発達の遅れがみられる場合には，保育者はつい遅ればかりに注意が向きがちである。そのことに留意して，子どもの得意なこと，好きなことなどに目を向けて，子どもがそれらをより得意なことにして自信をつけていくことができるように支援することが重要である。

① ことばの発達

極低出生体重児の言語発達は，長期的にみると順調に発達し，視知覚や動作性の発達と比べて優れている子どもが多いが，幼児期の話しことばの発達が遅いことが多い。小さく生まれた子どもの保護者に限らないが，話しことばが遅いと保護者は

Column 2 🐸　保育所における極低出生体重児への個別の関わり

調査の概要　全国認可保育所のうち，極低出生体重児が保育されている保育所に在所（2001年11月時点）する0～6歳の極低出生体重児（218人）について，発達状況，個別の対応，他機関との連携等に関する質問紙調査を行った（回収率41％，398保育所）。

個別の対応（自由記述）についての結果　表6-1のとおり，出生体重が小さいほど，さまざまな内容の個別の関わりを必要としていることが明らかにされた。

表6-1　保育所における極低出生体重児への個別の対応

内　　容	どのような問題に個別対応が必要だったか
食事面	食物アレルギー，少食，偏食，離乳食の遅れ，咀しゃくの問題
健康面	感染症にかかりやすい，疲れやすい，体力がない
身辺自立	着脱衣，排泄，食事行動などの遅れ
言語発達	言葉の遅れ，コミュニケーションの問題
情緒面	自信のなさ，意欲のなさ，かんしゃくが多い
行動面	多動，落ちつかない，乱暴，集団行動が難しい
対人関係	強いひとみしり，他児とのトラブル，他児と遊べない
運動発達	運動発達全体の遅れ，散歩時長く歩けない，姿勢保持の問題
安全面	転倒，ケガをしやすい
その他	保護者への支援，他機関（病院，保健所等）との連携

出典：安藤ら（2003）

不安や心配を抱きやすい。そのような場合，日常生活の中でのことばかけが大切であることはいうまでもないが，ごっこ遊びやままごと遊び，ボールころがしなど，ことばや物をやりとりする遊びを子どもと一緒にすることが大切である。絵本を一緒に見ながらことばをかけたり，読み聞かせをしたりすることもよいであろう。ただし，年齢が小さいときは特に，動き回ることが好きでじっとしていないので，このような遊び相手は難しいという保護者の声もよく聞かれる。そのような場合は，子どもが興味をもっているおもちゃなどを見つけ，ほんの短い時間であってもそれを使ってやりとり遊びを積み重ねていくと，徐々に一緒に遊べる時間が長くなってくる。

　集団保育の中では，一斉指導によることばかけでは理解しにくかったり，注意が集中できずに聞いていなかったりすることが多いようである。できるだけ1対1での話しかけを心がけるとよいであろう。

　ただし，その際に大切なことは，ことばを教えよう，いわせようとしないことである。子どもは敏感で，そのような大人の魂胆をすぐに見抜き，遊びが楽しくなくなってしまう。遊びの中での自然な語りかけと子どもの気持ちや考えを代弁するような話しかけをすることが大切である。子どもが理解しやすいことばを選び，ゆっくり，はっきりと短いことばで話しかけることも大切である。

②　手先の運動発達

　手先の運動発達については，小さく生まれた子どもたちの中には，学童期においても書字などの作業に時間がかかり苦手な子どもが多いため，幼児期の段階からの支援が大切である。そのためには，手先を使った遊びをできるだけ多く経験させることが必要である。最近では，子どもたち全般において，早い時期からテレビやDVD に加えてスマートフォンを見たりする時間が増え，からだや手先を使って遊ぶ機会が減少していることが危惧される。

　手先を使う遊びには，お絵描き，積木，ブロック，ままごと，折り紙など数多くある。しかし，手先が上手に使えない子どもにとっては，ひとりではうまくできないため達成感が得られず，楽しめない遊びになりがちである。また，小さく生まれた子どもの保護者の中には，実際には子どもができることも「まだできないだろうと思ってやらせていなかった。」などと，子どもに経験させる機会を先延ばししていることもある。

　したがって，まずは保護者や保育者が，子どもの好みや興味に沿った遊びを手助けしながら一緒に楽しむ機会をつくることが大切である。子どもは，おとなの手助けを通して要領を覚え，出来上がったものを見て喜びを感じ，今度は自分ひとりでつくってみたい，やってみようという気持ちが生まれ，自ら遊びはじめるのである。

　なお，手先の操作などの微細運動の発達は，からだ全体を使った粗大運動の発達とも密接に関連しているため，外遊びの経験を十分にさせることも重要なことである。

③ お手伝いの効果

　小さく生まれた子どもに限らず，すべての子どもにとってたくさんのメリットがある「お手伝い」についてふれておきたい。

　子どもが日常生活のなかで「お手伝い」をすることは，家族や集団の一員としての役割を果たすことであり，保護者や保育者に「お手伝い」をしてほめられたり感謝されたりすることで，自信や自己効力感を獲得することができる。また，子どもは，「お手伝い」を通して生活に必要な習慣，知識，技術を身につけることができるうえ，発達上の苦手なことを改善することにもつながる。たとえば，洗濯物のタオルをたたんだり洗濯バサミを使って干すのを手伝わせたりすることで，手先の操作が上達したり，指先に力が入るようになるなどの効果が期待できる。このように「お手伝い」は，子どもにとってさまざまなメリットがある。子どもが自発的に自分にできることを「お手伝い」と決めて実行することが理想ではあるが，幼少期においては，子どもの年齢，発達状況などに応じて，また安全性なども考慮し，それぞれの子どもに適したものをおとなが考えて与えること，そして「お手伝い」の後にほめたり，感謝したりすることが大切である。

(2) 保護者への支援

　保護者は，出産や子どもに対するマイナスの感情を他者には，なかなか表出することができない。また，してはいけないと思う保護者も多い。しかし，その気持ちに共感し寄り添ってもらえる人がいることで，次のステップに踏み出す力が生まれてくる。保育者が，保護者のそのような気持ちを受け止める存在となることが大切である。そのために，保護者の気持ちや考えに十分耳を傾け，よく話を聞くことが重要である。

　保護者が子どもの育てにくさを抱いている場合には，保育者はその要因を保護者と共に考えることが大切であるが，子どものマイナス要因ばかりにとらわれないように気をつける必要がある。保育のなかで，子どもが得意なこと，好きなこと，発達上のよい変化などをできるだけ多く見いだし，保護者に伝えられるよう努力することが大切である。そうすることによって，子どものプラスの側面に保護者が気づき，目を向けてくれるようになると親子の関係もよい方向へ変化することができる。

　保育者は支援者として，保護者の気持ちに共感し寄り添いながら，子どもの成長をともに喜び合える存在となることが期待される。

(3) 専門機関や地域での支援と連携

　極（超）低出生体重児がNICUを退院すると，通常は入院していた医療機関で退院後の発育・発達についてのフォローアップ健診が行われる。フォローアップの期間は，施設によって違いがあるが，学童期や中学生時期まで長期にわたってフォロー

アップをしている所もある。フォローアップ健診は，発育・発達についての指導や支援を行うだけでなく，早期に障害などを発見し，療育などの早期支援につなぐために，また学童期以降の成長過程でみられる問題に対応するためにも重要である。

　また，各病院施設では，同じ病院で生まれた極(超)低出生体重児の同窓会や遊び会を開催したり，自治体によっては，地域で極(超)低出生体重児と保護者を対象に遊び会や保護者同士の交流会などを催したりするなど，いろいろな形で子どもの発達支援や保護者支援が行われている。保護者同士の交流は，同じ境遇の保護者が不安や悩みを安心して語り合い，共感し合える場であり，非常に有意義な場となっている。

　小さく生まれた子どもたちが保育所や幼稚園に通う際には，必要に応じて，保護者の了解のもと，子どもの通う医療機関や療育機関などと連携することで，よりよい保育や保護者支援を実践することができる。

3節　入院や医療的ケアの必要な子どもと家族

1. 入院や医療的ケアの必要な子どもの現状

（1）　入院児

①　入院児の現状

　厚生労働省の患者調査(2014年度)によると，1日当たりの全国の小児(0〜14歳までを指す)入院患者数(推計)は，約2.8万人であった。年齢別の人数は，0歳が11,200人，1〜4歳が6,700人，5〜9歳が4,500人，10〜14歳が5,100人である。入院児の傷病については，「周産期に発生した病態」(23.1%)，喘息(5.0%)をはじめとする「呼吸器系の疾患」(17.4%)，「先天奇形，変形及び染色体異常」(11.0%)，「神経系の疾患」(10.0%)となっている。入院の重症度の状況は，「生命の危険がある」という割合の全体(小児から老人までの総計)平均は5.9%であるが，小児は8.3%で年齢階級(15〜34歳，35〜64歳，65歳以上，75歳以上)別で最も高い。

　以上のデータから，小児は，年齢別にみると0歳児の入院が最も多く，入院の重

Column 3🐸　　小児慢性特定疾病登録上位3位(2014年)

成長ホルモン分泌不全性低身長症　成長分泌不全による低身長症で，その他の下垂体ホルモンの分泌不全を伴っていることもある(下垂体機能低下症)。

クレチン症　先天性甲状腺機能低下症の通称。甲状腺ホルモン(体内の代謝調節を行う)の先天性の欠乏によって起こる疾患

1型糖尿病　糖尿病は，インスリンの分泌不全，インスリン抵抗性，あるいはその両者による慢性的な高血糖によって特徴づけられる代謝異常と定義される。1型糖尿病は，膵β細胞の破壊による内因性インスリン不足により発症し，通常は絶対的なインスリン欠乏に陥るものである。

症度は他の年齢階級と比較すると最も高いことがうかがえる。

② 小児慢性特定疾病について

継続的な治療が必要となる子どもの病気には，「小児慢性特定疾病」に指定されている疾病がある。「小児慢性特定疾病」は，以下4つの要件を満たし，厚生労働大臣が定めるもので，18歳未満の児童が対象である。

1. 慢性に経過する疾病であること。
2. 生命を長期に脅かす疾病であること。
3. 症状や治療が長期にわたって生活の質を低下させる疾病であること。
4. 長期にわたって高額な医療費の負担が生活の質を低下させる疾病であること。

現在の小児慢性特定疾病対策は，1968年に先天性代謝異常の医療給付事業から始まり，疾患別事業が行われていたが，1974年に事業を統合し，新たな糖尿病，膠原病など9疾患群を加えて創設された。その後も新たな疾患群が加わり，2019年7月には16疾患群762疾病が対象となっている。

対象患児の家庭の医療費の負担軽減を図るため，医療費の自己負担分の一部が助成される。現在の医療費助成受給者は，約14万人にのぼるといわれている。

制度の創設当初と比べると，医療技術の進歩等により患児の生命予後は改善されてきたが，療養が長期化し，子どもや家族の負担が増大してきたことから，2005年に児童福祉法が改正され，法律に基づく事業として法制化された。2014年に児童福祉法の一部改正が行われ，公平かつ安定的な医療費助成の制度の確立や相談支援，必要な情報提供，病気の子ども同士の交流などの支援，就労支援，家族支援などの支援も盛り込まれた。

(2) 医療的ケア児

① 医療的ケア児とは

現時点で，医療的ケア児の定義について，法律などにより明確に定められたものはない。ここでは，医療的ケア児とは，医学の進歩を背景として，NICUなどに長期入院した後，引き続き人工呼吸器や胃ろうを使用し，たんの吸引や経管栄養などの医療的ケアが日常的に必要な子どもを指すこととする。

また，ここでいう「医療的ケア」とは，あくまで日常生活の中で長期にわたり継続的に必要とされる医行為を想定しており，病気の治療のための医行為や風邪などに伴う一時的な服薬などは含まない。

医療的ケアの具体例としては，次のようなものがあげられる。

たんの吸引：筋力の低下などにより，たんの排出が自力では困難な子どもに対して口腔，鼻腔内，気道，気管切開部の気管カニューレ内部に溜まったたんを吸引する。

経管栄養：摂食・嚥下の機能に障害があり，口から食事を摂ることができない子ど

もに対し，胃や腸までチューブを通し，流動食や栄養剤などを注入する。

　たんの吸引や経管栄養は，医行為に該当し，原則として医師・看護師等のみが実施可能であったが，2012年度の制度改正により，看護師等の免許を有しない者も，医行為のうち，たんの吸引等の5つの特定行為に限り，研修を終了し，都道府県知事に認定された場合には，「認定特定行為業務従事者」として，一定の条件の下で実施できるようになった。学校や幼稚園・保育所においては，認定特定行為業務従事者の資格をもった教員や保育士も実施することが可能となっている。

②　医療的ケア児の現状

　全国の在宅の医療的ケア児（0歳〜19歳）は，約2万人（2021年推計）といわれている。近年の新生児医療の発達により，超低出生体重児，先天性疾患をもつ子どもなど，以前ならば出産直後に亡くなるケースであっても助かることが多くなってきた。その結果，医療的ケアを必要とする子どもの数は，増加傾向にある（図6-2）。

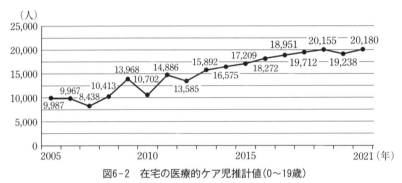

図6-2　在宅の医療的ケア児推計値（0〜19歳）

出典：厚生労働省，2022

　全国の保育所における医療的ケア児の受け入れ状況（2020年度）は，526か所，645人で，5年前の2倍に増加している。特別支援学校や小中学校においても医療的ケアが必要な児童生徒数に増加傾向がみられる。

　医療的ケア児には，近年の小児医療の進歩により，気管切開，人工呼吸器，胃ろう，中心静脈栄養などの高度な医療を必要としながらも歩くことができ，話すこともでき，知能や運動能力には問題のない子どもたちがいる。その一方で，歩くことができず，話すこともできないうえに，日常的に医療機器や医療的ケアがないと生きていけない子どももいる。このように，医療的ケア児には，さまざまな状態像をもった子どもたちが含まれている。

2.　入院や医療的ケアの必要な子どもへの支援

（1）　入院児への支援

　小児病棟に国の制度として保育士導入が認められるようになったのは，小児入院医療費管理料に保育士加算の導入（2002年度）以降といえる。先駆的に保育士を導入していた病院もあったが，近年ようやく入院中の子どもの発達の保障やQOL

（Quality of Life）向上のため，生活環境の整備，遊びや教育に目が向けられ，病棟への保育士配置が増えてきた。

　現在，病棟には，医師，看護師以外に，保育士（医療保育専門士の有資格者も含む），チャイルド・ライフ・スペシャリスト（Child Life Specialist；CLS），ホスピタル・プレイ・スペシャリスト（Hospital Play Specialist；HPS），医療ソーシャルワーカー（Medical Social Worker；MSW），心理士（公認心理師・臨床心理士等）など多くの専門職種が連携　協働し，病気の子どもや家族に対して医療的な支援だけでなく，心理・社会的支援も行われるようになってきた（Column 4参照）。

Column 4 🐸　　小児病棟で働く専門職

医療保育専門士　　一般社団法人医療保育学会が，2007年に医療を要する子どもとその家族を対象として，子どもを医療の主体と捉え，専門的な保育を通じて，本人と家族の QOL の向上を目指すことを目的として創設した。
　詳細は，学会のホームページ：http://www.iryouhoiku.jp/ 参照，2019年4月現在登録数178名。

チャイルド・ライフ・スペシャリスト（Child Life Specialist：CLS）　　医療環境にある子どもや家族が抱えうる精神的負担を軽減し，主体的に医療体験に臨めるようサポートする。1950年代から主に北米で発展し，現在は米国に本部を置く Association of Child Life Professionals（ACLP）が資格認定を行っている。
　日本においては，1999年に初めて CLS が病院で勤務を始めた。現在日本には，CLS 専門課程を有する教育機関がなく，CLS 認定試験の受験資格を得るためには，北米の大学・大学院で学ぶ必要がある。2011年，日本においてチャイルド・ライフ・スペシャリスト協会が設立された。
　詳細は，チャイルド・ライフ・スペシャリスト協会ホームページ：http://childlifespecialist.jp/ 参照，2019年8月現在全国33施設に45名が勤務

ホスピタル・プレイ・スペシャリスト（Hospital Play Specialist：HPS）　　遊び（ホスピタル・プレイ）を用いて，医療環境をチャイルドフレンドリーなものにし，病児や障害児が医療との関わりを肯定的に捉えられるようにするため，小児医療チームの一員として働く専門職である。1960年代に英国で専門教育が始まった。2007年度に静岡県立大学短期大学部が文部科学省の委託を受け，HPS の養成を開始した。
　詳細は，NPO 法人日本ホスピタル・プレイ協会 http://hps-japan.net/ 参照，2016年度現在資格取得者160人

子ども療養支援士　　欧米諸国の小児医療施設では，専門家としての CLS や HPS が公的資格として認められ，需要が拡大している。2010年に日本においても CLS や HPS に相当する専門職を日本の文化と社会に沿った考え方と方法に従って国内で教育・養成することを目的として，NPO 法人子ども療育支援協会が「子ども療養支援士」を創設した。養成コース受講者は，CLS や HPS，子ども療養支援士の指導下で実習が行われる。
　詳細は，NPO 法人子ども療育支援協会ホームページ http://kodomoryoyoshien.jp/ 参照，2017年3月現在認定者累計23名

　CLS や HPS の活動例としては，子どもの遊び，遊び環境の提供のほか，子どもが受ける治療や検査に対して，子ども自身が理解し，安心して臨めるように人形を使ってわかりやすく説明したり，子どもの感情表出をうながしたりする「プレパ

レーション」がある。また，痛みや苦痛，不安を伴う処置や検査に一緒に付き添い，子どもに安心感を与えるなどのサポートをし，医療器材へ慣れ親しめるように「治療的な遊び(メディカルプレイ)」が行われている。

　保育士やCLS，HPSが病棟に導入されて，子どもたちの入院期間の短縮，医療体験に対するトラウマの減少，検査や治療への意欲の増加など，子どものからだと心の両面に多くの効果が見いだされている。

　しかし，これらの専門職がいる病院は，長期入院の子どもが多い都市の医療機関

Column 5　小児病院での遊びのボランティア活動の紹介

　約30年前から高度医療の病院で活動している認定NPO法人病気の子ども支援ネット遊びのボランティア(通称"ガラガラドン")の活動を紹介する。

　毎週土曜の午後に病棟を訪問，子どもたちと1時間半ほど遊ぶ活動をはじめ，必要性に応じた訪問やきょうだい児を励ますためにテーマパークへ遊びに出かけたり，退院した病児と家族と一緒に旅行に出かけたりするイベントも実施している。このNPO法人は，代表の坂上和子氏が，当初保育士ら6人で立ち上げたが，2006年にNPO法人(2013年に認定NPO法人)「病気の子ども支援ネット遊びのボランティア」となった。2010年には，活動している病院近くに「ハウスグランマ」をオープンし，入院児の保護者同士が交流したり，入院児の付き添いをしている保護者にお弁当を届ける「お母さん食堂」活動を行うなど，保護者支援にも力を入れている。2012年には，坂上氏らにより同様のボランティア団体をつなぐ「全国小児病棟ボランティアネットワーク」が組織された。

　病院ボランティア活動を安定して継続するためには，病院関係者との連携，ボランティアの調整など，活動全体を見通しながらのきめ細やかで柔軟な対応が求められる。欧米では，それらの役割を担うボランティアコーディネーターが各病院に組織的に位置付けられている。しかし日本では，そのような人材も確保されておらず，養成も行われていない。そこで2018年に，「小児医療施設ボランティアコーディネーターの会」が設立され，このNPO法人が事務局を担っている。

　詳細は，認定NPO法人病気の子ども支援ネット遊びのボランティアのホームページ：http://www.hospitalasobivol.jp/ を参照

事例3　入院児の遊びのボランティアを利用している母親の声

　「初めの2か月ぐらいは見向きもしなかった娘でしたが，玩具を持ってきてくれるボランティアさんに興味を示すようになりました。

　元気になるにつれ，私との2人きりの日常にマンネリを感じていたのでしょう。入院してからほとんど笑顔を見せなかった娘が，『キャッキャ』と声を出して笑うようになりました。『今日はボランティアさんが来るよ』というと，『ボラン！ボラン！』と，ドアの方を指差し楽しみにするようになり，そうなってからは平日も含め，週2回(1回2時間程)来ていただくようになりました。

　私もその時間は，用事をすませ，銭湯に行ったり，整骨院へ行ったりと，少しゆっくり自分の時間がもてるようになり，私にとっても娘にとってもボランティアさんの存在はなくてはならない，本当に必要な存在となっています。」(2歳児の母)

(認定NPO法人病気の子ども支援ネット遊びのボランティアHPより)

に限られ，日本全体では専門職の人数も少なく，勤務体制や条件が整っている状況にあるとはいえない。病気の子どもであっても「育つ権利」や「遊ぶ権利」があり，これらの子どもの人権を保障するため，早急な制度や環境整備の充実が待たれるところである（Column 5, 事例3参照）。

（2） 医療的ケア児への支援

医療的ケア児の増加，そして在宅人工呼吸器を必要とする子どもの急増などの状況に対し支援の必要性が認識されて，2016年6月「障害者の日常生活及び社会生活を総合的に支援するための法律及び児童福祉法の一部を改正する法律」が公布された。医療的ケア児に対する各種支援の連携などについて法制化されたことにより，ようやく各地域における医療的ケア児の支援体制の整備が端緒に就いたところといえる。

医療的ケア児への支援の場は，保健，医療，福祉，保育，教育等，多くの機関が関係している。たとえば，医療関係では，高齢者が中心となっている訪問診療や訪問看護等を小児も利用することができるよう小児在宅医療従事者を育成することや診療報酬の改定などが推進されている。保育関係では，医療的ケア児保育のモデル事業を実施してノウハウを蓄積した保育所が，市町村内の基幹施設として，管内の保育所に医療的ケアに関する助言や支援を行うとともに，医療的なケアや障害の程度の高い児童の対応を行うなどの体制整備が開始されている。また，保育士が認定特定行為業務従事者となるための研修受講を支援したり，支援内容等に関するガイドラインの策定や医療的ケアを担当する職員に対する処遇改善などが進められている。

各機関の支援体制の整備が必要であるが，各関係機関の連携も重要である。長期にわたる医療が必要な子どもたちには，医療だけでなく，遊びや子ども同士の関わり，教育など生活全般の支援が必要とされる。それらを毎日の生活の中で，また成長とともに途切れなく支援することが重要な課題である。そのためには，各関係機関での支援を結集し，連携し合って充実させていく必要がある。国では，関係機関同士の協議の場の設置や各機関の連携を促進する「医療的ケア児等コーディネーター」の養成研修および配置などが推進されている。これらの施策がしっかり機能し，日本全国どこにいても平等にその恩恵を享受できることが望まれる。

3. 入院や医療的ケアの必要な子どもの家族への支援

（1） 保護者への支援

子どもが病気になると，すぐに治る病気であっても保護者の不安や心配は大きいものである。病気の治療が長期にわたるものであったり，原因が不明であったり，生命の危険があるものであったりする場合の保護者の不安や心配がどれほど大きい

ものであるか計り知れない。

　医療的ケア児の保護者の場合，精神面の負担だけではなく，医療的ケアを行うことの負担，そしてケアに伴う生活上の規制など，さまざまな肉体的な負担や経済的な負担が生じる。

　保護者の支援のために考慮すべき家族の背景として，保護者が産前産後ではないか，保護者自身の心身の健康状態や障害の有無，介護が必要な親族の有無，就労状況などがあげられる。また，ひとり親世帯や生活保護世帯であるか，医療的ケア児のきょうだいの数や年齢，医療的ケアを実施することができる同居家族や親族の有無などを把握し，それぞれの家庭や家族の状況に必要な支援をすることが重要である。

　保護者への具体的な支援としては，保護者が自身の精神的・肉体的休養のため，あるいは病気や家庭の事情（冠婚葬祭，医療的ケア児以外の子どもの行事，母親の出産，仕事など）により一時的にケアができなくなった場合に，病院や施設，事業所に短期間入所して，医療・看護・日常生活支援（食事・入浴・更衣など）を受けることができるレスパイトのサービスがある。福祉事業として行っている「短期入所（ショートステイ）」や医療事業として行っている「レスパイト入院」などである。

　その他，NPO法人などが行っている医療型短期入所，日中一時支援，放課後デイサービス，訪問型保育，居宅介護，移動支援などの支援サービスが，ここ数年少しずつではあるが全国各地に増えてきている。

　支援の心構えとして，保護者がもつ支援のニーズと同様に，保護者が抱える困難も一人ひとり異なっていることに留意して，保護者一人ひとりの考えや気もちに寄り添い，保護者とともに子どもの成長を喜び合い，日々の暮らしを豊かにするための創意工夫をし続けることが重要である。

　保護者が支援され元気になると，病気の子ども，きょうだい，家族も元気になれる。保護者への支援には，家族全体への波及効果が秘められている。

(2)　きょうだいへの支援

　病気や障害のある子どものきょうだいについての研究では，病児や障害児を「同胞」と表記し，健常なきょうだいを「きょうだい」と表記されることが多い。

　最近は，「きょうだい児」という表現も使用されるようになってきた。ここでは，病気や障害のある子どもを「同胞」，そのきょうだいを「きょうだい」と表記して区別する。

　きょうだいは，保護者が同胞の入院や通院の際には，誰かに預けられたり，一人で留守番をするなど，がまんを強いられることが多い。また，保護者が同胞についての不安や心配を抱えていると，自分は心配をかけてはいけない，保護者を助けようと，いわゆる"いい子"でがんばろうとする。同胞と比べ自分は親から拒否されていると感じたり，誰にも悩みを相談することができず孤独を抱えている子どももい

る。このようなきょうだいの存在に最近ようやく目が向けられ，研究や支援活動が盛んになってきている。

　米国のきょうだい支援の先駆者で，シブショップ（sibshop；sibling workshop の略語で sibshop と表記）とよばれるきょうだい支援のワークショッププログラムを開発し実践してきたマイヤー（2000）は，特別なニーズのある子どものきょうだいには，特有の悩みと得がたい経験があるとし，次のように整理している。

① 特有の悩み

　特有の悩みは，「恥ずかしさ」，「罪悪感」，「孤独感」，「将来の不安」，「憤り，恨み」，「正確な情報の欠如」，「介護負担」，「プレッシャー」である。「罪悪感」については，自分だけ健康に生まれたことに対して同胞にわるいと思ったり，自分がその原因をつくったと思い込んだりするときに起こるとしている。また，吉川（2001）によると，「病気をもつきょうだいがいじめられているのを止められなかった自分や，障害をもったきょうだいがパニックを起こしたときに対処できなかった自分，長じて友人から障害者差別のことばを聞いたときに適切な対応をとることができなくなった自分に対し，罪悪感や嫌悪感を抱き，自己評価と自尊感情を低くしてしまう」としている。「正確な情報の欠如」については，自分もそのうち同じような病気になったり，障害が出るのではないかと恐れを抱くことがあることなどを指摘している。

② 得がたい経験

　また，マイヤーは，きょうだいの得がたい経験については，「成熟」，「洞察力」，「忍耐力」，「感謝」，「職業選択」，「誇り」，「忠誠心」，「権利擁護」をあげている。きょうだいが，同胞ができないこともあれば得意なこともあることを知っていること，人の価値は知能テストで測れるものでないことに気がついたことなどを例としてあげて，精神的に成熟し，人生についてのより広い理解を得ていることを指摘している。また，自分が健康であることに対する感謝や家族への感謝，自分の将来や職業的目標がはっきりしやすいこと，障害をもつ同胞を誇りに思ったり，障害をもつ人々の「権利擁護」の認識をもったりするとしている。ただし，これらの得がたい経験は，苦労の末に獲得されたものであるという指摘も見逃せない。

　また，これらのきょうだいの悩みや得がたい経験は，すべてのきょうだいが同じように経験するわけではなく，きょうだいのもつ背景要因，すなわち同胞の要因（障害や病気の種類，程度など）と親の要因（障害や病気の受容度，きょうだいへの障害や病気の説明内容や仕方など），きょうだい自身の要因（年齢，性別，性格など），きょうだい構成要因（出生順序，きょうだい数，年齢差など）などが相互に関連し合って，十人十色の経験をしていると認識することが大切である。

③ 近年のきょうだい研究の特徴と支援の状況

　近年のきょうだい研究は，きょうだいを同胞の支援者，そして親亡き後の養育者

としてとらえる同胞の視点に立ったものから，きょうだい自身の体験や人生など，きょうだい自身の視点に立ったものに変わってきている。このことは，望ましい転換といえるが，きょうだいの経験を適応の良し悪し，肯定的か否定的かというように単一的にとらえ，きょうだい皆が同様の経験をしていると画一的に判断しがちな点を見直し，きょうだい一人ひとりの経験を個別に丁寧に明らかにしていくことの重要性が指摘されている（高瀬，2007）。

　きょうだい支援の現在の状況としては，きょうだいが経験を分かち合う仲間と知り合えるピア・サポートの場や，正しい情報を知る機会をつくるなど，米国のsibshopを導入したきょうだい支援，病院できょうだいを預かって遊ぶボランティア活動など，NPO法人などの活動が中心ではあるが，活動の輪が少しずつ広まりつつある。

＜参考文献＞

安藤朗子・高野陽・小山修他（2003）　極低出生体重児の保育所生活に関する調査研究―(1)個別的な対応と他機関との連携について―日本子ども家庭総合研究所紀要　第39集　p.297-305

安藤朗子・栗原佳代子・川井尚他（2011）　極低出生体重児の発達研究(7)―6歳から9歳にかけての知的発達の推移と幼児期の発達との関連について―　日本子ども家庭総合研究所紀要　第47集　p.337-344

安藤朗子・平岡雪雄・武島春乃他（2012）　父親の育児不安に関する基礎的研究Ⅴ―子ども総研式・父親育児支援質問紙スクリーニング版の利用の手引きの作成―　日本子ども家庭総合研究所紀要　第48集　p.257-290

ハイリスク児フォローアップ研究会　河野由美・平澤恭子・石井のぞみ他編（2018）　ハイリスク児のフォローアップマニュアル―小さく生まれた子どもたちへの支援　改訂第2版　メジカルビュー社

原田正文（2019）　育児不安・困難感を抱く母親の現状とその背景，NP（Nobody's Perfect）の基本的な考え方と内容　保健師ジャーナル　Vol.75　No.4　p.284-296，p.293-296

川井尚・庄司順一・千賀悠子他（1997）　育児不安に関する臨床的研究Ⅳ－育児困難感プロフィール評定試案―　日本子ども家庭総合研究所紀要　第34集　p.109-143

厚生労働省（2013）　「健やか親子21」最終評価報告書

厚生労働省社会・援護局，障害保健福祉部障害福祉課，障害児・発達障害者支援室（2018）　平成30年度医療的ケア児等の地域支援体制構築に係る担当者合同会議資料

マイヤー（Meyer, D.）（2000）　きょうだい支援の会＆金子久子訳　「特別なニーズのある子どものきょうだい―特有の悩みと得がたい経験」きょうだい支援の会

牧野カツコ（1982）　乳幼児をもつ母親の生活と＜育児不安＞　家庭教育研究所紀要　第3号　p.34-56

日本医師会小児在宅ケア検討委員会（2018）　平成28・29年度小児在宅ケア検討委員会報告書

大滝玲子（2011）　発達障害児・者のきょうだいに関する研究の概観―きょうだいが担う役割の取得に注目して―　東京大学大学院教育学研究科紀要　第51巻　p.235-243

小児慢性特定疾病情報センター　https://www.shouman.jp/assist/outline（2019.8閲覧）

高瀬夏代・井上雅彦（2007）　障害児・者のきょうだい研究の動向と今後の研究の方向性　発達心理臨床研究　第13巻　p.65-78

田村正徳（研究代表）（2017）　厚生労働省障害者政策総合研究　医療的ケア児に関する実態調査と医療・福祉・保健・教育等の連携　促進に関する研究　平成29年度研究報告書

上野恵子・穴田和子・浅生慶子他（2010）　文献の動向から見た育児不安の時代的変遷　西南女学院大学紀要　14　p.185-196

山田千明・林恵津子・高橋君江他（2009）　病棟保育における保育士職の専門性　共栄学園短期大学研究紀要　25　p.137-153

特別な
配慮を要する家庭への支援

概　要

　保育所では，すべての子どもと家庭の状況を踏まえたうえで個別に
対応することが基本である。
　特別な配慮を要する家庭とは，通常のすべての子どもと家庭に対し
て行われる個別の対応に加えて，より丁寧な関わりを必要とする状況
にある家庭である。

　本章では，貧困家庭，親が障害や疾病を抱える家庭，外国にルーツ
をもつ家庭，子ども虐待の疑いのある家庭について，子どもと家庭へ
の理解と支援，関係機関との連携について考えてみる。

第7章　特別な配慮を要する家庭への支援

1節　貧困家庭

1. 子育て環境の悪化

　1990年代以降，バブル崩壊，リーマンショックなど日本経済の停滞により，非正規雇用者が増加して所得格差が拡大している。親の所得格差は，そのまま子どもの生活格差につながる。厚生労働省の定義では国民全体の所得の中央値の半分未満が相対的貧困に当たる。2019年の調査では日本の18歳未満の子どもの相対的貧困率は14.0％であり，約7人に1人の子どもが貧困家庭で生活していることになる（図7-1）。その中でも非正規雇用の割合の高い，ひとり親の家庭の相対的貧困率は48.3％と半数近い。ひとり親家庭の88％を占める母子家庭の状況はさらに厳しく，子どものいる全家庭の所得平均の3割程度の所得で生活している現状がある。

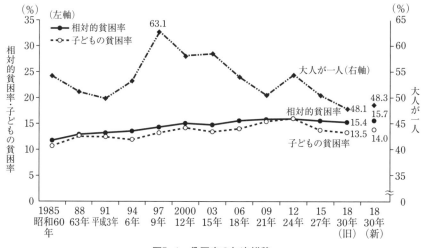

図7-1　貧困率の年次推移

出典：2019年国民生活基礎調査の概況

注：1）1994年（平成6）年の数値は，兵庫県を除いたものである。
　　2）2015年（平成27）年の数値は，熊本県を除いたものである。
　　3）2018年（平成30）年の「新基準」は，2015年に改定されたOECDの所得定義の新たな基準で，従来の可処分所得から更に「自動車税・軽自動車税・自動車重量税」，「企業年金の掛金」及び「仕送り額」を差し引いたものである。
　　4）貧困率は，OECDの作成基準に基づいて算出している。
　　5）大人とは18歳以上の者，子どもとは17歳以下の者をいい，現役世帯とは世帯主が18歳以上65歳未満の世帯をいう。
　　6）等価可処分所得金額不詳の世帯員は除く。

日本における貧困の特徴は，見ようとしなければ見えてこないことにある。路上で暮らすストリートチルドレンのように住む場所がない，穴のあいた衣服を着ている，食べる物がなく痩せているといった生活の必要最低限が満たされない絶対的貧困は少ない。周囲の人が行っていることが経済的な問題のためにできない，または諦めてしまうといった周囲との格差による相対的貧困の問題である。

2. 貧困が親子に及ぼす影響

貧困の問題は子どもの心身両面に長期的に広範囲にわたって影響を及ぼす。乳幼児期は，栄養不足や食生活の偏り，医療未受診といった子どもの健康面に関する問題と，住居，衣服，持ち物の不足などの生活面の問題，おもちゃや教材が少ない，遊園地や旅行に行く，習い事をするという経験や教育の機会の不足といった問題がある。学齢期には，親の多忙による不在，住環境の問題による家庭学習の滞り，学業の不振，友だちと同じ持ち物を持てない，小遣いがなくて遊びに行けないなどの理由による仲間からの孤立，それらが影響する行き渋りや不登校などの問題が出てくる。高校生年齢になると，大学進学の断念，高校進学後の不登校や退学，家計補助のためのアルバイトに追われるなどの問題がある。大人の場合であっても貧困から抜け出すことは容易ではない。子どもの場合，幼いときは疑問をもたずに環境を受け入れ，少し大きくなると他の家と違うと気づいても子ども自ら貧困から抜け出すことはできず，社会的に不利な条件で早期に自立する傾向にある。

親にとって，乳幼児期の子育ては負担が大きく，仕事との両立には育児休暇制度などのサービスの活用と職場や家族の理解といった物心両面のサポートが欠かせない。しかし貧困家庭に多い非正規雇用は対象にならない制度もあり，また制度についての知識不足や非正規雇用の職の掛けもちといった不利な働き方により，子育ての時間が増えると経済的困窮が高まり，働く時間を増やすと子どもと関わる時間が減るというジレンマに陥る。親または子どもの健康状態の悪化，失業など負荷が高くなる状況により，養育の質の低下，親子関係の不調，親子の健康が損なわれてしまう場合がある。

貧困には世代間連鎖の問題があることも明らかになってきている。首都大学東京子ども・若者貧困研究センター(2018)は，子どもの生活実態と家庭状況との関連を調査し，世代を超えた不利の蓄積を報告している。貧困の連鎖として，現在の生活困難度が高くなるほど，母親の15歳時点での生活が苦しく，高校進学における普通科選択の割合や，女子が大学進学を希望する割合が低い。また，暴力の連鎖の実態として，子ども時代に親から暴力を受けた経験が高いほど，現在の生活困難度が高いことを明らかにしている。

3. 親子への支援

　これまで述べてきたように，貧困の問題は社会情勢や社会の在り方が関係している社会問題であり，貧困による影響は次世代にも及ぶ深刻な問題である。国の貧困対策は，2014年（平成26）1月に施行された「子どもの貧困対策の推進に関する法律」に基づいて，同年8月に「子どもの貧困対策に関する大綱」が閣議決定され，内閣府，文部科学省，厚生労働省などの関係省庁が連携し，重点施策の4つの柱として「教育の支援」「生活の支援」「保護者に対する就労の支援」「経済的支援」をあげて取り組んでいる。貧困対策に関する主な施策のうち乳幼児と保護者に関係する箇所を抜粋して表7-1に示した。

　日々の生活に追われ，親は利用できる制度を見逃していることがある。保育者は，子どもの貧困を親の努力が足りない，家庭の問題であるという見方をするのではなく，子どもたちのさまざまな機会と将来の可能性が奪われることのないよう，日ごろから親子が活用できる地域のサービスなどを調べておき，必要に応じてタイミングよく紹介できるとよい。その際の留意点として，親子の思いに十分に耳を傾けて家庭の状況を理解し，それぞれの家庭の価値観を尊重する姿勢が大切である。

表7-1　子どもの貧困対策に関する主な施策について

教育の支援	生活の支援
○学校をプラットフォームとした総合的な子どもの貧困対策の展開 ○貧困の連鎖を防ぐための幼児教育の無償化の推進及び幼児教育の質の向上 ・子ども・子育て支援新制度における利用者負担の軽減 ・幼稚園就園奨励費補助 ・幼児教育実践の質向上総合プラン ○就学支援の充実 ○大学等進学に対する教育機会の提供 ○生活困窮世帯への学習支援 ○その他の教育支援	○保護者の生活支援 ・生活困窮者自立相談支援事業，家計相談支援事業 ・ひとり親家庭等日常生活支援事業 ・「子育て安心プラン」の推進 ・乳児家庭全戸訪問事業 ・養育支援訪問事業 ○子どもの生活・就労支援 ○関係機関が連携した包括的な支援体制の整備 ○その他の生活支援
保護者に対する就労の支援	経済的支援
○ひとり親家庭の親に対する就業支援 ○生活困窮者や生活保護受給者への就労支援 ○ひとり家庭の親の学び直しの支援 ○ひとり親家庭への職業訓練，自立支援教育訓練給付金の支給 ○ひとり親家庭の在宅就業の推進	○児童扶養手当の支給 ○未婚の児童扶養手当受給者に対する臨時・特別給付金（仮称）の支給 ○母子父子寡婦福祉資金の貸付 ○養育費相談支援の実施

出典：内閣府「子どもの貧困対策に関する主な施策（平成31年度政府予算案）」p.1～p.2の乳幼児と保護者に関する
　　　内容から筆者が抜粋した。
https://www8.cao.go.jp/kodomonohinkon/yuushikisya/k_9/pdf/ref3.pdf.（2019.8.10）

> **事 例 1　お母さん, お疲れさま！**
>
> 　田中さんは, 3歳のはやとくん, 1歳のみきちゃんを育てる22歳のシングルマザーです。近くに頼れる親族はいません。送迎時は2人でお母さんを取り合い, 田中さんは余裕のない様子です。毎日入浴をしていない様子があり, お腹を空かせて登園することから, 園では家庭での生活ぶりが気になっていました。お迎えのとき, 園長が「お母さん, お仕事お疲れさま。これから帰ってご飯, お風呂, 寝かしつけと大変でしょう, もうひと仕事ですね」と話しかけてみました。するとお母さんの顔がぱっと明るくなり「そうなんです。家に着いたときには, みきは眠くてぐずっていて, はやとは1人でご飯を食べさせますが遊んでしまって結局お風呂にも入らないで寝てしまいます」と話してくれました。園長が「お母さん頑張ってますね。今度よい方法を一緒に考えてみませんか」と提案すると, 「よろしくお願いします。気持ちが楽になりました。」とお母さんの表情が和らぎました。

2節　親が疾病や障害を抱える家庭

1. 疾病や障害を抱えての子育て

　親は疾病や障害を抱えていると, 「私がちゃんと子育てできないから」「他の人は働いているのに」と保育所を利用することに引け目を感じていることがある。親の個々の病状, 障害による困難の状況と, 困難を抱える親の心情を理解しようと努めて関わる必要がある。

　今日はストレス社会といわれ, 仕事や家庭などさまざまなストレスから, うつ病や統合失調症, パニック障害などの心の病いを患う人が年々増加している。うつ病は, 日本では生涯に100人の内3〜7人が経験するとの報告があり, 女性, 若者に多い。出産後, 慣れない子育てによって心身へのストレスが重なり, 産後うつ病を発症する場合がある。出産後の女性の10〜15％が経験するといわれ, うつ病の既往歴があると産後うつ病を発症しやすい。産後うつ病になると, 極端に悲しくなったり, 泣き叫んだり, 怒りやすいなど気分の変動が起こりやすい。日常の活動や子どもへの関心を失うこともあり, 長期化すると子どもの発達への影響も懸念される。保育所に入所した当初は健康であっても, 子育てと仕事の両立, 妊娠出産などのストレスが重なって精神疾患を発症する場合もある。以前より表情が暗く笑顔が減った, 疲れた様子である, 遅刻して登園してくることが増えた, 持ち物が揃わないことが増えた, 親から夜眠れない, 子育てが辛いなどの訴えがある場合は, 精神疾患を発症している可能性もあるので注意深く見守り, 適切なサポートを得られるよう支援したい。

　身体に障害があると, 生活の不便がある中での子育てには, さまざまな困難や制約がある。視覚障害・聴覚障害・肢体不自由などの障害の種別や程度によって異な

る支援が必要であり，生活用具の使用へのサポートと配慮が必要な場合がある。また，子育てをするうえで周囲からの偏見があるのではないか，子どもの安心安全を守ることができるか，発達に即した関わりができるかといった心配や不安を抱えていることがある。親に寄り添い，親の心情に耳を傾け，子どもの成長に合わせて定期的に話し合いの機会をもつとよい。少し先の子どもの動きや興味の対象，保育の内容を伝え，家庭での子育て，予想される困難と利用できるサービスなどを紹介しておくことも有効である。子どもの変化を予測することができると先の見通しをもつことができ，親が安心して子育てをすることができる。

　発達障害がある，発達障害の傾向のある親は，子どもの泣き声や甲高い声を耳障りに感じたり，抱っこや，子どもの匂いが苦手といった感覚の過敏さにより，子育てが辛く感じることがある。また，こだわりが強い，優先順位がつけられないなどにより家事や子育てが回らない，感情のコントロールが苦手で子どもに当たってしまうなどの場合があり，周囲からの支援がないと不適切な養育になってしまうことがある。苦手があることで親としての有能感を感じられずに苦しい思いをする親もいる。苦手なことは誰にでもあることを伝え，代替できる方法を検討し，利用できるサービスを生活に組み込みなど，親の負担を軽減しながら子育てをする方法を考えていくとよい。

2. 親子への支援

　疾病や障害を抱えながら子育てと家事を行うことは困難なことであり，仕事をしているとさらに時間的な制約が加わり厳しい状況となる。親として頑張りたいという思いがかえって心身の負担となり，ストレスや疲労により状況が悪化することがある。親自身からの訴えがなくても「一息つく時間はとれていますか」，「夜は眠れていますか」などと声をかけ，早い段階から支援できるよう見守る。体調や気分の波があると送迎が困難になることがあるので，欠席の連絡が入ったら親の心身の状態も確認する。事前に親族による送迎，送迎のサービスの利用などについて話し合っておくのもよい。

　保育所の一定の生活リズム，友だちとの遊び，バランスのとれた給食，保育者の安定した関わりにより，子どもの健やかな心と身体の育ちは保障される。子どもが年齢相応の子どもらしい時間を過ごすことそのものが親への支援となる。親の疾病や障害によって子どもに一貫した関わりがもてず，子どもが生活の見通しをもてないと，落ち着きがない，不安が強い，親から離れられない，親の顔色を窺う，心配をかけないように振る舞うなどの様子が見られることがある。親が不調になったときには，子どもの様子を注意深く見守り，声かけや，個別に関わる時間を増やすなどの対応が必要である。親への気遣いやがまんが長期間続くと，子どもが実際の年齢以上に大人びてしまい，「しっかりした子ども」として親が過度に子どもに頼っ

てしまうことがある。親子の様子を見守り，子どもへの負荷が高いと予想される場合には，親が頼りにできる支援者をさりげなく紹介するなど，子どもの負担を軽減する方法を検討するとよい。

　また，親が疾病や障害を抱えていると，親を支援している医療，保健，障害福祉関連の機関があるはずである。親の了承を得たうえで，日頃から親と関わっている関係機関の担当者と顔の見える関係をつくり，子どもと親の様子，保育所における支援の内容を伝えておくと，状況が悪化したときにスムーズに連携することができる。親子にとってのみならず，保育者にとっても他の分野の専門家と協力して親子を見守ることで安心感が得られる。

事例2　マタニティ・ブルーズと思っていたら

　3歳児のゆうかちゃんの家に第2子が誕生しました。お母さんから元気な声で出産の報告の電話があり，手助けはないが2人目なので何とか乗り切れそうとのことでした。3週間過ぎた頃，突然お父さんが来所しました。お母さんの様子がおかしい，泣いてばかりいて子育てができないと訴え，生活が回っていないとのことでした。ゆうかちゃんが生まれたときも数日落ち込んだがすぐに元気になったので心配していなかったところわるくなる一方だそうです。園長は，ゆうかちゃんのときは，マタニティ・ブルーズ*といわれる一時的な気持ちの落ち込みで，長引く場合は産後うつ病の可能性があり，その場合は治療が必要だと伝えました。お母さんの受診と，お母さんが休息をとれるようにゆうかちゃんを登園させる，可能であれば親族に協力を得ることを助言し，家事，産後支援サービス，市の保健師の家庭訪問による相談もあることを伝え，支援機関の連絡先を渡しました。

＊マタニティ・ブルーズとは
　妊産婦に起こる出産直後から数日後までの一時的な気分の変調のことで，約25〜30％の人が経験するといわれる。イライラする，涙もろくなる，気分が変わりやすいなどの症状があり，不安や緊張，集中力の低下，疲労感や食欲不振などがある場合もある。大抵は数日から2週間ぐらいで自然に落ち着き，特に治療の必要はない。

3節　外国にルーツがある家庭

1. 日本に住む外国人の増加

　外国にルーツがある家庭とは，両親共に外国出身者，父が日本人，母が外国出身者，反対に母が日本人，父が外国出身者である家庭のことである。日本に住む外国人は増加しており，2022(令和4)年末時点の日本における在留外国人数は前年度比11.4％増の約308万人であり，総人口の2.5％を占めている。在留外国人とは，日本国籍をもたない外国人として登録されている人のことであり，日本国籍をもつ外国出身者を含めると，外国にルーツのある家族がいる家庭はさらに多くなる。それぞれ，日本に永住するか母国に帰る予定か，滞在期間，日本語でのコミュニケー

ション能力など，状況はさまざまである。2019年4月に出入国管理法（入管法）が改正され，さらに日本で働く外国人の増加が予想される。

　このような状況において，保育所などでは今後さらにさまざまな状況と文化的背景をもった親子を受け入れる機会が増えると予想される。子どもの健やかな成長と親の養育を支えるため，他国に対する知識や配慮，コミュニケーションの方法を検討しておくことが必要になってくる。

2. 日本における生活上の課題と支援

　最も大きい課題は，日本語のコミュニケーションや読み書きの力である。子育ても含めた日本での生活全般の制度を理解し，必要な情報を手に入れ，保育所入所の手続きを行うなど，必要なサービスを選択して利用するためにはかなりの読み書きの力が必要であり，その力が不足している場合には手厚いサポートが必要である。

　保育所を利用するようになると，毎月のおたより，事務書類など日本語で伝えられる情報の理解が難しい場合，サポートが必要になってくる。簡単な内容であれば単語やジェスチャーで意思疎通を図れるが，保育中のけがや子ども同士のいざこざなど，デリケートな事がらを親に伝える際には，注意が必要である。不完全な理解で親に無用の不安を与えたり，誤解からトラブルに発展してしまう可能性もあることを念頭に，必要に応じて詳細なやりとりができ，親が安心できる通訳ボランティアを要請するなどの支援体制を整えておくとよい。複数の言語に翻訳した広報誌，入園の手引き，よくある質問Q＆Aの冊子などを作成している自治体もあるので活用したい。

　親の日本の生活への適応の問題にも配慮が必要である。親子ともに日本語でのコミュニケーションが不自由な場合，子どもが肌の色など外見の違いでいじめられていないか，遊びの輪に入れず寂しい思いをしているのではないかなど，様子を聞きたくても聞くことができず，不安な気持ちを抱えている場合もある。また，子どもの方は親より早く日本語を話せるようになって友だちができたが，親はおしゃべりや情報交換をする子育ての仲間を作れずに，地域のコミュニティーから孤立してしまうことがある。親族や地域の多くの大人が関わって子育てをするような国の出身である場合，日本での子育て自体を寂しく感じ，意思疎通できないことでさらに孤独が募ることがある。地域で孤立しないよう，保育所内でのさまざまな取り組みによって親子の適応を図り，さらに自治体にある国際交流協会の日本語教室，仲間づくりのイベントなどの情報提供をするといった，地域の社会資源への橋渡しも検討するとよい。

　それぞれが置かれている経済的な状況や就労の状況もさまざまである。個々の家庭の状況を理解して変化を見逃さずに適切な支援を行うことが必要である。日本での慣れない生活に適応できずストレスを感じて不適応を起こしている，また，中に

は厳しい労働環境や安定しない生活の状況に置かれている家庭もある。経済的，時間的な余裕がもてないことから精神的に追い詰められて不適切な養育や親子関係の不調につながり，保育所での子どもの不安定な姿として現れる場合がある。親は困っていても，うまくSOSが出せない場合もあるので保育者は日々の親子の様子を注意深く見守り，状況によっては自治体の外国人の相談窓口などを紹介できるようにしておきたい。

3. それぞれの家庭のルーツや文化を尊重すること

　それぞれの家庭のルーツによる文化，それに由来する物の見方や考え方を尊重して理解しようとすることが大切である。両親ともに初めて来日したような場合，母国での子育ての方法，風習，文化の違いによる親の戸惑いは大きい。両親のどちらかが日本人である場合は，家庭内で使用する言語，生活様式や子育ての方法などを夫婦で話し合う過程で，日本の子育ての考え方や方法を知っていく機会がある。しかし両親ともに外国出身者の場合は，違いを体験して初めて戸惑いが生じるので，初めは「何がわからないかわからない」状態であることを理解したい。欠席の連絡を必ず入れるといったルール，衣服は毎日着替えるなどの生活習慣，離乳食，排泄の自立に関する考え方，給食の内容や食事のマナー，団体行動と個別の行動の割合など，日本に生まれ育った者にとっては当たり前だと思うようなことに違和感をもつこともある。宗教上の価値観や生活様式についても配慮が必要である。食べてはいけない食材がある場合など，食材の変更が可能であること，皿の色を変えて区別するなど，可能な対応方法を伝えておくと親は安心する。また，行事の参加についても事前に確認するとよい。日本人にとってはクリスマス行事などは，保育の一つの活動としてとらえるが，信仰していない宗教行事に参加させられた感じさせてしまう場合もある。宗教に関して大多数の日本人は寛容な認識であるが，信仰する宗教が生活に深く関わっている家庭があることに留意する必要がある。

　日本保育協会(2009)は，「日本人みたいだね。」などの表現は使わない方がよいとしている。子どもが日本に同化することを望まれていると感じることで，自分自身や外国籍の親の外見，家庭内での生活スタイルや文化を肯定的にとらえられなくなる可能性があるからである。子どもが自分自身のルーツに由来する文化的背景をもつことに誇りをもち，そのうえで日本においての生活経験を統合して自らのアイデンティティを形成していけるように配慮しなければならない。そのためには，さまざまな価値観に触れることにより，保育者自身が自らの価値観や思い込みを問い直し，違いを理解しようとする姿勢と違いを受容する寛容さをもつことが必要である。

> **事 例 ③　ことばは通じないけれど**
>
> 　グエンさん一家は5歳の男の子のバオくんと両親の3人でベトナムから来日しました。入所前の情報では，両親は英語が少し話せますが日本語はわからない，入所の申し込みのときだけ両親の勤務先の男性が通訳として付き添い，その後は片言の英語でやりとりをしているとのことでした。先生方はバオくんと両親が安心して保育所生活を送ることができるよう入所前に内容の一部に英語の翻訳を加えた「入所の手引き」を作成し，保育所生活についての説明をしました。初日は親子一緒に登園して一日過ごしてもらいました。先生方もグエンさん親子も単語やジェスチャーでやりとりをしました。簡単なベトナム語を紹介するなどの取り組みを行った結果，子どもたちや保護者の間に片言でも理解しよう，伝えようとする雰囲気が広がっていき，皆がグエンさん一家に話しかけるようになっていきました。3か月後，細かい内容の理解はまだ難しいですが，保育所全体が仲間として助け合う雰囲気になり，グエンさん一家はすっかり人気者です。

4節　子ども虐待の疑いのある家庭

1. 子ども虐待の現状と保育所の役割

　2021年度に全国児童相談所で受理した子ども虐待に関する相談件数は207,660件となり，統計を取り始めた1990年度から31年連続で増加している（図7-2）。背景には都市化や核家族化による子育ての孤立や家庭の養育機能の低下があると考えられている。

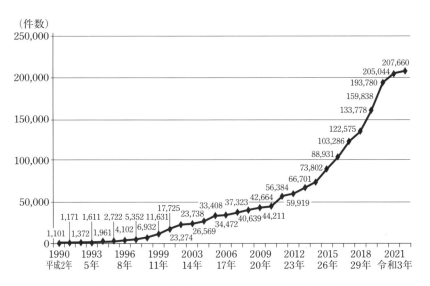

図7-2　児童相談所での児童虐待相談対応件数とその推移

出典：子ども家庭庁「令和3年度　児童相談所での児童虐待相談対応件数」より作成

虐待の内容別では「心理的虐待(言葉による脅し，無視，きょうだい間での差別的扱い，面前DV)」が最も多く，次に「身体的虐待(殴る，蹴る，投げ落とす，激しく揺さぶる，やけどを負わせる，溺れさせる，首を絞める，縄などにより一室に拘束する)」，「ネグレクト(養育の放棄・怠慢)」，「性的虐待(子どもへの性的行為，性的行為を見せる，性器を触るまたは触らせる，ポルノグラフィの被写体にする)」の順である。また2つ以上の虐待が重複している場合も多い。近年の特徴としては，心理的虐待の相談対応件数の増加と警察等からの通告の増加があげられる。2018年の虐待による死亡人数(心中以外)は49人で，0歳児の割合が半数，3歳児以下の割合が8割を占めていた。加害者の割合は実母が最も多く，家庭と地域社会との接触がほとんどない事例が4割であった。これらの事態を受け，近年の児童虐待をめぐる考え方は，虐待が起こってから対応するのではなく，妊娠期や出産後すぐの乳児期から，問題が発生する前に手厚い支援を行い，虐待を未然に防ぐという考え方に変わってきている。

　深刻な事態に対応するため，2004年に児童福祉法が改正され，子どもと家庭の属する地域でのきめ細かい対応が可能になるよう，市町村が第一義的に子どもと家庭の相談に応じることが明確になり，市町村には要保護児童対策地域協議会の設置や子育て支援事業の実施が法定化された。2000年の児童虐待防止法の制定により，保育所などの児童福祉施設の職員は，児童虐待の早期発見に努める義務(第5条の1)が規定され，児童虐待の疑いがある場合の通告義務(第6条)が規定された。さらに，特別に支援を必要とする家庭には優先的に保育所に入所させ，親の子育てに関する負担の軽減，親子の見守り，未然防止のためのきめ細かい個別支援を行うことが期待されるようになり，保育所は，家庭支援の拠点として重要な役割を担うことになった。

2. 子どもと保護者の状況

　保育者は，毎日子どもと長い時間を過ごし，送迎時には，親とも顔を合わせることから，子どもと親の小さな変化に気づくことができる。最近元気がない，以前より家に帰りたがらないなど，親子の日常を知っている保育者はそうした違和感から虐待やその兆候を発見し，重篤な虐待に至ることを未然に防ぐ役割を期待されている。

　表7-2は，虐待に至るリスク要因をまとめたものである。一つのリスク要因に当てはまれば必ず虐待が起こるのではなく，大抵は複数のリスクが重なることで虐待が生じている。リスク要因は，養育に困難を生じる可能性が高いことから，複数の困難を抱えて子育てをする親に対しては，虐待のリスクが高いという視点をもつと同時に，養育を困難にしている要因を一つでも取り除いて親の負担を軽減しようとする支援を行い，虐待予防，早期発見につなげることが大切である。

表7-2　虐待に至るおそれのある要因，虐待のリスクとして留意すべき点

保護者側のリスク要因	子ども側のリスク要因
・妊娠そのものを受容することが困難(望まない妊娠) ・若年の妊娠 ・子どもへの愛着形成が十分に行われていない。(妊娠中に早産など何らかの問題が発生したことで胎児への受容に影響がある。子どもの長期入院など) ・マタニティーブルーズや産後うつ病等精神的に不安定な状況 ・性格が攻撃的・衝動的，あるいはパーソナリティの障害 ・精神障害，知的障害，慢性疾患，アルコール依存，薬物依存など ・保護者の被虐待経験 ・育児に対する不安(保護者が未熟など)，育児の知識や技術の不足 ・体罰容認などの暴力への親和性 ・特異な育児観，脅迫的な育児，子どもの発達を無視した過度な要求など	・乳児期の子ども ・未熟児 ・障害児 ・多胎児 ・保護者にとって何らかの育てにくさをもっている子どもなど
	養育環境のリスク要因
	・経済的に不安定な家庭 ・親族や地域社会から孤立した家庭 ・未婚を含むひとり親家庭 ・内縁者や同居人がいる家庭 ・子連れの再婚家庭 ・転居を繰り返す家庭 ・保護者の不安定な就労や転職の繰り返し ・夫婦間不和，配偶者からの暴力(DV)等不安定な状況にある家庭など
その他虐待のリスクが高いと想定される場合	
・妊娠の届出が遅い，母子健康手帳未交付，妊婦・乳幼児健康診査未受診 ・飛び込み出産，医師や助産師の立ち会いがない自宅などでの分娩 ・きょうだいへの虐待歴 ・関係機関からの支援の拒否	

出典：厚生労働省「子ども虐待対応の手引き(平成25年8月改正)」より作成

3. 虐待の可能性がある場合

　表7-3に虐待の早期発見のために注意すべき親子の特徴をあげた。表7-2と同様にこれらの特徴に当てはまれば必ず虐待を受けているということではない。虐待を見

表7-3　虐待の早期発見のためのチェックリスト

子ども	保護者(親)
□いつも子どもの泣き叫ぶ声や保護者の怒鳴っている声が聞こえる □不自然な外傷(あざ，打撲，やけどなど)がみられる □衣服や身体が極端に不潔である □食事に異常な執着を示す □ひどく落着きがなく乱暴，情緒不安定である □表情が乏しく活気がない(無表情) □態度がおどおどしており，親や大人の顔色をうかがったり，親を避けようとする □誰かれなく大人に甘え，警戒心が薄い □夜遅くまで遊んでいたり，徘徊している □家に帰りたがらない	□地域や親族などと交流がなく，孤立している □小さい子どもを家に置いたまま外出している □子どもの養育に関しては拒否的，無関心である □子どもを甘やかすのは良くないと強調する □子どもに対して否定的な発言をする □気分の変動が激しく，子どもや他人にかんしゃくを爆発させることが多い □子どもが怪我をしたり，病気になっても医者に診せようとしない □子どもの怪我について不自然な説明をする

出典：東京都福祉保健局東京都児童相談センター・児童相談所　児童虐待防止リーフレット「ひろげよう見守りの輪」より作成
注〕この表で取り上げている項目が見られたら必ず虐待ということではない

逃さないために，これらの特徴に気づいた時点から虐待の可能性を念頭において日常の保育の中での見守りを開始し，特徴が表れるのはなぜなのか問題の背景を理解しようと努める。毎日親子と接している保育者の「今日はいつもと違う」などの気づきや違和感をそのままにしないことが大切である。園内で共有することで早期発見につながり，早期介入につながる。

　虐待が疑われる場合，「虐待とはいい切れないのではないか」と躊躇するかもしれない。通告して事態が大きくなると「登園しなくなってしまうのではないか」などの不安を抱くかもしれない。しかし，虐待の疑いをもった時点で保育所には通告義務があることを踏まえ，1人で抱え込まずに早急に主任や園長に相談をする。管理職は所内体制を整え，市町村の子ども虐待の相談窓口に相談，通告をしなければならない。

　通告後は，通告をして終わりではなく，関係機関のネットワークの一員として，日々の親子の様子を見守り，親子への働きかけをしながら保育所が果たせる役割を担っていくことになる。見守りを行ううえでの留意点として，①日常の保育の中で自然な形で行う，②登園時間，傷あざの有無など具体的な見守りの視点を決めておく，③職員が把握した情報は速やかに管理職に集約する体制をつくる，④管理職は情報を継続的に収集して5W1H（だれが，いつ，どこで，何を，なぜ，どのように）の要領で簡潔に具体的に記録し，⑤いつもと違う状況，緊急性がある場合は市町村の相談窓口，児童相談所に速やかに相談・通告をする。
（詳しくは「5節　関係機関との連携・協働」参照）

4. 子どもと家庭への支援

　子どもの虐待をとらえる視点で重要なことは，対象の家庭を親に問題がある特別な家庭と問題視せず，複数の条件が重なることで，虐待はどこの家庭にも起こり得ることと捉えることが必要である。

　日々子どもと接していると，虐待をしている親に対して批判的な気持ちになり，指導的に助言をしたくなることがある。しかし親に批判的な眼差しを向けても親子関係が悪化するだけで状況の改善には結びつかない。なぜなら親も虐待を受けて育ってきた，社会的に不利な立場で孤立している，経済的困難を抱えているなどの背景から，過酷な状況の中で子育てに喜びや有能感をもつことができないことが多いからである。

　まず親が抱える困難を理解しようと努めて耳を傾けることが大切である。親を受容することは子どもに対する不適切な関わりを容認するのではないかとの声があるがそうではない。第1に守るべきは子どもであることを念頭に，親が不適切な関わりに至ってしまうほどの困難な状況や辛い心情を理解したうえで，家庭の状況を改善する方法を見つけていくのである。保育所だけで担うことが難しい場合は，必要

なサービスや専門的な支援が得られる機関につなぎ，親子の支援者を増やすことも大切である。虐待を受けて育ってきた子どもは厳しい家庭環境の中で発育・発達の遅れ，不安定な対人関係，低い自己肯定感，情緒や行動のコントロールの問題などが見られることがある。家庭環境の改善をはたらきかけてもすぐには大きな改善が望めないことも多い。保育所では，過酷な状況から登園してくる子どもにとって安心安全が守られる場として，遊ぶ，食べる，寝るという毎日変わらぬ安定した生活と，子どもの心身を安定させる保育者の関わりが求められる。

> **事例4** 遊びの中から見える家庭の様子
>
> 　3歳児のゆきなちゃんは人懐っこい女の子で，小学1年のお兄ちゃんとお母さんの3人家族です。度々遅刻して登園することがありますが，お母さんの説明は曖昧で要領を得ません。保育者の1人が子ども虐待の研修に参加したことでゆきなちゃんの家庭での様子が気になり，担任の保育者に心配を伝えました。すると担任も何となく気になる家庭と感じていたことがわかりました。そこで主任と園長に相談し，ゆきなちゃんの様子を見守ることにしました。数日後，担任がままごとをしながら「ごはん何食べる？」と聞くとゆきなちゃんが「チョコレートパン。よるごはんはお兄ちゃんが買ってくる。」と答えました。遊びながら話を聞くと，お母さんがお金をおいて出かけ，お兄ちゃんがコンビニで食べたいものを買ってきているようです。見ているテレビの番組もかなり遅い時間で子どもだけで寝ているようです。担任はすぐに園長に報告し，園長はネグレクトの疑いで市町村の相談窓口に通告しました。

5節　関係機関との連携・協働

1. 地域における連携体制

　市町村では，支援を必要とする子どもと家庭を支援するしくみとして，①要保護児童，②要支援児童，③特定妊婦として把握し（以下「要保護児童等」という），要保護児童等に関する情報の交換や支援内容の協議を行う要保護児童対策地域協議会（以下「要対協」という）によるネットワークを設置している（図7-3）。要対協は，①代表者会議，②実務者会議，③ケース検討会議の3つで構成され，要保護児童等に関して関係する機関が持つ情報を共有し，適切な連携の下で，機関の専門性に基づく役割分担によって支援体制を構築する。要対協の構成員及び構成員であった者には守秘義務が課せられており，要対協の職務に関し知り得た秘密を漏らしてはならない義務がある（児童福祉法第25条の5）。

2. 保育所における連携・協働

　保育所と地域の関係機関との連携・協働については，2017（平成29）年3月告示の

保育所保育指針の内容にも多くの記述があり，近年では保育者にもソーシャルワークの技術が求められるようになってきた。保育所は地域における子育て支援の拠点として，保育所の役割を遂行していくために，地域の遊び場や子育て支援施設，関係機関などの地域資源を知り，適切に連携を行うことになっている。

　関係機関と連携・協働するということは，保育者，保育所が，子どもと親を保育所のみで抱えこまずに，他の関係機関の役割を十分に理解したうえで，保育者，保育所が果たせる役割を明確にして，連携の中で役割を果たすことにより，子どもと家庭のセイフティネットを機能させるということである。

　本章で取り上げてきた，貧困家庭，親が疾病や障害を抱える家庭，外国にルーツがある家庭，虐待が疑われる家庭は，養育に困難を抱えやすく，これらが重複している場合はさらに困難な状況となり不適切な養育に陥りやすい家庭ともいえる。家庭のさまざまな問題のすべてを保育所で対応することは困難であり，医療，教育，福祉等の専門機関と連携して必要なサービスや支援を得られるようにしていくことが必要である。保育所も地域のネットワークの一員であるという視点をもち，社会全体で子どもを育てるという認識をもちたい。

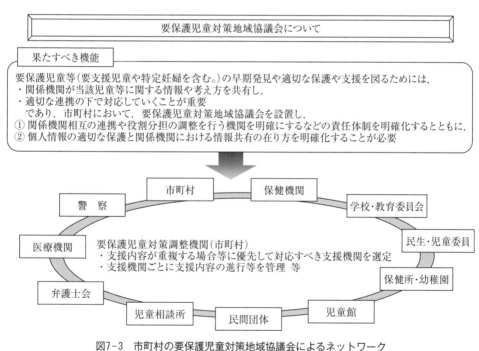

図7-3　市町村の要保護児童対策地域協議会によるネットワーク
出典：厚生労働省ホームページ
　　　http://www.mhlw.go.jp/seisakunitsuite/bunya/kodomo/kodomo_kosodate/dv-jinshin/syouhogo

3. 連携の実際

（1）　保育所内での連携

　受け持ちの子どもの頬にあざを見つけた，火傷をして登園してきた，傷あざを発

見し，親に聞いてみたが説明が要領を得ない，子どもの行動に不審な点があるときなどはどうしたらよいだろうか。まずは，周囲の保育士や複数担任の場合は担任間で状況を共有する。外傷がある場合は複数の眼で確認し，早急に園長など管理職に報告する。管理職は担任，主任，看護師等と協議し，緊急の場合は警察，児童相談所に通報，通告をする。ネグレクトの疑いなど緊急性がないと思われる場合は，管理職を中心に児童票や日誌などの記録と職員の把握している情報を集約して時系列に整理し，市町村の相談窓口に通告，相談する。不適切な養育が疑われる場合は，子どもの傷，あざや気になる発言，親の発言，気になる出来事など，見聞きした日時と客観的な事実を中心に簡潔に記録しておくことが大切である。保育所における所

①虐待の疑い（所内連携1）
・虐待を発見，疑いをもったらすぐに情報共有，外傷は複数の眼で確認する。
　　　　　　　　　　　　　　　　　　＊気づきを個人の中に留めない。

②管理職への報告・相談（所内連携2）
・園長・主任等へ報告し，複数で協議して緊急性の判断，方針を決定をする。
　　　　　　　　　　　　　　　　　　＊園全体での共有・判断へ

③関係機関へ通告・相談（関係機関との連携1）
・緊急の場合，即時に管理職が警察または児童相談所へ通報・通告
　　　　　　　　　　　　　　　　＊虐待と判断した内容を具体的に伝える。
・緊急性が高くない場合，市町村の相談窓口（要対協調整機関）へ通告・相談
　　　　　　　　　　　　　　　　＊5W1Hで時系列に沿って伝える。

④保育所の支援（所内連携3＋α）
・保育所でできる子どもと親への支援
・情報共有，経過の記録，現状の評価
・全体の支援方針に沿ったうえで所内の
　役割分担決定
　　＊適宜所内共有
　　＊変化の際は調整機関に連絡

多機関連携

⑤地域における支援（関係機関との連携2＋α）
・要対協での共有
・機関ごとの支援内容と役割分担
・個別ケース検討会議での情報共有と支援方針の
　決定
　　＊定期的に情報共有
　　＊情報の集約は調整機関が行う。

図7-4　保育所の連携フローチャート

事例5　ネットワークの一員として

　4歳児のりゅうとくんは両親の不適切な養育のため，児童相談所の関わりで入所してきました。これまで集団生活を経験したことがなく，突然怒り出しては友だちを叩いてしまいます。担任はお母さんとりゅうとくんのことを話そうとしますが，逃げるように帰ってしまいます。園ではりゅうとくん親子への関わりに困り，市町村の相談窓口に連絡しました。関係者会議が開かれ，児童相談所，市町村相談窓口，発達センターで話し合いをしました。園の役割は，りゅうとくんが安心安全を感じられるように個別の関わりを中心にする，児童相談所は両親への助言・指導を行う，発達センターの心理士は園と両親に対してりゅうとくんへの関わり方を助言することになりました。支援のネットワークの一員として役割が明確になったことで園でも安心してりゅうとくん親子に関わることができるようになりました。

内連携と関係機関との連携のフローチャートを図7-4に示す。

　虐待の疑いがある場合は親の同意を得ずに通告できることを理解していても，後ろめたい気もちを抱いてしまうことがある。しかし通告は保育所だけでは担えない親子の状況改善の最初の一歩であるととらえるとよい。保育所の役割は，まず第一に子どもにとって今日も安心安全な場所で遊びきった，楽しかったと思える日常を提供することである。親にはこれまで通りに接し，良好な関係を維持して親の負担を少しでも軽減しようと努めることが大切である。保育所は毎日の親子の様子を観察し，子どもの身長体重の変化，不審な傷あざの有無，家庭環境や親子の関係の変化など，親子の少しの変化に敏感でありたい。親子への温かな配慮と見守りの眼差しと同時に，冷静かつ客観的に親子の様子を観察し，少しの変化を見逃さずネットワークのメンバーに伝える役割を担う。

(2)　ジェノグラムとエコマップの活用

　配慮を必要とする家庭への支援を考えるうえで，その家庭の家族状況と社会資源とのつながりを視覚的に理解するために，ジェノグラムとエコマップを活用する方法がある（図7-5）。ジェノグラムは家族療法の中で，家族をシステムとしてみる家族システム論を前提とする「多世代派家族療法」を提唱したM・ボーエンによって考案された手法である。支援の必要な対象者（保育所であれば在園している子ども）を中心に，家族構成や家族関係，構成員の状況と構成員間の結びつきを簡単な記号を用いて表す方法である。エコマップは，家庭と社会資源とのつながりを図式化する方法である。関わりのある機関のみ実線で結び，現在関わりのある機関と，今後関わりをもつべき機関をかき分けて記載することもある。家庭環境や周囲とのつながりを視覚的に把握することにより，家庭の特徴，現在の課題，課題を解決していくうえで必要とされる支援の方法を見つけ出していくことができる。医学，教育，福祉など幅広い分野で活用されており，関係機関と連携して対象を理解していくうえでも有効な手法である。

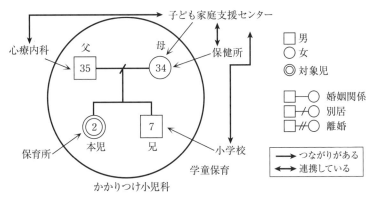

図7-5　ジェノグラムとエコマップ

(3) 小学校への橋渡し

　小学校への入学は親子にとって大きな環境の変化である。子どもにとっては，子どもだけの登下校，時間割に沿った生活時間，新たな仲間関係，帰宅後の宿題など自主的に行動する機会が増えて世界が広がる。親にとっては，子どもの様子が見えにくくなること，送迎時などでの気軽な相談場所であった保育所を頼れなくなることによる不安は大きい。保育所にとっても卒園すると直接関わることは難しくなる。よって配慮が必要な子どもと家庭については，小学校においても適切な支援が受けられるよう丁寧に引継ぎを行う必要がある。公的な引継ぎには保育要録の作成がある。保育要録は保育園に通う子どもたちの発達・成長や指導の過程を記録するもので，小学校教育につながる資料となる。保育要録は様式が決まっており，すべての子どもに対して作成するので，特別な配慮を必要とする家庭についての詳細な内容を記載することはできない。保育所や幼稚園と入学先の小学校と口頭で補足説明をする機会を設けている自治体は，デリケートな内容を伝えられる機会として有効活用したい。また，子どもまたは親の就学への不安が強い，入学当初から困難が予想される場合などは，入学前に親の了解を得て小学校に連絡を取り，保育所での経過と支援の詳細，予想される親子の姿，これまで効果のあった支援方法，つながっている関係機関を伝えておくことも有効である。

4. 連携における留意点

　関係機関との連携において最も大切なことは，当事者である親子の思いに沿って，個々の家庭がもっているストレングス（強み）を見つけ当事者の主体性を引き出す支援の方法を見つけていくことである。関係機関が当事者の思いを抜きにして支援方針を立てた場合，長期的な視点に立ってみると親子にとって成長促進の機会とならない場合があり，よい支援とはいえない。最優先事項は子どもの命を守ることであるが，親子の納得が得られていない支援には，副作用もあることを認識する必要がある。

　次に，多領域の多機関・多職種が対等な立場でディスカッションし，個々の専門性と役割を最大限に発揮したうえで，その時点での最良で最適な支援を創造できる連携を行うことが大切である。そのために必要なのは，関係機関同士が相互に理解を深める説明力をもつことである。連携が推進されて久しいが，他の機関について理解が不十分である場合がある。保育所と保育者の役割，保育の内容について，必要かつ十分に説明できる準備をしておく。それとともに表7-4に示した要保護児童対策地域協議会における主な関係機関についても理解を深めておきたい。

　関係機関との会議などに出席する際には，可能であれば管理職と親子の様子を最も把握している担任などが複数で出席することが望ましい。子どもと家庭の状況，園の関わりについて，気になるポイントを時系列にまとめ，事実と推測に分け，保

育所でできること，関係機関に対応してもらいたい内容を伝える。また，相手は保育の詳細についての知識がないという前提に立ち，保育内容や職員体制，特有の用語などについて補足説明を加えるとイメージが共有しやすくなり理解が深まる。

表7-4　関係機関一覧

関係機関一覧	
【児童福祉関係】 ・市町村の児童福祉，母子保健，障害福祉などの担当部局 ・児童相談所 ・福祉事務所(家庭児童相談室) ・保育所 ・児童養護施設等の児童福祉施設 ・児童家庭支援センター ・里親会 ・児童館 ・放課後児童クラブ ・利用者支援事業所 ・地域子育て支援拠点 ・障害児相談支援事業所 ・障害児通所支援事業所 ・民生委員児童委員協議会，民生委員・児童委員（主任児童委員） ・社会福祉士 ・社会福祉協議会	【保健医療関係】 ・市町村保健センター ・子育て世代包括支援センター ・保健所 ・地区医師会，地区産科医会，地区小児科医会，地区歯科医師会，地区看護協会，助産師会 ・医療機関 ・医師(産科医，小児科医等)，歯科医師，保健師，助産師，看護師 ・精神保健福祉士 ・カウンセラー(臨床心理士など)
	【警察・司法・人権擁護関係】 ・警察(警視庁及び道府県警察本部・警察署) ・弁護士会，弁護士 ・家庭裁判所 ・法務局 ・人権擁護委員
【教育関係】 ・教育委員会 ・幼稚園，小学校，中学校，高等学校，特別支援学校等の学校 ・PTA協議会	【配偶者からの暴力関係】 ・配偶者暴力相談支援センターなど配偶者からの暴力に対応している機関
	【その他】 ・NPO法人 ・ボランティア ・民間団体

Column 1 　　守秘義務と関係機関との連携

　守秘義務とは，公務員など一定の者に課せられる，業務上の秘密を守る義務のことで，保育者は子どもと家庭のプライバシーに関する情報を取扱っていることを常に意識して守秘義務を守らなければならない。プライバシーとは，家庭内の事情，私生活，個人の秘密などのことで，氏名，住所といった個人情報より範囲が広い。送迎時の親との会話から得る情報，保育中に子どもから出た言葉などについても十分に配慮し，差し障りがないと思われるようなことであっても当事者のいないところで話題にすることは避け，許可を得てから第三者に伝える。また，退職後も職務上知り得た情報を漏らすと守秘義務違反となる。

　それでは，関係機関と連携することはできないのではないかと思われるかもしれない。原則としては事前に親に連携する目的，連携先の関係機関，具体的な内容，メリットなどについて説明し，同意を得てから連携を行わなければならない。

　第5節-1で述べた通り，児童虐待が疑われる場合はこの限りではなく，市町村が設置している「要保護児童対策地域協議会」において，親の同意を得なくとも構成機関内での情報共有が可能であり，構成機関以外にも情報提供および必要な協力を求めることができる。

＜参考文献＞

藤原千沙(2017)　子どもの発達と貧困　秋田喜代美(編)第5章　なぜ子育て世帯・母子世帯が貧困に陥るのか，かもがわ出版　p.167-193

法務省(2018)　在留外国人統計
　http://www.moj.go.jp/content/001289225.pdf (2019.8.5)

2019年国民生活基礎調査の概況／貧困率の状況
　https://www.mhlw.go.jp/toukei/saikin/hw/k-tyosa/k-tyosa19/dl/03.pdf
　(2023.7.24)

厚生労働省(2016)　ひとり親家庭等の現状について，1-3
　https://www.mhlw.go.jp/file/06-Seisakujouhou-11900000-kooyoukintoujidoukateikyoku/0000083324.pdf
　(2019.8.15)

厚生労働省　知ることから始めよう　みんなのメンタルヘルス
　http://www.mhlw.go.jp/kokoro/speciality/data.html (2019.8.12)

MSDマニュアルプロフェッショナル版
　http://www.msdmanuals.com/ja-jp/プロフェッショナル (2019.8.12)

子ども家庭庁(2021)　令和3年度児童相談所での児童虐待相談対応件数
　https://www.cfa.go.jp/assets/contents/node/basic_page/field_ref_resources/a176de99-390e-4065-a7fb-fe569ab2450c/1cdcbd45/20230401_policies_jidougyakutai_07.pdf
(2023.7.24)

全国保育協議会　子どもの笑顔を守るために　地域における児童虐待防止に向けて
　https://www.zenhokyo.gr.jp/gyakutai

内閣府(2018)　2.日本の子どもの貧困と対策の現状(1-24)
　https://www8.cao.go.jp/kodomonohinkon/forum/h29/pdf/kashiwa/kichou-2.pd,

東京都福祉保健局東京都児童相談センター・児童相談所　児童虐待防止リーフレット「ひろげよう見守りの輪」
　http://www.fukushihoken.metro.tokyo.jp/jicen/others/insatsu.files/30gakutaiboushi_web.pdf (2019.8.13)

首都大学東京子ども・若者貧困研究センター(2018)　東京都受託事業子どもの生活実態調査詳細分析報告書
　http://www.fukushihoken.metro.tokyo.jp/joho/soshiki/syoushi/syoushi/oshirase/jittaityousabunseki.files/zentaiban.pdf (2019.8.15)

日本保育協会(2009)　平成20年度保育の国際化に関する調査研究報告書
　https://www.nippo.or.jp/Portals/0/images/research/kenkyu/h20international.pdf (2019.8.13)

宮崎元裕(2011)　日本における多文化保育の意義と課題―保育者の態度と知識に注目して―　京都女子大学発達教育学部紀要　7　p.129-137

障害のある
子どもと保護者への支援

概　要

　障害の有無に関わらず，すべての子どもが地域の保育施設や学校で保育や教育を受けることが，当たり前になりつつある。

　障害のある子どもの特徴や，不適応行動に対して，適切な支援を行うためには，障害の特徴や，どのような困難があるのかについての知識が役に立つ。しかし，一方で保護者にとっては，かけがえのないわが子であり，障害児としてではなく，ひとりの子どもとしての成長を共に喜び，見守る姿勢が大切である。

　本章では，「障害」とはどのような状態を指すのか，またその種類や特徴について学ぶ。そのうえで，障害のある子どもを育てる保護者や家族が抱える困難について理解し，必要とされる支援について考えてみよう。

8

第8章　障害のある子どもと保護者への支援

1節　さまざまな心身の障害

1. 障害について理解すること

　私たちはどのような形で「心身の障害」に出合うことになるのだろうか。

　自分自身が何らかの障害をもっている人もいるかもしれないし，家族や友人に障がい者がいるという場合もあるだろう。ボランティア活動に参加することで積極的な形で出合いをもった人もいれば，保育士資格を取るためにやむなく行った施設実習が最初の出合いだったという人もいるかもしれない。

　国際連合は2006年12月に行われた第61回総会において「障害者権利条約（Convention on the Rights of Persons with Disabilities）」を採択した。この条約は，障がい者の人権や基本的自由を保障し，障がい者の尊厳の尊重を促進するための措置等を規定し，市民として政治に参加する権利，教育・保健・労働・雇用の権利，社会保障，余暇活動への参加機会の確保など，さまざまな分野における具体的な取り組みを締約国に対して求めている。日本は，国内の関連する法律や制度をこの条約の批准に合わせて整備し，2014年に批准した。

　この条約批准に合わせて，新たにつくられた国内法の一つが「障害を理由とする差別の解消の推進に関する法律（障害者差別解消法）」である（2013年公布，2016年実施）。この法律の目的は，障害の有無によって分け隔てられることのない共生社会の実現に資することであり，すべての行政機関，事業所等に対して，障害を理由とする不当な差別の禁止と，社会的障壁の除去実施について必要かつ合理的な配慮をしなければならないことが定められている。合理的配慮とは，社会生活を送るなかで不都合を感じないよう工夫をしてほしいと，障がい者から要望があったとき，重すぎる負担にならない範囲で必要な配慮をすることであり，合理的配慮を実施しないことは，障害者差別解消法に抵触する行為になる。

　今後は，保育や教育の場においても，障害の有無に関わらず，子どもたちが一緒に生活することが当たり前のことになっていくであろう。そして，保育者が障害のある子どもたちの保育や，障害のある子どもたちを育てる保護者の支援に関わる専門性を身につけることが求められる。

2. 障害の種類

表8-1　子どもの発達過程で明らかになる主な障害の特徴

知的障害	知的機能の遅れがあり，年齢相応の社会的な適応行動がとれない状態である。知能指数(IQ)の目安としては，70未満で軽度，50未満で中等度，35未満で重度，20未満で最重度とされている。ただし，実際に知的障害の診断がなされる際には，知能検査の結果のみではなく，コミュニケーション能力や，社会性，身辺処理能力などの生活行動面での発達についての観察結果を加えて総合的に判断される。知的障害のみを症状とする場合のほか，脳性まひやてんかん，自閉症を伴う場合など，症状は多彩である。
自閉スペクトラム症	① 社会的コミュニケーション及び，対人的相互反応における困難 ② 行動，興味，活動の限局された反復的な様式（こだわり）などの症状が3歳ごろまでに現れる。音や光等の感覚に対する知覚過敏や，鈍感さも合併することが多い。知的障害がない場合は「高機能自閉症」，さらに，言語発達の遅れがない場合に「アスペルガー障害」とよばれることがある。
注意欠如・多動症 (ADHD)	全般的な知的発達に遅れはないが①気が散りやすい②多動③衝動的の3つの特徴をもつ。具体的な症状は，指示を最後まで聞くことができない，物をなくす，じっとしておらず目が離せない，よくケガをする，順番を待てない，かんしゃくを起こしやすいなどである。これらの症状のため叱られることが多くなり，二次的な心理的問題を抱えやすい。
学習障害 (LD)	全般的な知的発達に遅れはないが，聞く，話す，読む，書く，計算するまたは推論する能力のうち特定のものの習得と使用に著しい困難を示すさまざまな状態を指すものである。原則として，就学後に診断を受けるものであるが，幼児期から不器用さや，発達のアンバランスが目立つ場合が多い。読字障害，書字障害，計算障害などがある。
肢体不自由	手足や体幹の運動機能の障害で永続的なものをさす。先天的な障害（先天性四肢障害，二分脊椎，進行性筋ジストロフィーなど），事故による後遺障害，髄膜炎の後遺障害等原因は多岐にわたるが，現在，肢体不自由をもつ子どもの最多の原因は脳性麻痺である。脳性麻痺の症状は一般に2歳までに現れ，その程度は重度な運動の障害のみられるものからほとんど日常生活に支障のないものまである。脳性麻痺は脳の損傷によるため，知的機能障害も合併することがある。また重度の知的障害と重度の肢体不自由が重複している児童を重症心身障害児という。
視覚障害	視力や視野の障害，光覚や色覚の障害，眼球運動の障害など，さまざまな見る機能全体の障害。なかでも「視力」に障害があり，見ることが不自由または不可能になっている場合は日常生活への影響が大きい。この場合の視力の障害とは，眼鏡やコンタクトレンズで屈折異常を矯正した場合の視力が0.3未満の場合である。文字の拡大や視覚補助具の活用で，普通の文字を使って学習や生活ができる場合を「弱視」，視覚以外の触角や聴覚に頼らなければ，学習や生活ができない場合を「盲」とよぶ。
聴覚障害	聞こえの程度によって軽度から聾までに分類される。聴力レベルの目安としては 　軽度　30〜50dB 未満，中等度　50〜70dB 未満，高度　70〜100dB 未満 聾　100dB 以上 主に，伝音器官の問題で生じる伝音難聴と聴神経の問題で生じる感音難聴に分けられる。感音難聴で高度難聴や聾の場合，補聴器をつけても，音声言語での会話が難しかったが，「人口内耳」の進歩と普及により音声でのコミュニケーションが可能な事例が増えている。
その他の障害	ダウン症候群，プラダーウィリー症候群等，染色体の異常により，知的障害や身体の発育不全，内部疾患など，複数の症状が合併して発症するものがある。子どもへの療育的支援と保護者への相談援助が不可欠である。 口唇口蓋裂は，先天的に，口唇，口蓋またはその両方に裂を生じたものである。授乳や，発音に困難を示す場合があるが，現在では適切な医療的措置により，日常生活に支障がなくなる場合がほとんどである。

子どもの発達過程で明らかになる主な障害の特徴を表8-1に示す。子どもの発達過程で明らかになるさまざまな心身の障害のうち，保育のなかで出合うことの多い心身の障害を大別すると「身体障害」，「知的障害」，「発達障害」に分けることができる。

　これらの障害のうち，「発達障害」については，「知的障害」を含める場合と，除外する場合がある。2005（平成17）年に施行された発達障害者支援法の第2条では，「この法律において「発達障害」とは，自閉症，アスペルガー症候群その他の広汎性発達障害，学習障害，注意欠如・多動症その他これに類する脳機能の障害であってその症状が通常低年齢において発現するものとして政令で定めるものをいう」と記載されており，「知的障害」は含まれていない（図8-1）。

　他方で，主として，精神科医療の臨床現場で参考とされることが多いアメリカ精神医学会（APA）による診断基準「DSM-5」によると，発達障害は知的障害をはじめとして主として青年期までに発症する中枢神経系の原因に基づくと思われる精神機能の障害を指す。DSM-5においては「神経発達障害」という大きな分類があり，そのなかで知的障害，コミュニケーション障害，自閉スペクトラム症，注意欠如・多動症，特異的学習障害，運動障害という6つの下位分類に分けられている（図8-2）。

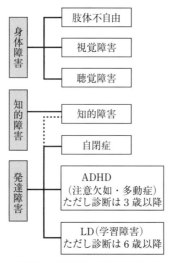

図8-1　幼児期・児童期に明らかになる，主な心身
　　　　の障害の分類

出典：身体障害者福祉法，知的障害者福祉法，発達障害者支援法を参考に石井が作成

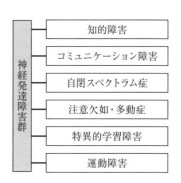

図8-2　DSM-5による神経発達障害の分類

　現代の日本で用いられる「発達障害」の概念が，知的障害というよりは，「自閉症（ASD）」や「学習障害（LD）」，「注意欠如・多動症（ADHD）」を中心とした概念として一般化しているのには理由がある。

　日本の障害者福祉制度の歴史において，身体障害者に対する支援は「身体障害者福祉法」（1949年）に定められ，知的障がい者に対する支援は「知的障害者福祉法」

（1960年）に定められてきた。しかし，1980年代後半から，知的障害とはいえないが，社会的認知能力やコミュニケーション，注意の集中や行動調整，学習能力の一部に極端な困難があり，臨床的な支援を必要とする子どもたちがいることがわかってきて，これらの子どもたちの症状に「自閉症」，「ADHD」，「LD」等の診断がつけられるようになってきた。しかし，知的障害を伴わない「自閉症」，「ADHD」，「LD」等の発達障害をもつ人たちは，法的な支援の狭間におかれ，実際には，学校や社会への適応に困難を抱えていても，なかなか支援の手が差し伸べられないという状況にあった。そこで，知的障害者福祉法では，支援の対象とならない発達障害の人たちを支援するためにつくられたのが「発達障害者支援法」（2005年）である。このような経緯が背景にあることから，日本においては既存の法律の中では支援の対象とされなかった「高機能自閉症」，「ADHD」，「LD」等を発達障害として扱うことが多い。

2節　発達の過程で明らかになる障害の特徴

1. 知的障害

　知的機能（認知，記憶，思考，学習等の力）の発達水準がその子どもの実際の年齢の標準より遅れている状態（めやすとして知能指数70以下）を指す。実際に知的障害の診断がなされる際には，知能検査による診断結果に，言語能力や，社会性，身辺処理能力などの生活行動面での発達についての観察結果を加えて総合的に判断される。また，知能検査が実施できるようになる以前の乳幼児では「発達検査」から求められる「発達指数」や生育歴，行動観察の結果が用いられる。同じ程度の知能指数でも，さまざまな知的機能の発達状況や，コミュニケーション能力，社会適応能力によって，状態像は全く異なり，必要な支援の内容も違ったものとなる。例えば，染色体の異常が原因となって起こるダウン症においても，自閉症の一部においても知的障害を伴うことがあるが，両者の示す状態像には隔たりがあり，必要となる支援のあり方も異なる。

　知的障害のある子どもの保育については，知能検査や発達検査から得られる総合的な数値のみでなく，さまざまな能力のばらつきの様子や，性格的な特徴，成育環境を視野に入れて，きめ細やかな支援計画をたて，根気強く取り組んでいくことが求められる。

2. 自閉症

　先述したDSM-5において，それまで(DSM-Ⅳまで)「広汎性発達障害」として分類されていた一連の障害に「自閉スペクトラム症」という用語が使われるようになった。「スペクトラム(連続体)」という考え方は，「自閉症」の特徴が強く現れているために日常生活や社会適応に困難が伴い，特別な支援を必要としている状態と，自閉症圏の特徴があるけれども，特に「障害」といえるほどの困難はなく，社会生活に適応している状態とを連続的にとらえる概念である。

　では，「自閉症」の特徴とは，どのようなものであろうか。DSM-5では，自閉症の特徴を次の2点から捉え，これらの症状が発達の早期から出現するとしている。

① 社会的コミュニケーションおよび相互的関係性における持続的障害

　他者の気持ちに共感することが難しい。言語発達の遅れ，独特の言葉の使い方がみられる。表情や態度から相手の気持ちを読みとることや，場面にふさわしい態度，会話を持続することが困難である。

② 興味関心の限定および反復的なこだわり行動・常同行動

　こだわりが強く，興味をもったものや，物の位置，順序等の同一性保持に強い執着を示す。儀式的な反復行動や，自己刺激的な常同行動がみられる。知覚過敏性(光や音の刺激に過剰な反応を示す)や知覚鈍感性(通常苦痛を感じるような刺激に無反応である)が随伴することがある。

　知的障害を合併している症例では，臨床的な問題のどこまでが「知的障害」によるもので，どこからが「自閉症」によるものなのか区切ることは難しい。従来は，知的障害のある人が7割から8割といわれていたが，近年，知的障害を伴わないタイプの自閉症(高機能自閉症)についての認知が広がるにつれ，実際には，知的障害を伴わない自閉症の人が潜在している可能性が指摘されている。てんかんを発症する自閉症児・者の割合は高く(診断を受けている自閉症児者の20%以上)，このような事実も，自閉症が脳の機能・器質障害であることの根拠となっている。

　親子の情緒的な結びつきをつくることが最も重要な幼児期において，感情の交流が難しい自閉症児の子育ては困難が大きい。あやしても笑わない，呼んでも振り向かない，視線を合わせない，自発語がない，会話が成立しないといった特徴を前に，わが子にどのように関わればよいのかわからないという悩みを抱える保護者も多い。さらに，生活リズムがなかなか整わず，こだわりや，常同行動，パニック，といった症状が強くみられると，育児の中での疲労感や無力感が大きくなっていく。社会的なコミュニケーションの能力や，環境からの刺激の認知能力に問題があるということを踏まえ，彼らが独特な表現で伝えようとしている，さまざまなシグナルを保護者とともに読み解き，彼らの生きている世界を理解したうえで，相互関係をつくり，根気強く社会適応を図っていく支援が必要である。

3. 注意欠如・多動症

　注意欠如・多動症；Attention-Deficit/Hyperactivity Disorder（ADHD）とは，「年齢あるいは発達に不釣りあいな注意力，及び／または衝動性，多動性を特徴とする行動の障害で，社会的な活動や学業の機能に支障をきたすものである。また，7歳以前に現れ，その状態が継続し，中枢神経系に何らかの要因による機能不全があると推定される」（文部科学省, 2003）。とされている。

　落ちついてじっとしていることが難しく，着席して話を聞いたり，順番を待ったりすることができない。気が散りやすく，注意深く指示を聞くことや，物事を順序立ててやりとげることが困難である。一方で，自分の興味のあることには驚くほどの集中力をみせることもある。独歩が可能になると同時に多動性が顕著になることが多いが，ADHDの診断が確定するのは，通常3歳以上である。

　知的障害や自閉症の子どもの中にも，著しい多動性を示す子どもがみられることがあるが，その多くは精神的な発達や社会性の遅れからくるものである。しかし，ADHDの子どもの場合は，年齢が上がるとともに，同年齢の子ども集団の中での不注意や衝動性が目立つようになり，失敗を繰り返したり，叱責される経験が多くなったりすることで，ますます自己肯定感が低くなっていく。その結果，反抗的な態度や暴力的な行為が現れることもあり，二次的な問題が学業不振や不登校，非行といった形で表れやすい。

　他方でADHDの子どもを育てる保護者は，同じ指示を何度繰り返しても従えないことや，ルールを守ることができず次々とトラブルを起こすわが子を前にして，何とかしなければ躍起になるあまり，注意しているつもりが行き過ぎた叱責や暴力に発展するということも起こりがちである。「困った子ども」と思われている子ども自身が実は一番困っているのだということを念頭におき，刺激が多すぎる環境を改善したり，不注意を補うための手段を講じたりして，子どもが達成感をもち，自己肯定感を育てられるような関わりができるように保護者を支援していくことも重要である。

4. 学習障害

　学習障害；Learning Disorder（LD）は，「基本的には全般的な知的発達に遅れはないが，聞く，話す，読む，書く，計算するまたは推論する能力のうち，特定のものの習得と使用に著しい困難を示すさまざまな状態を指すものである。学習障害は，その原因として，中枢神経系に何らかの機能障害があると推定されるが，視覚障害，聴覚障害，知的障害，情緒障害などの障害や，環境的な要因が直接の原因となるものではない」（文部科学省, 1999）とされている。

　具体的には，聴力に問題がないのに，耳で聞いて内容を理解することや，自分の考えを相手にわかるように話すことが困難であったり，視力に問題がないのに，読

んで文章の意味を正確に読みとることや，字の形を正確に書くことが極端に苦手であったり，知的障害がないのに，計算や推論ができなかったり，というように学習能力の一部に問題があるという状態を指す。学童期以降に診断される障害であるが，同時に不器用さ，注意力の弱さ，情緒不安定などが伴うことも多く，このような特徴は，幼児期からみられる。

　学習能力の部分的な欠陥は脳の機能的な問題，あるいは認知の特性であり，本人の努力によって補うには限界がある。それにも関わらず一見して障害があることがわかりにくいために，周囲の理解が得られず，授業についていけないことや，学習内容が身につかないことを本人の努力不足にされ，叱責や，注意を繰り返し受けるうちに，自己否定的な態度を身に着けてしまうことが多い。

　LD が疑われた場合には，学習能力のどこにどのような困難があるのかをアセスメントし，できないことを少しずつできるようにしていく努力に加えて，できることや，できる方法を見つけて，得意なことを生かしていけるような支援が重要である。

5. ことばの障害について

　子どもの発達過程で明らかになる障害の中で，最も数が多いものといえば，間違いなく「ことばの障害」である。なぜならば，「ことばの障害」は，知的障害にも，自閉症にも，聴力障害にも，運動能力障害にも伴うものであり，さらに情緒的な障害によっても生じるからである。そして，「ことばの障害」がこれらのさまざまな障害に気づく最初のきっかけであることも多い。「ことばの障害」は，まず子どもの発達全体に目を向け，その症状がどのような原因から起こっているのかを頭に入れながら，適切な対応を考えていく必要がある。

（1）　言語発達遅滞

　言語発達の過程は個人差が大きく，多くの子どもは1歳前後で意味のあることばを話し始めるが，2歳半まで一言もことばらしいものを発しなかったのに，2歳半を過ぎたとたんに溢れるように話し始める場合もある。したがって，1歳代は，こちらの言ったことばが，だいたい「理解」でき，指さしをし，声を出してコミュニケーションをとろうという意欲が育っている場合には，あまり心配せずに様子を見てもよい場合が多い。しかし，次のような場合には，専門の機関に相談することが必要である。

① 　ことばの理解力も遅れているようだ。

② 　2歳半を過ぎても単語が出ない，あるいは3歳を過ぎてもことばの数が増えない，出ていたことばが消えてしまった。

③ 　視線が合いにくい，人への関心がうすい。

④ 　よだれが多い，ころびやすい，不器用で，何となく動きがぎこちない。

⑤　ことばでのコミュニケーションがとれないために，乱暴な行動が多い，友だちと関わりがもてない。

(2)　発音の障害（構音障害）

　ことばの発音のことを「構音」という。ことばの話し始めは，誰でも正しく発音できない音がたくさんあり，幼児期は，赤ちゃんことばがなかなか抜けなかったり，サ行音がなかなかいえるようにならなかったりする子がいても，そのほかの全体的な発達に問題がなければ，あまり神経質にならずに様子を見たほうがよい場合も多い。しかし，次のような症状については，言語聴覚士のいる専門の治療機関を受診することが望ましい。

①　6歳を過ぎても赤ちゃんことばがぬけない，発音できない音がある。
②　たくさん話すのに，発音できない音が多くてことばの意味が通じない。
③　声が鼻にぬける，のどに力の入ったわかりにくい発音をする。
④　「側音」と言って，息が脇からもれる歪んだ発音（イ列に多い）がある。
⑤　本人が発音を気にして，人前で話すことを嫌がる。

(3)　吃　音

　ことばのはじめが出にくく，音を繰り返したり，引き延ばしたり，つまったり，いわゆる「どもる」状態のことを「吃音」という。吃音は緊張するとひどくなることや，症状に波があり良くなったりわるくなったりを繰り返す，という特徴がある。

　2～3歳ぐらいの，まだ，流ちょうにしゃべれない時期の子どもが，吃音と似たような話し方をすることは頻繁にみられる。したがって，この時期の子どもがことばにつまったり，出だしのことばを繰り返したりする話し方をしていたとしても，ことばの発達の一過程であり，「吃音」という見方はしない。4歳，5歳で，最初の音を繰り返したり，引き伸ばしたりすることがみられ，かなり吃音の症状が明確化してきたように思えても，周囲が気にせず，ゆったりと成長を見守る環境があれば，成長とともに症状が目立たなくなったり，消失していく場合もある。

　吃音は，同じような症状を示していても，原因は，一人ひとり微妙に異なっている。生活環境の中で，吃音を気にせず子どもが積極的な生活姿勢をもてるように支援していくことが大切である。子どもが吃音に気づいていない時期は，親や，周囲の環境への働きかけが中心となり，子どもが症状を気にし始めたら，子どもの悩みを受け止めながら，言語訓練を行うことが効果をあげる場合がある。しかし，支援の基本は，吃音を直そうとするよりも，話そうとする気持ちを肯定的に捉え，話の内容に耳を傾け，コミュニケーション上の不必要なストレスや緊張をできるだけ低減させることである。保護者に対しても，子どもの吃音に対する理解を深め適切な対応ができるように支援を行っていく必要がある。

3節　障害のある子どもの子育て

1. 見通しのもちにくい子育て

　　子どもに障害があってもなくても，子育てには多くの苦労や心配が伴う。夜中の授乳，寝ぐずり，夜泣き，発熱，嘔吐，など。しかし，定型発達の子どもであれば，そういったことがいずれは落ち着き，永遠に続くものではないことがわかっている。そして，子どもの笑顔が与えてくれる喜びは，多くの親に一瞬にして子育ての苦労を忘れさせる力をもっている。

　　しかし障害のある子どもの場合，ひとり一人の発達の速さやパターンが固有で成長への見通しがもちにくいことが多い。このことによって保護者は，今の大変さが永遠に続くような気持になる。例えば「このままずっと歩けないのだろうか」，「このままずっと話せないのだろうか」，「このままずっとこだわりが続くのだろうか」といった具合である。

　　実際には，障害のある子どもであっても，少しずつできなかったことができるようになり，わからなかったことがわかるようになり，永遠に同じ問題が同じように続くことはない。しかし，一般的な発達の指標を目安にできないために，見通しのもちにくい子育てを余儀なくされ，孤立しがちな保護者を支えるためには，保護者とともに子どもの成長を見守り，発達の見通しを示す支援が必要である。

2. 「親らしさ」を引き出す力の弱さ

　　初めて親になったとき，誰でも最初は子どもにどう接してよいかわからず，緊張し，とまどいながら，恐る恐る子どもを抱き上げる。しかし何度も，子どもを抱き上げているうちに，子どもが安心して落ち着く抱き方を覚え，子どもが笑顔を返してくれることであやし方を覚えていく。

　　しかし，障害があるために人への関心の示し方が希薄であったり，反応が独特であったりする子どもの中には，抱いても泣き止まず，あやしても笑わず，保護者がなかなか親らしい対応を獲得できない場合がある。子どもの反応が読みとりにくいので，保護者はうまく子どもの要求に応えられず，子どもはさらに不機嫌や怒りを示す場面が増えていく。結果的に保護者は自信をなくし，「子どものために，こんなに頑張っているのに」という無力感でいっぱいになる。

3. 保育者による支援

（1）　支援の開始

　　子どもの障害については「早期発見」，「早期療育」が望ましいといわれる。発達の早期に障害を発見し，適切な治療や支援を開始することで，その程度を軽くする

ことができる場合があり，また，不適切な対応によって起こってくる二次的障害を未然に防ぐことができる場合もある。療育機関や相談機関では，子どもの障害や保護者が抱える困難の種類や程度に応じて，専門職(医師，看護師，臨床心理士，ソーシャルワーカー，ST, PT, OT)がさまざまな支援を行う。しかしそういった療育機関の支援を受けるためには子どもの問題が保護者によって認識され，療育機関の受診につながってからでないと支援は始められない。一方，保育者による支援は，保護者が子どもの問題に気がつく以前から始まっている。

　保護者がわが子の障害に気づき，受け止めるプロセスを理解することは，その気持ちに共感し，支援を開始する第一歩である。

　ここでは，比較的早期に障害があることが明らかになる場合と，少しずつ障害があることが明らかになっていく場合に分けて，保護者が子どもの障害を受け止め，向き合っていく過程についてみていく。

(2)　比較的早期に障害が発見される場合

　出生と同時に障害が発見されるものとしては，口唇口蓋裂，先天性四肢欠損症などがある。また，出生後1年以内に発見されるものとしては，脳性まひ，盲，高度難聴，ダウン症候群などがある。一般的に，多くの妊婦が抱える妊娠期間中の不安や身体的負担，出産に伴う苦痛は，出産し，わが子と対面した瞬間に大きな喜びに変わる。しかし，対面した子どもに一見してそれとわかる障害があった場合，母親のショックと悲嘆は大きく，「なぜ」という問いが頭を離れず，後悔の念に捉われることが多くある。

　「どうして健康に産んであげられなかったのだろう」と自分を責めたり，家族や親戚に対して申し訳ないという気持ちをもったりする。

　ドローターら(1975)は，先天性の障害のある子どもをもった親の正常な心理反応として図8-3のような経過を示した。ドローターのモデルは具体的場面に即して，次のように考えることができる。

第一段階

　まず保護者は，子どもに障害があることがわかると同時に，大きなショックを受ける。一時は何も考えられず，感じられず，つきつけられた事実の重さに心を閉ざしてしまう状態になることもある。

第二段階

　時間を経て，徐々にショック状況から立ち直り始めるが，障害を認めたくないという思いが大きくふくらみ「これは現実に起こっていることではない夢の中のことだ」とか「これは事実ではない」と思いこもうとする場合すらある。あるいは「障害

が治る」といってくれる場所を探してさまざまな医療機関や相談機関を受診したり，宗教に救いを求めたりすることもある。

第三段階

しかし現実には，障害があること，障害が治らないことを認識し始めると，怒りが湧き上がってくる。「どうして，わが子が」という思いであったり，「いったい自分が何をしたというのか」という疑問であったり，理不尽な現実を受け入れられず，何かに怒りをぶつけたい，感情的に混乱した苦しい状況といえるだろう。

第四段階

これらの思いを経て，ようやく，現実を歪曲したり目をそむけたりしないで理解しようとすることができるようになり，「障害があってもなくても，かわいいわが子に違いない」という気持ちで，新しい家族との生活に前向きに喜びを見いだそうとするようになる。

第五段階

そして，わが子の成長のためにできること，障害を軽減し，障害がもたらす不利益を最小限にするために必要なことに現実的な対処ができるようになっていく。ドローターのモデルでは，このプロセスを経ることによって，どの親も悲しみを乗り越え，新しい価値観を獲得していくことができるように思える。しかし，この感情の変化は，子どもの年齢，障害の種類・程度，保護者の性格，家族関係などによって異なる。また，一連のプロセスを経て，ようやくわが子の障害を受容したように見えても，その状態は永遠には続かない。

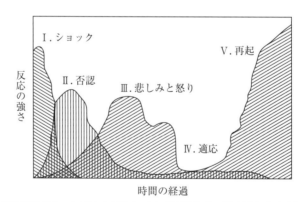

図8-3　先天奇形をもつ子どもの誕生に対する正常な親の反応継起を示す仮説的な図

出典：Drotar, *et al*（1975）

子どもの成長の節目では，現実を目の当たりにし，感情が揺れ動くことは当然起きてくる。親は，わが子の「障害」を受け入れるというよりも，障害のあるわが子

事例1 歩くことに障害のあるFちゃん

　Fちゃんは二分脊椎症のために下肢に麻痺がある。入園当初は車椅子を使い，常時介助の職員がついていたが，歩行訓練の成果が上がり，年長になってからはウォーカーという歩行補助具を使って自力で移動することができるようになり常時介助の職員がつく必要はなくなった。Fちゃんは積極的な性格で，友だちがやることは何でもチャレンジしようとする。G先生はできるだけFちゃんの「やりたい」気持ちを尊重しようと思うが，躓いたり，転んだりしないかが心配になり，ついつい手を貸したくなる。時にはFちゃんから「Fは一人でだいじょうぶだから，先生はあっち行っていいよ」といわれることもある。それに比べて周りの子どもたちは心得たもので，Fちゃんが一人でできるところは見守り，助けを必要とするところでは手を貸し，参加が無理なところは「Fちゃん数えてて—」とか「Fちゃんどっちが勝ったか見てて—」とか声をかけて自然に仲間に入れている。

　年長クラス全員が参加するリレーは毎年運動会の最後を飾るイベントである。G先生としては，クラスの一員としてFちゃんにも参加してほしいと思っている。しかしFちゃんをリレーに参加させるためには，何らかの工夫が必要である。また，保護者はこのことをどう思うだろうか。

　Fちゃんの保護者は「できるだけみんなと一緒にいろいろなことをやらせてください」と言っている一方で昨年の運動会は当日になって「風邪気味なので」という理由で欠席し，後で担任が様子を聞くと「風邪気味だったのは本当ですけど，Fに大勢の人の前で，みじめな思いをさせたくなかったというのもあります」と言っていたとのこと。

　G先生は今年の運動会はぜひクラス全員が参加できるようにしたいと思い，運動会の前に，Fちゃんの保護者と面談することにした。そこで，Fちゃんや周りの子どもたちの普段の様子，運動会に向けての練習の様子，当日予定しているプログラムと配慮について説明し，Fちゃんが運動会に参加できるように準備しておきたいと考えている。

　障害のある子どもにどのような配慮を行うかを決めるに当たっては，保護者の意見を尊重することも大切になる。しかし，子どもための最善の働きかけを考えるならば，時には日々の保育の中で成長を見ている保育者が，しっかりと見通しや配慮の中身を示すことで保護者の理解を求めていくことが必要である。

と共に生きる自らの人生を受け入れていくと言ったほうがいいのかもしれない。

　比較的早期に障害があることがはっきりするケースでは，幼稚園や保育所への入園を希望してくる時期にはドローターの示す過程をひととおり通過してきている場合が多いと思われる。むろん，障害の受容は到達点のあるものではなく，現実的な障壁にぶつかるたびに，新たなショックや怒りを繰り返すわけだが，障害があることもまたわが子の一部として受けとめ，困難があっても守り育てていこうという決意を経てきた保護者は，ある種の覚悟をもっている。したがって，幼稚園や保育所へ入園した後でも，保育者と保護者が共通の認識をもちやすく，連携してよりよい保育環境を考えることがしやすい。

(3)　障害の発見に時間がかかる場合

　　知的障害や自閉スペクトラム症，その他の発達障害で，運動発達の大幅な遅れが伴わない場合には，障害があることに気づくのが早くて1歳過ぎ，場合によっては就学時健康診断で初めて発達の遅れや偏りが問題にされるということもある。

　　家庭にいるときにはそれほど問題にならなかった発達の遅れが同年齢の子どもたちの中では顕著になるため，幼稚園や保育所への入園をきっかけに，障害が明らかになることも多い。経験を積んだ保育者であれば，クラスの中での子どもの様子を見て発達の遅れや，自閉的な特徴に気づくことは難しくない。園のすすめで相談機関を受診し，アセスメントや診断を受けることにつながる場合もあるが，保育者が子どもの障害に気がついて療育機関への相談をすすめても，保護者に問題意識が薄いと，なかなか受診につながらないばかりか，かえって保護者との関係に亀裂が生じる場合がある。そういった事態を危惧して，保育者が子どもの障害に気がついていても保護者には，率直に伝えられないという場合も多く，結果的に就学時健康診断で初めて発達の遅れを指摘され，わが子の問題に向き合わざるを得なくなる。

　　田中(2009)によれば，後に発達障害と診断された子どもの保護者の80％以上が，子どもが3歳前の時点で「うちの子どもはどこか周囲の子どもと違う」と気づいているが，その確認のために相談・医療機関を訪れるには，少し時間を必要とする。そして，この気持ちの裏側には「明日になれば変わっているのではないだろうかという未だ見ぬ育ちへの期待と，現実の子どもの様子への心配が両極端にある」という。

　　河内ら(2005)が保育者を対象として実施した統合保育の実態調査報告の中では，統合保育に伴う困難な点として，「保護者の障害の受け入れが十分でないと保育がやりにくく，信頼関係づくりに困難を感じる」ということがあげられている。子どもに障害があることを「受け入れる」，あるいは「受け入れない」といういい方がされがちだが，徐々に障害があることがはっきりしてくる場合，保護者はわが子が「障害のある子になっていく」過程を不安と期待の間を揺れ動きながら少しずつ体験していかなければならないのである。保育者には子どもへの支援と同時に，保護者がわが子の障害に気づき，受け入れていく過程を支援する役割が求められている。

(4)　保護者の真意を理解する

　　障害のある子どもへの「合理的配慮」を考えるに当たって，保育者が考える「子どもにとって必要な支援」と「保護者の要求する支援」が必ずしも一致しないことがある。たとえば「何でも他のお子さんと同じようにやらせてほしい」という保護者の要望があったとしても，子どもの発達の状況や興味関心の特徴によっては，ずっとクラスの中で過ごすよりも，別室で個別の活動をして過ごす時間を設定する方が安定して1日を過ごせるという子どももいる。

　　逆に「うちの子は障害があるので，同じ活動をさせないでください」と保護者が

言ってきたとしても，日々子どもの様子を見ている保育者が子ども自身の「みんなと一緒にやりたい」という意欲を感じとったとしたら「同じ活動に参加するためにはどんな支援が必要か」を積極的に考えていく必要があるだろう。

　保護者が保育者にとって理不尽と思われる要求をしてくる理由としては，次のようなものが考えられる。

　　①　保護者は保育者とは異なる場で子どもを見ている。
　　②　保護者（あるいは，保育者）が子どもの発達について十分に理解できていない。
　　③　保護者と保育者の育児方針が異なる。

　保護者が求める支援を「理不尽な要求」ととらえる前に，食い違いの原因がどこにあるのかを考える必要がある。そのうえで，家庭と園での子どもの姿を共有し，保護者の話をじっくり聞いたうえで，こちらの意図を保護者に理解してもらえるよう丁寧な説明が必要である。

　保育者は保護者の要求の表面的なことばの意味に反応するのではなく，そのような支援を求める保護者の真意を理解することが大切である。「うちの子は障害があるので，同じ活動をさせないでください」といった保護者の真意は「本当は同じ活動をさせたい。でも，同じようにできないのはわかっているから，できないことで子どもにつらい思いをさせたくない」ということかもしれないのだ。

4. 巡回相談や保育所等訪問支援の活用

　すでに障害が明らかになっていて，医療機関での治療や児童発達支援センター等での支援を継続的に受けている子どもたちがいる一方，障害があることが予想されるが療育機関や相談機関につながっていない場合もある。

　いずれの場合も障害児療育や児童発達支援の専門職と保育所や幼稚園等が連携して子どもにとってより良い支援を考えていくことが必要である。療育機関等の専門職が保育所等を訪問する制度としては自治体からの「巡回支援専門員派遣」と児童福祉法に定められた児童発達支援事業の一つとしての「保育所等訪問支援」の二つの方法がある。いずれの制度においても，保育現場において対象児のアセスメント，当該児童の集団生活適応のための保育者へのコンサルテーション等が行われるが，前者が巡回先の保育施設の依頼によって行われるのに対して，後者が原則として児童発達支援事業をすでに利用している保護者の依頼によって行われるという点が異なっている。

　療育や児童発達支援の専門機関には，障害に関わる専門的な知識や豊富な経験をもつスタッフがおり，こういった制度を活用して専門職と連携することにより障害のある子どもたちの特性に合わせた効果的な発達支援が可能になるほか，客観的に保育を見直すチャンスにつながることもある。

事例2 子どもの発達の遅れを受け止めることが難しい保護者への支援

　A保育園の3歳児クラスの担任になったB先生が，今一番気にかかっているのはCくんのことである。Cくんは言語発達が遅れていてまだ意味のあることばを話さない。排せつの失敗も多い。遊びは一人遊びがほとんどである。明らかに何か発達の問題がありそうで，園内の会議でも一度専門家に診てもらった方がいいという意見が出た。

　年度初めの保護者面談で「お子さんのことで何か気になっていることはありますか？」と聞いたときに保護者からCくんの発達のことで相談があるのではないかと期待したが，あっさりと「特にありません」という答えが返ってきた。重ねて「少しことばの発達が遅いかなあと思うのですが」といってみると，「男の子だし，夫も小さいときなかなか話さなくて心配されたそうなので，たぶん大丈夫だと思います」とのことで，保護者は全く心配している様子はない。
　3歳児クラスになると，ことばでのコミュニケーション行動が活発になって，子どもたち同士でも会話が成り立つようになる。そうすると，Cくんのようにことばを話さず，周りの子どもたちとかかわりがもてない子どもは，周りの子どもたちとの違いが目立ってくる。

　ある日，Cくんが気に入っている青い色の三輪車をたまたま別の子が使っていたところ，Cくんがその子を押し倒してして軽いけがを負わせるという事件が起きた。幸い，けがは擦り傷でたいしたことはなく，けがをした子どもの保護者も「子ども同士のことですから」と冷静な受け止めだったが，Cくんの保護者にも状況を理解してほしいと考え，保護者が迎えにくるのを待って一通り事情を説明した。最後に「たぶん，Cくんの手が出てしまうのは，ことばで気持ちをうまく伝えられないせいだと思うんです。どこか専門のところに行って相談してみてはどうでしょうか？」という一言を付け加えると，それまで神妙に，申し訳なさそうに話を聞いていた保護者の表情が一変した。「先生は，うちの子が障がい児だって言いたいんですか？」，「いや，そういうわけじゃなくて，専門のところで診てもらったら，何かいい方法があるかもしれないと」，「Cには，私からもう絶対にお友だちに乱暴なことをしないようにきつく叱っておきます」と言い残すと，急いでCくんを連れて帰っていった。そして翌日，Cくんは保育園を休んだ。

　「保護者が子どもの問題を認めようとしない」というとき，保育者は子どもの問題を解決したい。そのために保護者の働きかけを変えてもらいたい，専門家の力を借りたいと考える。しかし，子どもや保護者を変えようとする前に，ありのままの子どもの姿を保護者と共有し信頼関係を築くことが大切である。
　子どもがしっかりと受け止められていると感じられたとき，初めて保護者は保育者の助言に耳を傾け，前に向かって動き出すことができるようになる。

1. 父親支援

　ここまで「保護者」ということばを用いながら，乳幼児期の子どものケアを出産直後から中心的に担うことの多い母親を念頭においた説明を多く行ってきた。しかし，子どもを育てる保護者として父親の役割も重要であることはいうまでもない。日本においては結婚，出産後も仕事を継続する女性の割合は増加し続けているが，いまだに，父親が経済的基盤の担い手である家庭が圧倒的に多い。そして，結果的に多くの家庭で子どもの介護や世話は，母親が担当している。

　このような家庭では，父親は，子どもの日常の姿を知らないがゆえに，子どもの発達についての理解や，子どもの特性に合わせた対応を身につけることに困難を伴う。障害が明らかになった時点から，母親とともにその事実を受けとめ，むしろ，客観的，合理的に率先して子どもに必要な支援の手立てを探すことができる父親もいるが，ありのままの子どもの姿を受け入れること，子どもの特性に合わせた目標設定や対応を行うとことについて，母親以上に時間がかかる場合も多いのである。

　父親なりに，昼間は家族の経済的基盤を担うために仕事に尽力し，家に帰れば子育てに疲れた妻をねぎらい，休日はできるだけ普段関わる時間をもてない子どもと関わろうとする。しかし，子どもに障害があって，特別な支援や配慮を必要とする場合，一緒にいても何をすれば喜ぶのかわからず，子どももいつもと異なるやり方を嫌がり，結局は母親に助けを求めて，不評をかうというようなことが起こりやすい。

　生真面目な父親ほど，悩んでいる母親を支えることや，今後，先の見えない子どもの将来を支えるためにも自分がしっかりしなければと，責任と重圧を抱えることになる。父親としての手本もないので，どう振る舞えばいいのか，どうしたら子どもの障害が「治るのか」，母親以上に孤独な戦いを強いられているのである。そういった重荷が募った結果，行き場のない怒りをため込み，子どもへの暴力や，育児放棄につながり，結局は夫婦関係が破たんしていくケースもある。

　そういった事態を防ぐためにも，障害のある子どもの支援を考えるうえで，父親の支援は欠かせない。子どもの問題を話し合うときにはもちろん，子どもの成長をふり返り，今後の目標や支援方法についても，できるだけ父親にも情報を共有してもらうことが望ましい。

　同じような体験をもつ先輩の父親の話を聞く機会を設けたり，弱音を吐けるような懇親会の場を設けたりといったことも効果がある。父親の頑張りを認め，具体的な支援方法を学ぶ機会をつくり，子どもの成長を一緒に喜ぶことで父親を支えることは，結果的に母親と子どもを支える強力な手立てになる。

2. きょうだいへの支援

　多くの障害のある子どものきょうだいは，周囲には理解しにくい葛藤を抱えている。家庭によって差はあるものの，障害のある子どもを育てる保護者は，支援や介護のためのエネルギーを障害児に注ぐことになる場合が多く，そのためにいわゆる"きょうだい児"は普通の子どもとしてのサポートをしてもらえないことが増え，結果的にそれが生きていくうえでの困難を生み出すことにつながる場合がある。親が障害のある子どものことで悩みを抱え，心理的にも物理的にも余裕のない状態にあると，きょうだい児は甘えやわがままが許されない環境に身をおくことになる。

　これは，いわゆる「アダルトチルドレン」の問題に共通する状態がつくり出されていると考えることができる。「アダルトチルドレン」とは，子どもが子どもらしく育つことのできなかった家庭，つまり「機能不全」家族で育って大人になった人という意味で，きょうだい児が取りやすいアダルトチルドレンの行動を表8-2に示す。

表8-2　きょうだい児がとりやすいアダルトチルドレンの行動

ヒーロー	家族の誇りとなるような行動をとることで自分の存在価値を得ようと頑張るタイプである。親に心配をかけず，人に頼らず，何でも自分でやろうとし，学校でも優等生を演じる。つらくても弱音を吐かず，完璧にできない自分を責める。
身代わり	家でも学校でも何かとトラブルを起こすことで，家族の中にある葛藤や緊張から目をそらさせる役割をしているタイプであり，内面にある寂しさやつらさを誰にもいえずに行動に現す傾向がある。
道化師	おどけた態度やしぐさで家族の緊張を和らげ，場を和ませる役割をするタイプで，自分の辛さをはっきりことばにすることができないという傾向がある。
世話役	小さいときから親の面倒をみたり，愚痴や相談を聞いたりとカウンセラーのような役割を果たし，妹や弟の保護者役になったりするタイプで，自分のことはいつも後回しにしているため，自分の感情やしたいことがわからなくなる傾向がある。

出典：財団法人国際障害者年記念ナイスハート基金「障害のある人のきょうだいへの調査報告書」をもとに著者作成

　親や周囲の大人は，きょうだい児にこういった状況が起こりやすいということを踏まえ，できるだけそのような事態を引き起こさないような配慮をしていく必要がある。障害のある子どもに手がかかるときに，きょうだい児が優等生でいてくれるのは親にとっても周囲の大人にとっても都合がいいが，子どもが子どもとしていられる場所や，十分に甘えられる場所があるということは非常に重要であり，保育者は，障害のある子どもとともに育つきょうだい児の葛藤にも配慮しながら，家族全体を視野に入れた支援を行うことが求められる。

Column 1 🐸　医療的ケア児

　生まれたときから，からだに重い障害があり，人工呼吸器や胃ろう等を使用し，たんの吸引や経管栄養などの医療的ケアが日常的に必要な子どもたちのことを「医療的ケア児」とよぶ。

　2017年度の厚生労働省の調査では医療的ケア児は約1.8万人で10年前の2倍に増加している。医療的ケア児の障害の程度は，歩行もできるし，知的障害もない子どもから，重い知的障害と身体障害を併せ持ち寝返りを打つことも困難な状態の子どもまで，さまざまである（p.116，図6-2参照）。

　2016年に改正施行された児童福祉法では，地方公共団体が，医療的ケア児の支援に関して保健，医療，障害福祉，保育，教育等の連携の一層の推進を図るよう努めなければならないことが明記された。また，厚生労働省は医療的ケア児支援モデル保育所を指定し，看護師等の配置や，保育士のたん吸引等に係る研修受講等を支援し，受入体制の整備を進めている。

　しかしながら，必ずしも医療的ケア児の受け入れが進んでいない実態も明らかとなっていて，前述の厚生労働省の調査では，医療的ケア児の受け入れを行っていない地方自治体もかなりの数にのぼる。

　医療的ケア児を抱える保護者の問題としてあげられるのが，孤独なケア，家族の疲弊，仕事に行けない，外出できない，災害時の避難場所，非常時の医療機器電源の確保等である。厚生労働省の報告では，就学前の医療的ケア児の介護者が睡眠時間をどの程度とれているかの設問に「平均睡眠時間5時間未満」と回答した介護者の割合が，72％となっている（一般成人の調査では「平均睡眠時間5時間未満」は7％）。過酷な介護の日々の中で，体調を崩す保護者が後を絶たないのが現状だ。

　しかし，保育所での受け入れや，訪問保育が徐々に開始されており，在宅で介護者と2人きりで過ごすしかなかった子どもたちが，子ども集団の中で，さまざまな刺激を受けながら経験を広げることも可能になってきた。

　たとえ医療的ケアが必要な子どもをもったとしても，保護者が子どもの出生前と同様に仕事を続け，社会とつながりながら「当たり前に子どもと過ごせる」ための支援が求められている。

＜参考文献＞

Drotar,D., Baskiewicz,A., Irvin,N., Kennell,J., & Klaus,M.（1975）　The adaptation of parents to the birth of an' infant with a congenital malformation A hypothetical model. Pediatrics, 56（5）　p. 710-717

河内しのぶ・浜田裕子・福澤雪子（2005）　統合保育の現状について ―K市の保育施設へのアンケート調査より―　産業医科大学雑誌　27（3）　p.279-293

厚生労働省（2018）　医療的ケアが必要な子どもと家族が，安心して心地よく暮らすために―医療的ケア児と家族を支えるサービスの取組紹介―
https://www.mhlw.go.jp/iken/after-service-20181219/dl/after-service-20181219_houkoku.pdf（2019年9月9日参照）

中田洋二郎（2002）　子どもの障害をどう受容するか　大月書店

白鳥 めぐみ，諏方 智広，本間 尚史（2010）　きょうだい―障害のある家族との道のり―　中央法規

高森裕子（2013）　医療的ケアを必要とする障がい児・者等に 対する生活実態調査　結果報告　世田谷区における医療的ケアを要する障がい児・者等に関する実態調査報告会資料

田中康雄（2009）　最新保育講座15　障害児保育（鯨岡峻編）　第2章　障害児保育を医療の観点から考える　第3節　障害のある子の保護者の思い　p.60-63　ミネルヴァ書房

ウィング R.（1998）　自閉症スペクトル　―親と専門家のためのガイドブック―　東京書籍

財団法人国際障害者年記念ナイスハート基金（2008）　障害のある人のきょうだいへの調査報告書：障害者の家族支援を目指すための調査研究―特に支援体制が遅れているきょうだいへの支援を視野に入れて―」　p.18
http://www.niceheart.or.jp/jigyonaiyomenu/kazokusien/pdf/hohkokusho_kyoudai.pdf（2019年9月9日参照）

子どもの
精神保健とその課題

概　要

　本章は保育者が家庭や家族を支援するための精神保健に特化して記述した。子どもは家族，保育園，地域社会の中での生活者であり，関係性の中に存在しているという視点が大事である。保育者が遭遇する子どもの精神病理と行動の異常の発現は，子どもの生育・生活環境要因と密接に関わる。

　前半では，精神医学と近接領域の各種発達理論を年代に沿って発達課題とともに，家庭や家族とは何かを平易に解説する。
　後半は，精神保健上の重要テーマである虐待問題，災害時の保育園や子育て支援センターの課題，発達障害の支援の課題について，子どもと家族の支援に直結する家族理解，専門職同士の連携や地域の協働のあり方などトピックスと最新の動きを取り上げる。

第9章　子どもの精神保健とその課題

1節　子どもの生育，生活環境とその影響

1. 子どもを取り巻く環境との関係性や相互性の視点

　人は大人であっても子どもであっても一人で生活することはほとんどない。家族であったり，近所づき合いであったり，保育園や幼稚園，学校生活の中にはクラスという単位があり，部活などの集団に帰属する。学校を卒業後は，正社員であろうがアルバイトであろうが企業などの組織に所属して仕事をし，結婚すれば新しい家庭を作る。つまりライフサイクルに応じて何らかの集団の中で自分以外の人と共存する。そこでは挨拶をするとか言葉を交わすなど最小限の場合もあるかもしれないが他人との関わりが何かしら生じることになる。こうしたことから，人間の生活は個人では完結せず，対人関係や他者とのコミュニケーションによって規定されるといってよい。標題の子どもの生育・生活環境を考えるにあたって，まずこの視点を押さえる必要がある。

　アメリカの精神医学者 H. S. サリバン(1953)は，精神疾患を対人関係の病であるとし，その関係性から人間の行動や精神病理のメカニズムを解き明かした。それまでの伝統的な精神医学の症状論は，対人関係の文脈とは無関係に精神症状や性格特徴を記述してきた。サリバンは，参与しながらの観察(participant observation)ということも提唱し，すべての人間観察には観察する人間と観察される人間との間に参与による相互作用が生じ，そのことが反映された観察であるとしてここでも関係性を重視した。

　日本の精神保健研究を担ってきた精神分析学者で「甘えの構造」の著者である土居健朗(1978)は，精神医学的面接について，interview という単語が，「間」と「見る」から構成されていることを指摘し，面接とは医者が患者から一方的に話を聞くのではなく，医者と患者が互いに見合うことであるとした。ここでも関係性と双方向性の視点が強調されている。精神病理学者の木村敏(1972)は，精神疾患の基本的な要因として間主観性の問題を取りあげ，本質を「間」という言葉で表現した。さらに木村は人間と人間との間の関係を超えて，人間とその環境世界との関わり合いすべてを含むと考えた。人間は，人間を含む取り巻く環境世界との間で関わり合い，間主観的な関係を取り結ぶ。人間はそれらの関係の結節点を生きることで，自

分を一人の人間として形成していくという発達論を展開した。何らかの事情によっ
てこの関係がうまくいかないと精神疾患を発症し，間主観性を精神病理の発現まで
を含んだ人間精神の基本的な要因と考えた。

2. 年齢別に見た関係性と相互性の発達と課題

（1） 妊娠〜出産期

　　母親と子どもの関係は出産する前の胎児の時代から始まっている。とくに初めて
妊娠をするときの母体の年齢（とくに10代の若い場合），妊娠に至る経緯，妊婦に
対する周囲の支持的環境の有無，経済状況などが精神保健に大きく影響する。母親
にとって妊娠から出産そして育児という時期は，ホルモン環境の激変という生物学
的な要因に加えて，新しい家族の誕生という大きな心理学的ライフイベントがあ
り，誕生する子どもや結婚相手などとの新しい関係性が始まる。望んだ妊娠であり
相手や家族そして友人などの応援や祝福が存在することが，母子ともにその後の健
全な精神保健の構築にとって重要である。この場合，母子は孤立しておらず，周囲
に見守られるという関係性の中で安全に生活する。一方，いろいろな理由で妊婦が
孤立し，支えられない状況がある場合には，負の関係性がその後の育児や生活に反
映され，精神保健上の課題が生じやすくなる。

> ### 事例 1　孤立感の強い18歳の若年妊娠の女性
>
> 　　相手の男性も18歳で同じ飲食店で働くアルバイトであった。出生後に乳児健診で虐待
> リスクを心配して関わった保健センターの保健師がこの女性に，子どもを初めて妊娠しと
> きの状況と出産までの経緯を尋ねた。妊娠がわかったときの気持は，「やばい，どうしよ
> う」というものであった。相手にいってみたもののあまり親身になってもらえず孤立感を
> 強く感じた。実家の親も遠方のため電話で相談するくらいであった。それでも相手とは結
> 婚して頑張って良い家庭を築こうという意思があり，このことは安心材料であった。妊娠
> 中期になり胎動を感じたが喜びより，不安と戸惑いのほうが強かった。なんとか無事に出
> 産までたどり着きたいという気もちで頑張ったが，いざ出産してからは，なかなか育児へ
> の意欲が湧かなかった。無事に出産することが目標のように思っていて，達成されてから
> 精神力も萎えてしまったという。

（2） 乳児期前半の「ホールディング」

　　乳児は生存の欲求から派生する空腹やさまざまな不快の状況を泣くことで母親に
伝える。母親（主たる養育者を母親と表記する）はこうした乳児の状況を敏感に察知
して迅速に対応する。こうした育児や保育に特徴的なダイナミズム（やり取り）は迅
速で応答的である。この応答的な関係性を保証する母親の役割と機能について，小
児科医であり精神分析医でもある D. ウィニコット（1971）は，ほどよい母親（good
enough mother）という用語やホールディング（holding）という言葉で表現した。ホー

ルディングは日本語では，抱っことか抱きかかえると翻訳される。フラストレーションからくる赤ん坊の苦痛や不安の解消は，このような母親の機能によって解消される。ほどよいという言葉には，当初は母親に絶対依存の状況であった子どもが，月齢とともに発達段階や要求水準，身体的・精神的成長に合わせて次第に相対依存に移行することが含まれる。つまり手厚い保護や世話が少しずつ減り，子どもの心身機能は自立の方向に向かうという意味が込められている。

　乳児一人では解決困難なこころの状況，つまりフラストレーションからくる不安や葛藤を，母親はホールディングによって，赤ん坊に代わって解決するという相互的メカニズムである。赤ん坊が受け入れやすい形に変容してから（例えでいうと，飲み込めない大きい塊の食事を，砕いた形で飲み込みやすくしてあげる）与えるという行為である。これがうまく実行されないと，子どもにさまざまな精神保健上の病態をもたらす。

　統合失調症の精神分析療法を行ったW. R. ビオン（1962年）は，こうした母親の機能をアルファ機能とよび，精神の混沌を整理して意味を付与する役割も重視した。

　したがって，母親が赤ん坊の世話するという応答的な行為は，赤ん坊の欲求に沿いながら，苦痛や不安を取り除き，どういう意味なのかを伝達するという側面をもつ。この母親と子どもの関係性のモデルは，精神分析療法における医師と患者の治療関係にも援用されている。

(3)　乳児期後半の「情動調律」

　調律という言葉は，ピアノの鍵盤の音を正しく調整するという意味で用いられる。情動調律とは乳幼児の感情に対して母親が適切に応答していくことで調整することをいう。情動調律の概念が，精神分析学者D. N. スターン（1977年）によって提示された。スターンは，乳幼児観察の研究において母子の交流場面の録画記録を詳細に分析した。

　生後7か月頃になると，母親は感情，動機，意図という主観的自己感をもつ存在として乳児に認知される。情動調律は，母親が子どもの喜びや悲しみなどの感情表現に共鳴して，子どもとは異なる表現方法（たとえば，乳児が新しいおもちゃに「アー！」と興奮して喜びの声をあげ，母親のほうを見たときに，母親が上半身を大きく揺って反応する場合など，身ぶりや声の抑揚を通しての交流）で応答することをいう。子どもはこの母親の共鳴表現を共有することで，母親との間合いや表出の程度などを学習することで自らの感情を調整し，母親と波長が合うようになっていく。この時期のこうした相互交流の積み重ねにより，親子が同じ喜びと興奮を同時に体験することができ，自他の区別がある程度できたうえでの母子の一体感を強化する。この一連の体験は，子どもにとって後々の対人関係の基盤になる。

　児童精神医学者のR. スピッツ（1957年）が，8か月不安とよんだ人見知り不安は

この時期に頂点に達する。この頃の母子関係は蜜月であり，人見知り不安の現れは，子どもが母親と母親以外の対象を区別する兆候と考えられる。また人見知り不安は，子どもが母親と離れる状況で現れる分離不安の原型である。分離不安は程度の差こそあるものの，幼児に普遍的に現れて，子どもが母親からの分離を意識することを示す発達現象である。この時期に一時的にみられるこの現象は，人間が進化の過程で生存上の理由から形成されたと推測されている。

Column 1 　　2者関係から3者関係への発展

　子どもにとっても家族にとっても，関係性の構図として2者関係から3者関係への移行は社会的存在になるための分岐点で意識変革が求められる。生後しばらくは，母親との愛着形成が乳児の対象関係の出発点であり2者関係といえる。精神分析学のフロイト（1905年）は，小児性欲説で，授乳など口唇を中心とした活動が優位な時期を口唇期，やがてトイレットで肛門括約筋の意識的なコントロールが始まる時期を肛門期とよんだ。たとえば男の子の場合，母親に対する愛着が深まるにつれて，父親の存在が意識されて母親との愛着の妨げと感じ始めると，内的空想の中で父親から威嚇される不安を抱く。フロイトは，これを去勢不安とよんだ。この時期を3者関係の始まるエディプス期とよんだ。3者関係への対象関係の広がりに伴う葛藤をエディプス・コンプレックスと名づけ精神分析学の主要概念に位置づけた。その後，きょうだいが誕生すれば4者関係となり関係性はさらに複雑化する。現代の主流である核家族においては，結婚した夫婦は家庭の中では当初2人関係であるが，子どもをもつことで家族においては3者関係に移行することになり，夫婦のダイナミズムも大きく変化する。親子双方にとって家族成員の増加は，社会化への第1歩といえる。

フロイトの小児性欲説の諸段階

口唇期	乳児期（0歳）	甘えや依存の希求
肛門期	幼児期（1〜3歳）	主張や統制の希求
エディプス期	幼児（3〜6歳）	エディプス願望
潜在期	学童期	小児性欲の抑圧
性器期	思春期	成人の愛情への統合

出典：吉澤

---

(4)　生後1歳頃までに現れる「移行対象」

　1歳前後になると，母親が一時離れるときや眠るときに不安を感じると，それを解消するために指しゃぶりやおしゃぶりを用いるが，次第にぬいぐるみ，毛布，タオルなどに愛着する対象が変わる。いつも手元に置いたり話しかけたり特別な存在になることもある。小児科医で精神分析医のD.ウィニコットは，母親代わりでもあるこの愛着対象を移行対象とよんだ。移行対象の臭いなども重要であり，汚れても洗濯されることを子どもは望まず，新しいものに買い替えられることを喜ばない。

　移行対象はある一定の時間内であれば，実際に母親がそばにいるのと同様の効果を有する。この母親の代理物は自分ではない最初の所有物であり，子どもにとって内的世界と外的現実の間の中間領域にあり，情緒の発達を促す役割をもっている。この中間領域における子どもの活動は，創造性に満ち溢れ子どもの遊びにおける心理的空間のもつ役割と一致する。これが子どもの心理療法でプレイテクニックが用いられる理由にもなっている。

(5) 1〜2歳の幼児の「遊び」の意味

　幼児期の子どもは，一人遊びも好むが家族やきょうだいなどと遊ぶ機会も多い。子どもの遊びは，周囲との関わりをもつ場合には，コミュニケーションの重要な手段でもある。精神分析学の創始者ジグムント・フロイトは，1歳半になる自分の孫の糸巻き遊びについて記述し，こどもの遊びの意義を考察した。1歳半の男の子は母親が用事で少しの間離れたときに，紐のついた糸巻きを投げては「オーオー」（いない）といい，紐を引っ張って糸巻きが姿を現すと「ダー」（いた）といいながら，何度も繰り返した。この遊びは母親がいなくなることと現れることに関係していた。糸巻きが現れたときに嬉しそうに「ダー」というのは，母親の表徴である糸巻きが現れることへの歓びを意味していた。一方糸巻きを投げることは母親が離れていなくなる苦痛な体験を意味しているので，この遊びの反復についてフロイトは，母親がいなくなる不安をやり繰りする試みと解釈した。つまり一見苦痛の要素が含まれる遊びであっても，子どもにとっては差し迫った不安や葛藤を克服する主体的で能動的な活動といえる。このような構造と意味をもついないいないばあ遊びは，1歳前に受動的な形で始まる。母親が意図的に顔を隠したり見せたりすることで乳児は喜び，何度もこれを要求する。また，いないいないばあ遊びは，2歳以降にもかくれんぼや鬼ごっごなど集団の中でルールをもった遊びに分化していく。この時期の家族は母親，父親，きょうだいが独立した存在として子どもに認識され，遊びを見守る，または遊び相手として機能する。

Column 2　🐸　遊びの本質のとらえ方の職種による相違

　子どもの遊びに対する保育士と心理士の観点の違いがあるので，それぞれの遊びに関する代表的な考えを比較する。どちらも子どもにかかわる専門職であるが，近年では発達障害の支援などで多職種が連携して子どもに関わることも多く，保育者が他分野の専門性や子ども理解の考え方を知ることは重要である。保育の質研究において，保育者の園児との応答的関わりのなかで園児の行動から大事な課題を見いだすことを問題の設定という。この問題の設定ができるかどうかが重要である。それを可能にするのは保育者が内在的にもっているフレームであり，発達の知識，保育の経験値，自らの育児された体験からなる物差しのことである。

保育における遊びと心理療法における遊びのとらえ方の違い

	保　育	心理療法
依拠する理論	省察的実践（D. A. ショーン）	精神分析学（M. クライン）
特　徴	発達的フレーム 経験値	自由連想に対応する自由なプレイ 治療構造
対人距離	近い，全人的 スキンシップあり	隠れ身，中立的 スキンシップ禁忌
介入の技法	問題の設定 即時応答的 フレームに基づく誘導や方向付け	転移解釈（here and now）
小休止	持ちにくい	題材の検討と洞察，解釈の構成
目　標	発達促進的	不安や葛藤の解決

出典：吉澤・安藤

(6) 保育園や幼稚園での「集団生活」

　児童精神科医のM.マーラー（1975年）は，「分離個体化理論」の最終段階として，2〜3歳の時期に情緒的対象恒常性の萌芽が現れると考えた。母親表象が統合化され幼児が母親の不在に耐え母親から離れて遊ぶことができる段階である。精神機能やコミュニケーション能力が段階的に発達し成熟する中で，言語や象徴表現が活発で豊かになる。すると，子どもに確固たる母親イメージが内在化される。つまり，この段階になると，母親には分離個体化という子ども重要な達成を見守り促進させる対応力が求められる。

　保育園や幼稚園に入園すると集団生活が本格的に始まる。他の多くの子どもたちとの関わりが始まり，子どもの活動領域が広がるとともに，家族の役割も変化する。入園に際しては，子どもが母親など愛着する対象から保育時間は分離しなければならず，これが当初の課題となる。家族は，子どもが集団生活に入り馴染むことを促し，分離不安がある場合には保育者と協働して解消に努める。また継続して集団生活が営めるように見守る。

　保育園や幼稚園の集団生活の中で，子どもは他の子どもと一緒に遊び，コミュニケーションのツールとしてのことばを発展させる。遊びの仲間に入れて欲しい，おもちゃを貸して欲しいなど互いにことばで気もちや考えを伝え合う。ことばやそれ以外の非言語的コミュニケーションを通じて集団生活をすることで急に語彙が増え使い方も発達する。遊びもいないいないばあ遊びから，ままごと遊びなどのごっこ遊びや，戦隊ヒーローなどになりきる遊びなどにバリエーションが拡がる。集団遊びでは，子どもの豊かなアイデアや発想が生まれてそれが評価され受け入れられる過程を経ることで，子どもの自由な創造性の母体ができあがる。遊びのバリエーションが増え複雑化することと並行して子どもの役割意識や想像力全般が身につく。この時期は創造性や行動力をもった大人になるための準備段階といえる。

　遊びは年代に応じたルールが存在する。鬼ごっこ，かくれんぼ，かんけりなど遊びにはすべてルールがある。子どもは集団生活の中でルールを自然に身につけることができる。年齢に相応しいルールは，子どもたちが集団で楽しく遊ぶことを可能にする。集団の中では，互いの主張が食い違い，意見が合わなくてけんかをすることもある。そういうときこそ，他の子どもは自分とは異なる考えをもっているということを知り，つき合い方を学ぶ機会となる。そしてけんかを乗り越えることができると，他の子どもとの仲が深まる。

　家族や保育者は，年代に応じて子どものけんかの間に入って仲裁をすることもあるし，子ども同士で解決を促すために見守ることもある。就学前においては，大人の目の行き届くところで，けんかなどのやり取りが生じることがほとんどであり，危険がある場合には速やかに回避させる行動をとるが，それ以外は子どもたちが主体的に解決するのを促す介入方法を考えることがこの時期の大人の大事な役割である。

（7） 小学校の学習

　フロイトは精神性的発達理論において，乳幼児において未分化ながら幼児性欲が存在すること，それが学童期に一致して減衰し潜伏期（latency period）を形成すること，そして思春期になるとともに成人の性的発達が顕著になることを指摘し，2相説（diphasic theory）とよんだ。学童期は学習，運動，芸術などさまざまなジャンルで子どもの学習成果が著しい時期である。

　子どもが小学校に入学する段階では，子どもにとっても家族にとっても新しい発想が必要になる。幼児教育では，自由な集団遊びの活動を通して，自立心，協働，思考力，感性，企画力，行動力などを育む。小学校教育は，教室で机に座る形の学習環境が中心となり，基礎学力や思考力が育まれ，通知表というかたちで成績が評価される。

　幼児教育から小学校教育への移行に関しては，幼小接続の課題として議論されている。これは精神保健の観点からも極めて重要なテーマである。

> **C**olumn 3 🐸　　保幼小接続に関する諸課題
>
> 　保幼小接続とは，保育・幼児教育と小学校教育を滑らかにつなぐという意味合いで用いられ，狭義には保幼小のカリキュラムをつなぎ構築することである。また接続に関連するさまざまな連携活動が展開される。あるこども園では，市内の進学先の小学校の教諭が入学時期の新年度の前にこども園を訪れて，入学予定の園児の情報と保育者の意見を聞いて，小学1年生のクラス編成に生かしている。幼稚園や保育園と小学校の教師レベルでの交流が活発に行われている例である。
>
> 　また，就学前の子どもの主導的な動機が遊びである状況から，小学校の学習や宿題を子どもが頭で理解できる動機から主導的な動機へどう変化するかという課題もある。発達心理学者レオンチェフの例を紹介する。1年生の子どもは宿題をやらなければならないことは頭で理解していても宿題をさせようとするのはなかなか難しい。ところが宿題が終わったら遊んでよいことを伝えると，子どもは宿題をすませるようになった。ある日，子どもは宿題の視写を急にやめて泣きながら机を離れた。「なぜやめたの」と尋ねると，子どもは「今さらやったって何になるの。どうせやっと合格するか，わるい点をもらうだけさ。だって，いい加減に書いたから。」と答えた。この行動の変化は，「よい点を取りたい」という新しい動機の出現を意味している。このように新しい主導的動機の発見によって，子どもは小学校の学習に適応するのである。

（8）　生育環境としての家族のコミュニケーションについて

　文化人類学者の G. ベイトソン（1972年）は，精神病棟の勤務時代に，統合失調症患者の家族とのコミュニケーションに注目した。彼がダブルバインドとよんだコミュニケーションの特徴は，たとえば母親が幼児に「大好きだからこっちへおいで」と呼びかけながら，子どもが母親に近づこうとすると母親は身を固くして拒否するような言葉とは反対の態度をとることをいう。ダブルバインドのメッセージに遭遇した子どもは混乱し，どうしたらよいかわからなくなる。コミュニケーションはことばと表情や身振りなどの非言語的コミュニケーションで成り立つが，ことば以外の伝達様式も重要でありメタコミュニケーションともいう。通常のメッセージ

はことばとことば以外の伝達内容が一致するが，ダブルバインドの場合は不一致である。ベイトソンは，統合失調症の患者が生育環境としての家族の中で長年このようなダブルバインドに晒されてきたことを見出し，統合失調症をダブルバインド状況の精神病理学的帰結と考えた。一方でベイトソンは，ダブルバインド状況を新しい視点を得るという創造性についても述べている。ベイトソンの有名なイルカに芸を教える実験からそれを示す。イルカは調教師によってまず観客の前でオペラント条件づけを披露するように仕向けられる。イルカは，ある動きに対して強化（えさ）を受ける。その次にその動きをしても餌を与えられないことが続くと強化が弱まる。これはイルカに混乱と不安を与える一種のダブルバインド状況である。新しい芸を覚えさせるためにイルカが偶然別の動きをしたときに強化を与える。この文脈の変化が，14回にわたって続けられる。最初の14回のセッションが終わり小休止中にイルカはかなり興奮した様子を見せた。そして15回目のセッションのため舞台に出るや，8種類の行動を含む精妙な演技を披露した。そのうち4つは全く新しいもので，この種のイルカにはそれまで観察されたことのない芸であった。

このように子どもにとって生育環境としての家族は，あるパターンのコミュニケーションを子どもに長期間強いることになり，精神的健康に多大な影響を与える。

Column 4 🐸　家族療法の考え方

　精神医学的治療には，個人の精神病理や要因を解明する個人療法と，症状や主訴を家族間のコミュニケーションそのものを問題として，システムとしての家族全体を治療対象とする家族療法がある。保育者による家庭や家族支援に，家族療法の考え方が参考になる。

　家族療法の歴史を辿ると，ベイトソンダブルバインド理論が出発点にある。家族コミュニケーションそのものの本質に迫る視点であり家族療法の発展を促した。患者の主訴や症状の背景にある家族間の相互関係とコミュニケーションの機能不全に患者と家族が気づくように援助する。家族が抱えるダブルバインドの葛藤状況を，家族システムの構造的変化を促進させる動因として捉え，家族内のコミュニケーションの質的改善を目指す。

　ミニューチン（1974年）は，母子の共生的なありかたを病因として位置づけ，これを解体して両親の間に新たな密な関係をつくりあげることが治療的に有効であると主張して，摂食障害の家族療法を展開した。家族全体の中で個人がどういった立ち位置が望ましいかという布置の観点とその是正である。

　パラゾーリ（1967年）は，患者の症状が家族システムの維持に役割を果たす点を重視した。疾病利得的な発想といえる。固定した家族の関係や交流のパターンの悪循環を断つことで，新たな適応的家族システムの再編成を促した。

　セイックラ（1980年）らのオープン・ダイアローグは，統合失調症に対する治療的介入法で，発病した患者家族のところに精神科医，看護，心理などの多職種チームが訪れ患者家族とともに対話を行うというユニークな方法である。

　つまり，家族療法の考え方は，患者の症状や主訴を家族システムとの関連でとらえるため，直線的な因果関係ではなく，関係性を中心とした円環的な視点といえる。特定の個人に原因を求めず家族全体のコミュニケーションの歪みに着目する。

2節　子どもの心の健康に関わる問題
―虐待，大災害，発達障害支援の精神保健上の課題 ―

1. 虐　待

　　児童虐待は，虐待を受ける子どもだけではなく，虐待をする親を含め重要な精神保健学のテーマである。ここでは，家族全体そして家族を取り巻く地域社会を含めて虐待問題に関係する現代の課題について述べる。

（1）　虐待通告の右肩上がりの増加と面前 DV

　　図9-1は児童虐待の児童相談所への通告件数と児童相談所が対応した件数の推移である。この30年間に右肩上がりで増加している。このグラフと数字だけでは実態がわかりにくいが，心理的虐待が半数を占めている。心理的虐待の中で児童が同居する家庭における配偶者に対する暴力（面前 DV）が増加の一途を辿っている。DVの通報時に警察官が駆けつけ，子どもの前で DV が行われていると面前 DV として警察から児童相談所に通告される。

　　2019年6月19日に児童虐待関連改正法が成立し，児童福祉法，虐待防止法に体罰の禁止が盛り込まれ，2020年4月から施行となった。また民法の懲戒権の見直しの方向性も公表された。これを受けて育児や育児を支援する現場では，体罰なきしつけと子育てのあり方が問われることになる。

　　面前 DV の頻発や体罰禁止の法改正の動きは，育児をする世代の家族のあり方を考えさせる出来事といえる。共通していえることは，子どもを一人の人間としてまた社会という関係性の中で自尊心や自己感の健全な発達を促すための子育てを行うという意識である。ここでも新しい家族のあり方が問われている。

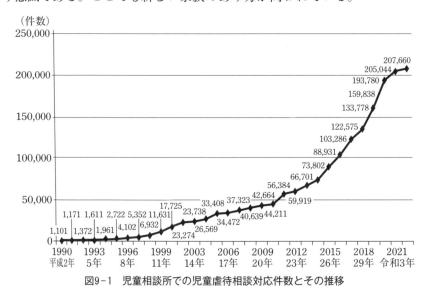

図9-1　児童相談所での児童虐待相談対応件数とその推移

出典：子ども家庭庁「令和3年度　児童相談所での児童虐待相談対応件数」より作成

(2)　反応性愛着障害

　子どもがネグレクトにより必要な愛着形成ができない場合，反応性愛着障害になることがある。愛着とは精神分析学者J. ボウルビィ（1980年）によって提唱された概念で，子どもと母親との間に形成される情緒的な絆のこという。子どもは母親など特定の他者に対して，強い結びつきを形成する傾向がある。元々，人間は生理的早産とよばれる状態で生まれる。これは生きるために環境に依存する期間が他の哺乳動物に比べて極端に長いことを意味する。生まれたばかりの赤ん坊は，他者から守ってもらわなければ生きることも成長することもできない。このとき赤ん坊が安心して守られる存在ということ自体が，身体的および心理的な安全を確保する生まれつきのメカニズムと考えられる。

　反応性愛着障害の子どもは，衝動性，過敏，破壊的な振舞がみられ，情愛，自尊心，尊敬心や責任感が欠如する。他人とうまく関わることができず，見知らぬ人にべたべたするといった極端な傾向がみられる。児童養護施設などで育ち，思春期に万引きなどの問題行動を起こす例もある。悪への憧れがあり他人の嫌がることをするという特徴がある点で，注意欠如・多動症などの発達障害と区別される。

(3)　虐待をする親の精神障害について

　親の知的障害，発達障害，自閉症，注意欠如・多動症，パーソナリティ障害，統合失調症，うつ病，依存症，躁うつ病，摂食障害，PTSD などが虐待に関する要因である。通告による一時保護などの対応の後に，親の精神障害がわかる場合と，精神科に通院している状況において面接から虐待がわかる場合がある。いずれも親の精神医学的な治療が並行して行われる。

　代理ミュンヒハウゼン症候群とよばれる特殊な精神障害がある。この症候群は母親による子どもの病気の偽装として，小児科医のメードゥ（1977年）が虐待として報告した。養育者が子どもを病気に仕立て上げ，献身的に世話をすることで周囲の注目を集めたいという願望が根底にある。医療に詳しい者が多く，気づかれにくい手の込んだ虐待ともいえる。福岡県の乳幼児の事例では，1歳半の女児が20代前半の母親から抗てんかん剤を飲まされ続けたため，嘔吐や下痢，痙攣などの症状が出て入院。1週間ほどで回復し退院し，献身的に介護する母親の姿が周囲から称賛された。ところが1か月後に救急車で病院に運び込まれることになった。NHK の特集でも代理ミュンヒハウゼン症候群が取り上げられた。入院中に付き添いの親から骨を折られるなどの虐待を受けた疑いのある子どもが全国の小児科の病院で少なくとも年間に65人いたことが調査でわかり，病院にいるなら安全だという常識はもはや通用しないと報じられた。

(4) 虐待の世代間連鎖について

　世代間連鎖は世代間伝達ともいわれ，貧困や児童虐待の世代間連鎖といった文脈で用いられる。幼少期に虐待を受けた子どもが親になったとき，自分の子どもに虐待をしてしまう傾向がある。そのメカニズムは，親になったときに子育てやしつけをどのように行うかは，自分が子どものころに親から受けた育児やしつけのパターンが記憶されていて，無意識にそれを繰り返すと考えられる。

　世代間連鎖は幼児期の養育環境や家族の中で慣れ親しんだコミュニケーションパターンの反復でもある。世代間連鎖が虐待の要因の一つであることがわかっていても，それから逃れることはなかなか難しい。こころの奥底に刻印され，無意識の領域に押し込められた体験である。フロイトの精神分析療法を例にとると，無意識の刻印が過去から現在の治療状況の中に何度も反復される。フロイトは成人の患者が治療者であるフロイトに向ける態度や感情がいかに不合理であるかを解釈することで患者に刻印に自覚させた。

　この連鎖の悪循環を断ち切ることは簡単ではないが，たとえば，自分以外の親たちの育児やしつけの仕方や育児感を共有する方法が考えられる。違いやバリエーションのあることを知り，自分の育児やしつけを客観視することができる。それには育児やしつけに対して興味や関心をもたせるような精神保健の若者教育も必要であろう。

(5) 虐待死事件の報道と法改正の影響

　虐待死事件が相次いで報道されている。虐待は精神保健上最も重大なテーマの一つである。2018年に起きた目黒区の5歳女児虐待死事件は，親が十分な食事を与えずに栄養失調状態に陥らせ衰弱したが，虐待の発覚を恐れて病院を受診させることをせずに放置した結果死亡した。体重は死亡時，同年代の平均の約20kgを下回る12.2kgだった。部屋からは，「もっとあしたは，できるようにするからもうおねがいゆるして」などと，覚えたてのひらがなで書いたノートが見つかった。香川県で計2回，県の児童相談所で一時保護されたた後，一家は目黒区に転居。香川県の児童相談所から引き継ぎを受けた品川児童相談所が家庭訪問したが，5歳女児に会えないまま放置するという誤った対応があった。

　2019年には，千葉県野田市の小4女児が虐待死した。一家が沖縄県から千葉県野田市に転居したことに伴い転校したが，学校で実施したアンケートに「お父さんに暴力を振るわれています」「先生何とかしてください」と書いた。これを受け，翌日には児童相談所が一時保護をした。一時保護解除後に娘の書いたアンケートを渡すよう執拗に迫る父親の圧力に屈して教育委員会は，独断で父親にアンケートのコピーを渡すという失態を行った。アンケートには「秘密は守ります」と書かれていたがこの約束は守られなかった。その後小学校を1か月休んだが児童相談所は，訪問をしないなど不手際が検証で指摘された。

こうした虐待死事件が相次ぐ中，2019年5月に体罰禁止と児童相談所の機能強化を盛り込んだ改正児童福祉法が可決された。また民法に規定されている親が子どもを戒める権利である懲戒権の削除を含む見直しの方向性が打ち出された。体罰禁止の法改正は，育児をする親たちや子育て支援の現場に大きな影響を与え，困惑や混乱をもたらす可能性がある。しつけとは，親や保育者が考える望ましい規範の観点から，手伝う，導く，方向付けをすることであり，鋳型にはめる，強要する，従属させることではない。後者の場合は，子ども自身で物事を考えたり自己をコントロールするという最も大事な自律性や主体性を奪うことになる。ただし，しつけをする立場の大人は，自分が幼少期に親から受けてきたしつけが心の奥に刻印されているため，無意識のうちにそれを目の前の子どもに繰り返す傾向がある。これが虐待が世代間伝達をするという所以でもある。このことは母親と支援者自身の過去および現在の対人関係の質であるパターンの振り返りや省察（D. ショーンの概念である reflection の訳語。保育分野で用いられ，反省や内省を意味する。心理臨床では洞察 insight を用いることが多い。）が求められる。

Column 5 🐸 　　　育児や子育て支援の現場は，法改正にどう対応するか

　　育児やしつけの先進国であるスウェーデンの場合は，1979年に体罰禁止の法改正を行った。その後年月を経ていまでは体罰が半減している。日本でも虐待死事件の相次ぐ報道や，虐待をする親が懲戒権を口実にしつけの一環であると主張する例もあることが背景にあり，体罰禁止と懲戒権見直しの法改正の動きが急である。
　　それを受けての活動である「ストップ虐待・親支援のあり方検討会議」について紹介する。「育児のパラダイムの変更」ともいえる事態に対して子育て支援の全国組織と虐待予防に関する研究班が協働して「ストップ虐待・親支援のあり方検討会」を全国展開した。育児現場の混乱は育児不安を増大させている。体罰なきしつけを具体的にどのように考えたらよいか，現場の保育者が自らの手で主体的に指針策定に動いた。ワークショップでは，「支援者が体罰禁止を保護者にどう伝えるか」「園児や保護者の観察で，おやっと思う場面は何か」「そのとき保護者にどう接したらよいか」「そうしたとき園全体としてどう動くか」などさまざまなテーマを設定し，虐待一歩手前の段階で「親を加害者にしない」防止策を検討した。

---

(6)　要保護児童対策地域協議会（要対協）

　厚生労働省は，虐待など要保護児童の早期発見や適切な保護を図るために，関係機関がその子ども等に関する情報や考え方を共有し，適切な連携の下で対応するための組織作り（要保護児童対策地域協議会）の指針を示した。要対協の運営の中核となって連携と役割分担の調整を行う機関の責任体制の明確化，および円滑な情報の提供を図るための情報共有の促進が含まれている。要対協の関係機関は，役所の子ども家庭担当部署，子ども家庭支援センター，保健所，児童相談所，警察，保育園や幼稚園，学校などであり，代表者会議，実務者会議，個別ケース検討会議が行われる図式である（図9-2）。

ただし昨今の虐待死事件報道などを見る限り，虐待の予防や早期発見のセキュリティーネットワークの図式はあるものの，実際には十分に機能しない現実があり，要対協の効果的な連携活動の運営の難しさが浮き彫りになった。

　最近の虐待死事件からどのような点が問題として指摘されたかを示す。目黒区の5歳女児の虐待死事件の検証では，転居に伴って引継ぎを行った2つの児童相談所間の虐待のリスク判定の重篤度の認識の違いが指摘された。転居後に担当となった児童相談所が家庭訪問したが女児に面会できなかったが，そのまま放置してしまった。面会を拒否された後，警察の協力のもとに女児を確認しなければならなかったことが検証で指摘された。つまり児童相談所間の連係や児童相談所と警察の連携ミスである。

　千葉県野田市の小4女児虐待死事件では，検証の結果いくつかの連係ミスが重なったことが指摘された。小学校で実施したアンケートのコピーを加害者の父親に教育委員会が渡してしまった。絶対にしてはいけないことが何故起こってしまったのであろうか。担当者がことの重大性を理解していなかったこともあるが，教育委員会の一部署が上司や弁護士などに相談せず独断で行ったことがわかった。またそれを要対協の実務者会議の席に文書で報告していたが，各機関の専門家が集まったこの会議で取り上げられなかった。さらに一時保護中に医師が性的虐待があったことを指摘したにも関わらず，それが示す高いリスク評価がなされなかったこともわかった。小学校を1か月以上休んだ時にも児童相談所が家庭訪問を小学校に任せきりにしていたことなど，ところどころで大事な連携ミスが重なった。

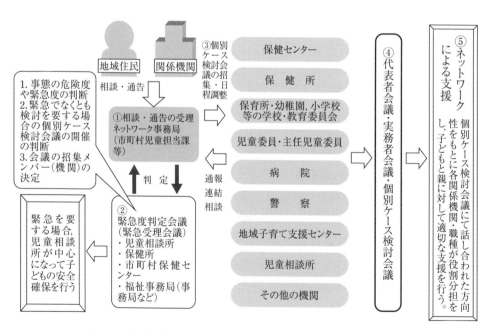

図9-2　代表者会議・実務者会議・個別ケース検討会議が行われる図式

出典：厚生労働省　子ども虐待対応の手引きから引用

虐待死事件が起き続ける要因に要対協が機能しないことが指摘されるが，代表者会議，実務者会議，個別ケース検討会議の内，実質的な事柄を相談し対応を行う実務者会議と事柄ケース検討会議の問題点は以下のようになる。実務者会議と個別ケース会議の会議招集を行いコーディネートとデザインを行う調整機関がそもそも本来の機能をしていない実態が指摘されている。調整機関は多くの場合地区町村の児童家庭相談担当課が担っているが，多くの関連機関を束ね，必要な連絡を密に取り合い，会議開催の日程調整を迅速に行い，情報収集と資料作成などの事務局機能，コーディネート機能，ケースマネジメント機能を効果的なタイミングで行う職員の十分な配置がない。連携に関する専門知識と経験が高度に求められるが，それには，こうした役割の重要性の認識，それに対する予算化，専門性を高める研修など今後の課題があまりにも多い。個別ケース会議を長期に開催していても，必要な介入がなされずに見守りだけで終わっている，支援課題や目標がないままに行われる，会議の運営力や推進力の弱さ，会議参加者の問題意識の温度差などさまざまな問題点が指摘されており，厚生労働省の掲げる要対協の図式と現場の致命的な乖離をどうなくすかが緊急に問われている。

Column 6 🐸　　多職種連携とコーディネーターの機能

　連携は簡単ではなく，高度な連携知識と専門性を有する領域である。また個々の事案の連携の結果に対する調整者の責任は，生死に直結するためきわめて重い。最近の虐待死事件では，検証の結果本来なされるべき連携を行わなかったことが指摘された。
　連携に関わる人間や機関が増えると連携の構造自体が複雑化し連携の難易度が急勾配で高くなる。連携全体をデザインし，うまく機能させるためのコーディネーターの機能と課題を表にした。

難易度の高い連携活動におけるコーディネーターの機能と課題

コーディネーターの機能	課　題
(1) 問題点と緊急度の評価	リスクアセスメントの正確さが連携の目標を規定
(2) 連携のデザインの策定(役割を分担含む)	メンバーの専門性，技能，経験の熟知
(3) 連携の結果に対する責任	チームが機能したかどうかが救えるかどうかの鍵
(4) メンバーの専門性を理解	他分野の知識と普段の交流
(5) 目的をメンバーにわかりやすく説明(情報共有)	説明能力が問われる 目的が曖昧になると連携は機能しない
(6) 連携を促進させる触媒作用	常にチームの動きをモニター メンバーの主体性を損なわない介入
(7) 必要があれば連携の方法をメンバーにアドバイス	専門技術としての連携
(8) 連携プロセスの時間的流れにおける評価・検証と必要な修正を行う	メンバー間のコミュニケーションが応答的，相互的

出典：吉澤

2. 地震災害と精神保健

（1） 大地震とPTSD

　大地震は建物の崩壊や飲料水や電気などの社会的インフラ全般が損なわれ，家族の生活の基盤や環境が大きく変化する可能性があり，そういった場合に家族成員のメンタルヘルスにも注意が必要である。災害により家族の生命の危険があるとそれがトラウマとなってこころは深く傷つくとPTSD（外傷後ストレス障害）を発生することがある。精神医学の診断概念によると，自然災害，事故，強姦や虐待などの犯罪，さらに戦争といった，人が通常経験する範囲をはるかにこえた強い心的外傷を受けたあとに発症する精神障害で，症状が1か月以上続くものをいう。症状が心的外傷体験直後から1か月以内にとどまるASD（急性ストレス障害）とは区別される。第1次世界大戦後の元兵士のショック症状（戦争神経症）や，ベトナム戦争後のアメリカ帰還兵の社会不適応の研究・治療からPTSDの実態がわかり，詳しい研究が始った。日本では1995年1月の阪神淡路大震災に自殺者が多発したことから注目されるようになった。具体的な症状としては，夢や錯覚，幻覚，フラッシュバックなどに象徴される外傷体験の繰返し，無感動，無関心といった外傷体験の記憶の抹消，さらに不眠，集中力低下などの亢進状態も認められる。

（2） 熊本地震と保育園

　ここでは，2016年4月に発生した熊本地震の後の保育園と子育て支援センターの調査からわかったことを述べる。熊本地震は，最大震度7の前震と　本震が立て続けに起き，その後の余震の震度，頻度ともに異例の大きさという特徴があった。被災後の余震の中，保育所と子育て支援センターは業務の早期再開を模索したが建物や設備の改修，水道や電気など生活インフラの復旧，今後起こるかもしれない震度6以上の地震への備えと避難訓練，また保育者自身が被災者であり居住環境（家の修復，車中泊や避難所生活，仮設住宅などでの仮住まい）や家族のこともあり課題は山積していた。出勤できる職員総出で，保育園や子育て支援センターの後片づけ

事 例 2　熊本地震を被災した5歳の男児とのやり取り

　子どもの遊びの中で，「地震」ということばが多く聞かれた。被災後より夜尿をするようになり，怖い夢を見たということが増えた。時々思い出したように「地震怖かったね」「お母さんが（僕を）抱っこして飛び降りて逃げたもんね。」など，地震発生直後のことを話す。被災直後から「（僕が）お利口にしていなかったから地震来たの？」などの発言があり，その都度そうではないことを伝えるよう心掛けていた。

　子どもはまだ外的現実と内的空想が十分に区別できていないので，自分がわるいことをしたせいで地震が起きたという意味づけをし，罪悪感に苛まれていたと考えられる。

　　　　　　　　　保護者からの報告を，個人が特定できないように一部を改変して示した。

をまず行い，使えない部屋は，クラスを合同にするなどの対応を行った。給食の再開に関しても，当初は近隣の小学校から支援物資を分けてもらい，手近に調達可能な食料を集め通常とは異なるメニューや形で実施した。余震が長い期間続き，再びくるかもしれない大地震に備え，実効性のある避難訓練を行った。また，被害の大きい地域にある保育園は住民の避難所として園を解放したところもあった。また災害発生当初は，公務員や医療関係者が働けるように，そういった職員の子どもを優先的に保育園で預かった。また自分の保育園の再開に時間のかかる場合は，避難所にいる子どもの保育のために出前保育の活動をした保育士もいた。

　被災後の子どもたちの様子は，幼児返り，トイレにひとりで行けないなど母親や保育者から離れたがらない，地震遊びなどが見られた。被災後も不安な状況で暮らす園児や保護者に対して，保育者に共通した対応として，いつも通りの日常を提供しようとした，笑顔と声掛けを行ったことをあげることができる。大地震によるさまざまな喪失の中で，非日常に直面する辛さを回避するために，保育者のいつも通りをモットーにした一貫した姿勢は園児と家族の安心感を与えた。喪失や分断の中，地震発生直後の安否確認の電話やメールを含め，保育者の笑顔と声掛けは，人とつながっていて孤立はしていないという安心感を伝えるメッセージになった。被災後の園児と保護者へのこういった関わりにより，子どもの心のトラウマや不安な状況の改善に，専門機関や専門職の支援にあまり頼らずに保育者が活動できたことは意義深い。ちなみに熊本県の小学校では，教育委員会主導で生徒が地震で被ったトラウマやストレスの調査が行われ，心理学のスクールカウンセラーがケアの活動を展開したのと対照的であった。つまり未就学児の心のケアは，家族や保育園の保育士などいつも子どもと接してたり近くにいる馴染みの存在であることが要件である。しかも地震遊びへの保育者の対応では，子どもの遊びを発達段階に応じて誘導していくのではなく，子どもの主体的な遊びを尊重し見守る姿勢である。

Column 7 🐸　　小児期の逆境体験の影響を熟知することのアドバンテージ

　　小児期の逆境体験とは，大地震など災害の被災，犯罪，虐待，依存症や精神障害を抱える親，家庭内暴力，貧困，別居や離婚など，子どもが心に傷を（トラウマ）を負う体験全般を指す。逆境体験は心身のさまざまな病態に影響を与えることが知られている。身体疾患，精神疾患のみならず，非行，犯罪等の反社会的行動にもその影響は及ぶ。

　　虐待の中では，身体的暴力と性的虐待がその後の不安障害やうつ病の発症頻度が高い。精神医学では PTSD，不安障害，うつ病などを発病して精神科を受診した患者から生育史を聴取して初めて過去の逆境体験が明らかにされる。犯罪心理学臨床では，犯罪者や非行少年の心理の理解と支援策を検討する場合などにやはり過去の逆境体験を聞き取る。

　　これに比較すると，保育者や子育て支援者は虐待対応や災害発生時の保育を，現在進行形であるいは，近未来の発生予防が可能な時点で子どもや親に接することができるため，逆境体験が及ぼす悪影響を熟知することで説得力のある対応が可能になるなどアドバンテージがあるといえる。

3. 発達障害と精神保健

（1） 発達障害の概説

① 自閉スペクトラム症（ASD）

　発達障害には，自閉スペクトラム症，注意欠如・多動症，学習障害がある。ASD は，社会性の障害，コミュニケーションの障害，こだわりによって特徴付けられる。コミュニケーションには非言語的コミュニケーションと言語的コミュニケーションがあり，いずれにおいても質的な問題がある。言葉の発達は，象徴性の発達が不十分のため，ASD では本来の象徴言語の使用が困難である。またエコーラリアといって，お母さんが子どもに，「アイスクリーム食べる？」と聞くと，子どもはそのまま，「アイスクリーム食べる？」とオウム返しで答えるやり取りがみられることがある。ASD の子どもには，こだわりもよくみられ，こだわりが思い通りに実現しないとパニックを起こす。自閉スペクトラム症という診断名に使われるスペクトラムの利点は，特性の程度に関わらず診断が下され多くの子どもたちを含めるため，障害者手帳などが申請しやすくなり，福祉的な社会資源を使うために有用である。そもそもスペクトラムということを最初に提唱した児童精神科医ローナ・ウィングは，狭義の自閉症の診断に入らないために福祉的な支援システムを享受できなくなる子どもたちを救済するという明確な目的をもっていた。それが世界に広がり，今では DSM-5 ではスペクトラムといういい方で自閉症周辺の全てを一括するやり方が主流となった。一方で，個々人への支援や対応を考えた場合には，それぞれ特徴やニュアンスが異なるので，きめ細かく特性や環境に応じた実際の対応が求められる。つまり診断は大まかに，対応は個別的にという考え方である。スペクトラムではだめなわけである。

② 注意欠如・多動症（ADHD）

　ADHD は，表記の仕方としては，AD と HD の間にスラッシュを入れて，AD/HD という書き方もある。注意欠如が優位なものと多動・衝動が優位であるタイプは行動上の特徴が大きく異なる注意欠如（不注意）型，多動・衝動型，混合型と分類されるが，日本では混合型が多い。診断上大事な点がいくつかあり注意を要する。早期発症であり，12歳までに発症する。症状は6か月以上持続し，また家と学校など2か所以上の場所で症状がみられることも基準である。捉え方としては，親，学校の先生，友だちなど周りで関わる人たちが困ってしまうので，困った子という捉え方がある。人の話を聞かない，授業中もうろうろ歩く，友だちとお喋りばっかり，順番を守らない，基本的にルール無視なので周りは困る。その一方で，実は ADHD の当人がもっとも困っているという考え方により困っている子という捉え方も大事である。当人が困っているという障害特性のことを周囲に理解されないと，不当な扱いを受け続けることになる。保育者などかかわる側はこの「困った子」と「困っている子」の二面性について認識しておく必要がある。

③ 学習障害(LD)

LDは，基本的には全般的な知的発達に遅れはないが，聞く，話す，読む，書く，計算するまたは推論する能力のうち特定のものの習得と使用に著しい困難を示す状態をいう。昔から読み・書き・そろばん(計算)というが，そのうち一つが極端に苦手な場合と考えるとわかりやすい。小学校に上がって勉強が中心の生活になると表面化する。周りからは理解されず，本人も大変困る。

(2) 発達障害の連携支援

発達障害は早期発症であるため，就学前に問題に気づかれ診断治療や療育的支援が開始される。また支援も家族，保育園，幼稚園，保健所，子育て支援センター，医療機関，療育機関など多機関多職種が関わることになる。多機関・多職種は別個に関わりをもつのではなく，連携し情報共有しながら支援を行う。保護者がキーパーソンになり，機能することで連携的な支援の効果が上がる。

保育園や幼稚園に入園すると，本格的な集団生活が始まり，保育者が行動観察をして園児の気になる点を見いだす。園側としてはそういった懸念を保護者にどう伝えるかという課題がある。園は，園児と保護者の生活上の問題にも目を向けて支援を行う。そのために園長や保育士は家族と十分に話し合いをし，信頼関係を構築することが求められる。気になる子どもの様子を少なくともきちんと伝えることのできる関係づくりの構築である。

子ども家庭支援センターは，ケースワーカー，心理，保育士などで構成される。乳幼児をもつ親に対して必要な支援をするためにはフットワークの軽さが重要である。育児で悩んでいる親のすべてが自発的に子ども家庭支援センターに来所するわけではないので，家庭まで出向いていく(アウトリーチ)場合もあり，たいていはケースワーカーが担う。心理は来訪した親の育児困難などの相談にのり，子どもの発達評価などをする。子育て広場などで保育士が子どもの世話をし遊ばせる。子ども家庭支援センターは地域によって名称や構成が異なるが，親子の支援が継続的に行われる。

保健所や保健センターは発達障害の子どもの早期発見という意味で重要である。また出産前から関わることもある。乳児健診，1歳半健診，3歳児健診などを行うが地域によって健診の時期やシステムが異なる。

医療機関を受診すると発達障害の診断が得られる。診断は医師が行い，インテークやカウンセリングは看護師や心理が行う。総合病院では小児科を受診して，そこから児童精神科や心理などへの機関内連携が行われる。

療育機関も各自治体に置かれ，子ども発達センターや児童発達支援センターという機関の名称である。療育機関には，言語聴覚士，作業療法士，理学療法士，保育士，心理士などの専門家がいて，子どもの発達を評価し促進する支援や家族の支援

を行う。療育機関では，言葉の遅れの場合には言語訓練など特性に応じて，子どもの社会生活における基本的な力を伸ばす指導を行う。また，保育園や幼稚園と並行して通える夕方からのクラスもある。

　発達障害は他の精神疾患を合併することも少なくない。たとえば自閉スペクトラム症の子どもが注意欠如・多動症を合併するなどである。また，養育者や他の子どもたちとのかかわりの中で，二次的に障害を被る場合もある。無理解な親や園や小学校の先生，友だちから，特性を理由に馬鹿にされたり，仲間はずれにされるなど，自信を無くし，消極的で引っ込み思案になり，傷つきやすくなることがある。本来の発達に大切な自尊心が育たない状況は発達障害の特性と合わせて深刻な問題になる。

　学校においては，チーム学校という連携スキームがある。担任，養護教諭，スクールカウンセラー，スクールソーシャルワーカーを校長が束ねて解決にあたるシステムである。そもそも文科省がつくった名称とシステムであるが，まさに多職種連携そのものである。

(3)　連携の考え方

　連携するのは，多職種が連携して支援にあたったほうが患者や子どもの受けとる利益が大きい場合である。ある職種が関わらないとどうしても解決しない場合の連携は，絶対的なものである。一方，多職種が関わった方が少しでも利益が大きい場合は相対的な連携といえる。連携の目的を明確にし，それを連携相手と共有することが大事である。また連携相手の専門性や学問分野の考え方など連携する者同士が互いに積極的に発信して知らしめる努力が必要である。連携の基本は，互いの専門性や考え方をよく理解することに加えて，対等な立場で互いを尊重することである。一方が命令したり役割を強いるような連携はうまくいかない。連携には難易度の違いもある。2者の連携は，コミュニケーションが取りやすく，連携の目的を共有し，活動の中間的段階における連携の成果の確認と修正が行いやすい。ところが，連携相手の人数が増え，多職種多機関になると連携の難易度が高くなる。この場合は，全体を見渡すことのできるコーディネーターの存在と機能が重要になる。それぞれが本来の業務が忙しい中で連携活動を行う場合も少なくなく，必要な連携を必要な期間，効率的に進め，成果が出たら速やかに連携活動を終わらせることも大切である。関係の深い機関同士の場合は，複数の連携活動が同時に行われることもある。馴れ合いは禁物であり，上記に述べたような連携のルールを互いが順守することが大事である。多方面と連携活動をしていると，災害などいざというときの必要な連携がスムーズに行く。そういう意味で，普段のつながりや付き合いも大切である。2者によるシンプルな連携構造は，人間関係の常識範囲で対応できる場合もあるが，難易度の高い複雑な連携の場合は，高度な連携の知識とスキルが求めら

れる。他の機関との連携以前に，同じ学校，あるいは同じ病院の中における多職種連携の経験は，他機関との連携を実施するうえで貴重な経験となる。

(4) 協働の構造と分化

協働自体が正の方向をたどる場合は，発達的に組織化される。相手が存在することから拡張的な要素がつきものである。拡張的な変化に沿った協働の分化を3段階で示す。

① 協応（coordination）

集団のもっとも未分化な形態は，ただ集合しているだけであり，相互交流は生じず個人として振る舞う。相互交流が生じたとしても，自発的な反応や相手への愛着の形態に過ぎない。

② 協働（cooperation）

相手の存在が関係する集団的課題に直面し，相手との関係を維持しなければならなくなる。集団的課題を協働で達成・解決していこうという，意識的で目標志向的な相互作用が持続的に存在する。

③ 省察的コミュニケーション（reflective communication）

個人の生きた知識は，集団的関りの中で話し言葉やシンボルを使った伝達過程で発達していく。主体は個人から集合的になり，対象を巻き込んだ外的で実践的な活動を通じて，自らの役割（分業）について新しく規定する。

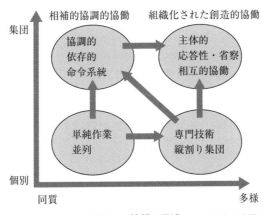

図9-3　協働の発達　　出典：吉澤

ところが連携には発達，後退（退行）の双方向があり，促進には見守りと触媒的介入が必要となる。また，異質な対象との協働の際には，その構造が生み出す葛藤とそれを契機とした質的転換圧力が生じる。この触媒的介入と質的転換圧力の高まりにより，集団の質が新しい次元に変化し得る。

療育的支援の観点の違い

	自閉スペクトラム症	ウィリアムズ症候群
成　因	多因子	常染色体第7遺伝子の微細欠失
主な特徴	社会性や言語・コミュニケーションが未発達，こだわり	対人的馴れ馴れしさ，視空間認知の課題，音楽的資質
視覚情報	有用	内的思考やイメージ形成を抑制

出典：吉澤

＜参考文献＞

G. ベイトソン・佐藤良明訳(2000)　精神の生態学　新思索社

土居健郎(1992)　新訂　方法としての面接―臨床家のために　医学書院

Y. エンゲストローム・山住勝広ら訳(1999)　拡張による学習　活動理論からのアプローチ　新曜社

カプラン・井上令一監修監訳(2016)　カプラン臨床精神医学テキスト　DSM-5　診断基準の臨床への展
　開　日本語版／原著第11版　メディカル・サイエンス・インターナショナル

木村敏(1972)　人と人との間―精神病理学的日本論　弘文堂選書

小此木啓吾他(編)(2002)　精神分析事典　岩崎学術出版社

D. A. ショーン・柳沢昌一ら訳(2007)　省察的実践とは何か　プロフェッショナルの行為と思考　鳳書房

H. S. サリヴァン(1990)・中井久夫ら訳　精神医学は対人関係論である　みすず書房

D. N. スターン・小此木啓吾他訳(1991)　乳児の対人世界臨床編　岩崎学術出版社

D. ウィニコット・橋本雅雄訳(1979)　遊ぶことと現実(現代精神分析双書　第2期第4巻)　岩崎学術出版
　社

吉澤一弥他(2018)　くまもとプロジェクト本調査報告書　日本多機関連携臨床学会

吉澤一弥他(2019)　震度7　そのとき保育者としてどうしますか？　くまもとプロジェクトからの10の提
　言日本多機関連携臨床学会

加藤曜子(2013)　要保護児童対策地域協議会の課題―死亡事例検証報告からの学び―　流通科学大学論集
　人間・社会・自然編　第25巻第2号

吉澤一弥(2019)　理事長講演「学会3年間の連携研究と構造論」日本多機関連携臨床学会第10回学術集会
　大会論文集

索　引

著者紹介

編著者

安藤　朗子
あんどう　あきこ

日本女子大学家政学部児童学科准教授

日本女子大学家政学部児童学科卒業後，日本女子大学大学院家政学研究科児童学専攻修了

東京都立教育研究所研究主事，恩賜財団母子愛育会日本子ども家庭総合研究所主任研究員，同会

総合母子保健センター愛育病院を経て現職

臨床心理士，公認心理師

主要著書：

「子どもの保健と支援　改訂第4版」(分担執筆)日本小児医事出版社

「保健医療分野の心理職のための対象別事例集」(分担執筆)福村出版

「新版　乳幼児発達心理学[第2版]─子どもがわかる　好きになる」(分担執筆) 福村出版

吉澤　一弥
よしざわ　かずや

日本女子大学名誉教授

東京家政大学文学部心理教育学科助教授，東京家政大学臨床相談センター所長，日本女子大学家

政学部児童学科教授，日本女子大学カウンセリングセンター所長を歴任

精神科医，医学博士

主要著書：

「子どもの保健と安全〔第3版〕」(分担執筆)教育情報出版

「『親を加害者にしない』支援のヒント集」　日本女子大学虐待支援研究班

「心とからだを育む子どもの保健Ⅰ」(分担執筆)教育情報出版

分担執筆者

石井　正子　いし　い　まさ　こ　　昭和女子大学人間社会学部初等教育学科教授

栗原　佳代子　くり　はら　か　よ　こ　　子どもと家族のQOL研究センター理事

白坂　香弥　しら　さか　か　や　　スクールカウンセラー(公認心理師・臨床心理士)

福田　きよみ　ふく　だ　　桜美林大学健康福祉学群教授

丸谷　充子　まる　や　みつ　こ　　和洋女子大学家政学部家政福祉学科教授

森　和代　もり　かず　よ　　桜美林大学名誉教授(元桜美林大学健康福祉学群教授)

五十音順

子ども家庭支援の心理学 改訂

初版発行　　2024年 2 月10日

編著者ⓒ　　安藤　朗子
　　　　　　吉澤　一弥

発行者　　　森田　富子
発行所　　　株式会社 アイ・ケイ コーポレーション

東京都葛飾区西新小岩 4 -37-16
メゾンドール I&K ／〒124-0025
Tel 03-5654-3722（営業）
Fax 03-5654-3720

表紙デザイン　㈱エナグ　渡部晶子
組版　㈲ぷりんてぃあ第二／印刷所　㈱エーヴィスシステムズ

ISBN978-4-87492-396-2 C3011